中等职业学校会展服务与管理专业

会展
客户服务

HUIZHAN
FUWU YU GUANLI

主编 王瑞君

北京出版社
山东科学技术出版社

编审委员会

主任委员 邹本杰　何元清

副主任委员 白宗文　来逢波　王德文　王安松

委　　　员（按姓氏笔画排列）

王　茜　王瑞君　史建海　刘真明　纪庆军
孙丽敏　郑文霞　高　媛　焦玉翠　薛　山

编写说明

加强职业教育教材建设是提高人才培养质量的关键环节,是推进教育教学改革、提高教育教学质量、促进中职教育发展的基础性工程。如何培养满足企业需求的人才,是职业教育面临的一个突出而又紧迫的问题。目前中职教材普遍存在理论偏重、偏难、操作与实际脱节等弊端,突出的是以"知识为本位"而不是以"能力为本位"的理念,与就业市场对中职毕业生的要求相左。

为进一步贯彻落实全国教育工作会议精神,《国务院关于加快发展现代职业教育的决定》(国发〔2014〕19号)、《现代职业教育体系建设规划(2014—2020年)》(教发〔2014〕6号),北京出版社联合山东科学技术出版社结合各中职学校会展服务与管理专业发展现状及会展行业企业对人才的需求,在市场调研和专家论证的基础上,打造了反映会展行业发展水平、符合职业教育规律和技能人才培养的专业教材。

本套专业教材以教育部最新公布的中等职业学校《会展服务与管理专业教学标准(试行)》为指导思想,以中职学生实际情况为根据,以中职学校办学特色为导向,与具体的专业紧密结合,按照"基于工作流程构建课程体系"的建设思路(单元任务教学)编写,根据会展服务与管理行业的总体发展趋势和企业对高素质技能型人才的要求,构建与会展服务与管理专业相配套的内容体系,涵盖了专业核心课和部分专业(技能)方向课程。本套教材在编写过程中着力体现了模块教学理念和特色,即以素质为核心、以能力为本位,重在知识和技能的实际灵活应用;彻底改变传统教材的以知识为中心、重在传授知识的教育观念。为了完成这一艰巨的任务,我们成立了教材编写委员会,委员会的成员由具有多年职业教育理论研究和实践经验的高校教师、中职教师和行业企业一线专业人士担任。从选题到选材,从内容到体例,都从职业化人才培养目标出发,制定了统一的规范和要求,为本套教材的编写奠定了坚实的基础。本套教材的特点具体如下。

一、教学目标

在教材编写过程中明确提出以"工学结合,理实一体"为编写宗旨,以培养知识与技能为目标,以就业为导向,以提高中职学生职业能力为本位作为基本原则,避免就理论谈理论、就技能教技能,要做到有的放矢,培养技能型的会展服务与管理行业人才。打破传统的知识体系,将理论知识和实际操作合二为一,理论与实践一体化,体现"学中做"和"做中学"。让学生在做中学习,在做中发现规律,获取知识。

二、教学内容

本专业教材将会展服务管理的理论与方法和会展服务的实务与操作相结合。理论与方法部分,按学习和理解的顺序进行编排,以全面提升会展服务的水准和质量为目标来构思及编写;实务与操作部分,按会展直接服务和会展辅助服务分类编排,采用"全面点到、重点展开、大项完整、其余概括"的编写方法,使学习者既能全面掌握、又能分清主次。编写时,一方面,采用最新颁布的行业规范、服务标准,合理选取内容,在突出主流标准、规范的同时兼顾普适性;另一方面,结合会展新知识、新规范、新材料的现实发展要求增删、更新教学内容,重视基础内容与专业知识的衔接。同时,吸收了国内外会展相关理论研究的新成果,突出了中等职业学校教材的应用性、实践性、操作性。

三、教学方法

教材教法是一个整体,在教材中设计以"单元—任务"的方式,通过案例载体来展开,以任务的形式进行项目落实等教学内容,每个任务以"完整"的形式体现,即学生完成一个任务后可以完全掌握相关技能,以提升学生的成就感和兴趣。体现以学生为主体的教学方法,做到形式新颖。通过"教、学、做"一体化,按教学模块的教学过程,由简单到复杂开展教学,实现课程的教学创新。

四、编排形式

教材将知识和案例相结合,引入的案例和设计的活动具有代表性和直观性,既便于教学又便于学习;同时,教材配套有包含相关案例、素材、思考练习答案的光盘以及先进的多媒体课件,强化感性认识,强调直观教学,做到生动活泼。

五、编写体例

每个单元都是以任务驱动、项目引领的模块为基本结构。教材一级栏目包括单元概述、单元目标、学习任务和单元要点归纳。学习任务下按照任务概述、任务目标、学习内容、拓展提高、思考练习层进编排,穿插有特别提示、小贴士、相关知识、案例分析、核心提示等辅助性栏目,提醒操作注意事项、提示工作技巧或介绍行业前沿动态等。其中,"学习内容"是教材中每一个任务教学的主体,充分体现"做中学"的重要性,紧密结合岗位实际,以具有代表性、普适性的案例为载体进行展开,突出了对学生职业素质和能力的培养。

六、专家引领,双师型作者队伍

本系列教材由北京出版社和山东科学技术出版社共同组织具有教学经验及教材编写经验的"双师型"教师编写,参加编写的学校有河北民族师范学院、济南职业学院、武汉市旅游学校、山东电子职业技术学院、广州市轻工学校、青岛酒店管理职业技术学院、广州商务旅游学校、潍坊职业学院、泸州职业技术学院等,并聘请山东省教育科学研究院职业教育研究所副所长邹本杰及山东国际会展管理有限公司董事长、济南舜耕国际会展中心总经理何元清担任教材主审。感谢山东国际会展管理有限公司、《中外会展》杂志社、青岛海展集团等给予技术和资料上的大力支持。

本系列教材,各书既可独立成册,又相互关联,具有很强的专业性。它既是会展服务与管理专业组织教学的强有力工具,也是引导会展服务与管理专业的学习者走向成功的良师益友。

前　言

21世纪，会展业成为中国一个崭新的经济亮点。优质的会展服务正日益成为各种展会展开竞争最为锐利的武器之一。会展服务贯穿于展会的始终，处于最为明显的地位。在各种服务工作中，会展客户服务有其独特性，是会展业中不可或缺的组成部分。

《会展客户服务》是会展服务与管理专业的核心课程。本教材贯彻了"基于工作过程、以行动为导向、以学习任务为载体、对接技能考证"的思想，依据中等职业学校《会展服务与管理专业教学标准》，在充分考虑了中等职业学校教学要求和学生特点的基础上编写而成。教材结合会展企业客户服务的特点和要求，系统地介绍了会展客户服务的基础知识和基本操作技能，目的在于树立学生的客户服务理念，形成会展服务工作的实际操作能力。

教材力求突出以下特色：

第一，基于会展企业工作过程，按会展项目推进顺序编写。本教材结合会展企业客户服务的特点和要求，在介绍先进现代客户服务理念的同时，注重对会展服务实际工作内容和要求的描述，突出会展客户服务工作的实际可操作性，让学生知道应该做什么、怎么做。

第二，理论与实践有机结合。全书穿插了大量补充资料、经典案例和案例分析，力求主题明确、材料新颖，以增强读者的阅读兴趣。部分知识点采取图文结合的形式呈现，以帮助读者理解书中的知识点。教材在编写过程中注重内容的通俗性和可读性，力图用通俗的语言、简明的案例说明会展客户服务的基本内容和工作要求。各项目单元都设置了精心挑选的案例，通过案例分析帮助读者理解学习内容；每个任务中插入起辅助作用的阅读资料、小贴士等栏目，以丰富相应的知识要点，便于学生理解和把握核心的知识内容。

第三，以行动为导向。根据会展企业运营的实际情况，把会展服务理论和服务技能融合穿插。从工作实际出发，打破传统知识体系，体现行动的导向作用，体现"学中练"和"练中学"的宗旨，让学生在练中学，在练中提高专业素质。每学习任务后设置"思考练习"，便于学生开展自我检查；在各单元结尾处归纳了关键词、单元知识框架图，便于学生在学习中明确重点、把握知识框架，着力于提高学生的知识整合能力。

第四，本教材采用案例任务式架构，以"单元—任务"的方式，通过典型案例启发学习和具体任务实践学习，落实和推进单元项目学习。全书共分9个项目，项目一为会展客户服务的基础知识；项目二至项目五将会展客户服务分解为会议客户服务、展览会的客户服务、会展宴会中的客户服务和会展旅游客户服务四个部分，分别讲解；项目六至项目九介绍了会展客户关系管理、会展客户评价与管理服务、会展客户满意度、会展客户服务礼仪等有关客户服务的最新理论。通过学习，学生能够较为完整地掌握有关会展企业客户服务的知识和技能,迅速适应会展企业客户服务工作,为将来在会展业务方面的就职打下良好基础。

本书难度适中,适用于中等职业学校会展服务与管理专业教学,也可以作为相关从业人员的参考用书和岗位培训用书。

在编写过程中参考了大量的教材、书籍和网络信息,得到了同行和学院领导的支持,在此一并表示感谢。

由于时间仓促,作者水平有限,书中难免有不当和疏漏之处,肯请广大读者和同行专家批评指正,以便我们进一步修订和完善。

编　者

目 录
CONTENTS

项目一　会展客户服务概论 ·· 1
　　学习任务1　会展客户服务的认知 ·· 2
　　学习任务2　会展服务的种类与社会经济影响 ························· 8

项目二　会议客户服务 ·· 14
　　学习任务1　会前筹备的客户服务 ······································· 15
　　学习任务2　会议进程中的客户服务 ···································· 22
　　学习任务3　会议结束后的客户服务 ···································· 27

项目三　展览会的客户服务 ·· 32
　　学习任务1　展览前期的客户服务 ······································· 33
　　学习任务2　展览中期客户服务 ·· 39
　　学习任务3　展后客户服务 ·· 43

项目四　会展宴会中的客户服务 ·· 52
　　学习任务1　会展宴会基础知识 ·· 53
　　学习任务2　宴会准备阶段的客户服务 ································· 55
　　学习任务3　宴会进行阶段的客户服务 ································· 62
　　学习任务4　宴会结束阶段的客户服务 ································· 66

项目五　会展旅游客户服务 ·· 69
　　学习任务1　会展特色旅游客户服务 ···································· 70
　　学习任务2　会展旅游过程中的客户服务 ····························· 76
　　学习任务3　奖励旅游的客户服务 ······································· 85

项目六　会展客户关系管理 ·· 92
　　学习任务1　客户关系管理概述 ·· 93
　　学习任务2　会展客户关系管理 ·· 96

学习任务3　会展 CRM 的实施 ·· 103

项目七　会展客户价值评价与客户管理 ··· 117
　　学习任务1　会展客户价值评价 ·· 118
　　学习任务2　会展客户分类管理与服务 ·· 120

项目八　会展客户满意度管理 ·· 131
　　学习任务1　会展客户满意度 ··· 132
　　学习任务2　客户忠诚度的培养 ·· 140
　　学习任务3　会展客户服务质量管理 ··· 150

项目九　会展客户服务礼仪实务 ··· 159
　　学习任务1　会展客户服务的基本礼仪 ·· 160
　　学习任务2　会展服务电话沟通礼仪 ··· 166
　　学习任务3　会议礼仪 ·· 171
　　学习任务4　展览礼仪 ·· 181

参考文献 ··· 185

项目一　会展客户服务概论

单元概述

展会成功举办的关键在于为参展商和观众提供满意的会展服务。会展服务是会展行业的一项重要内容。本章从会展客户服务的概念和特点入手,让你感受到服务的魅力,了解会展服务的概念,认识会展服务的丰富内涵和重要作用,为进一步学习会展服务的详细内容打下基础。

单元目标

- 熟练掌握客户服务、会展客户服务、会展服务的概念
- 能够了解会展客户服务的要素
- 能够认识会展服务在整个会展业中的地位与作用

学习任务1　会展客户服务的认知

任务概述

本任务从一般企业的客户的概念及类型入手,了解会展客户服务的丰富内涵,认识会展客户服务的特点和重要作用。

任务目标

- 理解客户的概念,了解客户类型
- 了解客户服务的含义,掌握会展客户服务的概念
- 掌握会展客户服务的特点,了解会展客户服务的要素和作用

学习内容

一、客户服务的内涵

(一)客户的概念及类型

1.客户的概念

它指的是企业的供应商、分销商以及企业的不同职能部门、分支机构、办事处和企业的员工等。对于以营利为目的的企业来讲,外延的客户才是企业利润真正的源泉。

狭义客户是指企业产品或服务的购买者,但可能是产品的使用者,也可能不是产品的使用者。原因在于客户的购买目的不同,有的为了自用,有的则不是。如服装行业中的商业性采购者,就是为了进一步转卖服装,但却不是企业产品的使用者。可以说,每一个人、每一类社会群体都是客户,因为他们都需要购买和使用某些产品和服务。

2.客户类型

(1)客户分类的目的

客户分类的目的不仅仅是实现企业内部对于客户的统一有效识别,也常常用于指导企业客户管理的战略性资源配置与战术性服务性营销对策应用,支撑企业以客户为中心的个性化服务与专业化营销。

(2)客户分类的意义

客户分类的意义在于可以对客户的消费行为进行分析,也可以对客户的消费心理进行分析。企业可以针对不同行为模式的客户提供不同的产品内容,针对不同消费心理的

客户提供不同的促销手段等。客户分类也是其他客户分析的基础,在分类后的数据中进行挖掘更有针对性,可以得到更有意义的结果。

(3)客户类型

①中间客户和最终客户。按照企业产品销售的环节,客户类型可以分为中间客户和最终客户。最终客户是指取得企业产品的所有权,并以直接消费或利用为目的的消费者个人或企业组织,是企业产品或服务的最终购买者。中间客户是指取得商品的所有权,但不直接消费或利用,而是以再次出售为目的的消费者个人或企业组织。中间客户在购得企业产品后,再将其出售给下级客户。中间客户是营销渠道中中间商的一部分。有的企业通过直接渠道与最终客户建立关系;有的企业主要与下一级的中间商建立直接的关系,与最终客户没有直接联系;有的企业客户既包括最终客户,也包括中间客户。

②长期客户和临时客户。按照与企业合作关系的稳定程度,客户类型可分为长期客户和临时客户。长期客户也可以称为企业的固定客户,是指与企业有长期稳定业务合作关系的客户;临时客户是指偶然或者短时间与企业发生购买关系或业务关系的客户,在商业领域相当于流动客户。

③新客户和老客户。按照购买的频率,客户类型可分为老客户和新客户。初次购买的客户为新客户,经常购买或者多次购买的客户为老客户。

④最有价值客户、最具增长性客户和负值客户。按照客户给企业带来价值的大小,可以分为最有价值客户(MVC)、最具增长性客户(MGC)和负值客户(BZC)。最有价值客户通常叫作VIP客户、大客户。这些客户数量不多,但带来的利润却是最多的。最具增长性客户眼前给企业带来的利润虽然不多,但具有很大的开发潜力,开发好的话可能转变为最有价值的客户。负值客户往往是企业提供服务的价值远远大于客户带来的价值。这类型客户往往导致企业得不偿失,通常都会被淘汰。

⑤集团客户和个体客户。按照客户购买的主体,可以分为集团客户和个体客户。集团客户通常以组织的形式出现,购买规模较大;个体客户通常是非组织的单体客户。

⑥现有客户和潜在客户。根据客户与企业是否发生买卖关系,分为现有客户和潜在客户。过去或现在正在购买企业产品或服务的客户,称为现有客户;还没有购买但今后会购买的客户称为潜在客户。

(二)客户服务

客户服务的目的是根据客户本人的喜好使他获得满足,使客户有被重视感,并把这种好感铭刻在心,成为企业的忠实客户。

其中,最主要的一点就根据客户本人的喜好使他(或她)获得满足。目前,有一种说法是"客户定制"。随着经济的发展,人们生活水平的提高,客户不要求千篇一律的产品,而要求有个性的产品,因而很多公司提出可以提供量身定制,即根据客户要求定制产品。因为每个客户的个性不一样,所以真正的客户服务是依据客户不同的个性提供令客户满意的服务,这才是最佳的客户服务。

二、会展客户服务的内涵

随着我国会展业的飞速发展和会展品质的逐步提高,优质的会展服务正日益成为各种展会之间展开竞争的最为锐利的武器之一。会展客户服务是指会展企业为了展会的成功举办而进行的能给参展商和观众带来某种利益或满足感的一系列活动。

(一)展会服务

广义的展会服务主要是指在展览活动过程中,为了提高和扩大展出效果,向参展商、观众、媒体等提供的各项服务和措施,如招商招展、宣传推广、注册登记、开幕式、新闻发布会、产品推介会、剪彩、签字仪式、展位搭建、住宿饮食、展览通报、撤展、下届预订、客户评价信息的搜集等。狭义的展会服务是指展览的主办方或承办方向参展商、观众以及媒体所提供的各项服务,如展会宣传、注册接待、安全卫生、信息追踪等。

(二)会议服务

广义的会议服务是指围绕各种会议及其相关活动提供给所有与会人员的事务性的服务和后勤保障性服务,如会见、接见、新闻发布会、采访、剪彩、签字仪式、会议设计、布置、装饰、接机送机、住宿饮食、资料和礼品的发放、会议通报、语言服务、会议邀请、会议宣传、会议发言稿的演示准备、现场记录、会间活动、会后旅游、安全保卫以及论文的收集、评审与成册等工作中的相关服务。狭义的会议服务,也称为会议接待服务,是指会议组织者(包括主办方和承办方)在会议期间,为所有与会人员提供的保障性服务,如注册接待、资料礼品发放、会场服务等。

三、会展客户类型

会展服务贯穿于展会的始终,处于最为明显的地位,在各种客户服务中,会展客户服务有其独特性,是会展业中不可或缺的组成部分会展。客户关系的核心是"客户",主要有以下几种类型:

(一)组展商

即展会的组织者,包括政府相关部门、展览公司和行业协会等。目前,政府已逐渐从企业行为中脱离,其主要职能是进行经济运行制度创新,调控宏观经济运行,引导并约束企业的行为,为企业公平竞争制定行之有效的"游戏规则"。就现实而言,政府审批正在逐步过渡为申报制,政府相关部门已经不是管理职能部门。

(二)参展商

参展商是组展商最直接、最重要的客户。组展商整合各种资源,目的就是希望参展商在展会上能够获得利益;或是达到直接的销售额;或是达成商务贸易合作意向,寻找到新的合作伙伴;或是推出新的产品等。只有参展商满意了,展会才能进入发展的快车道。

(三)参观者

参观者可以划分为专业观众和普通公众两类。专业观众是参展商的潜在客户,他们参观带有一定的"商务目的";普通公众一般是最终消费者,还包括一些行业内的媒体、同行组展商等,他们大部分人是抱着"逛逛""看看"的态度。

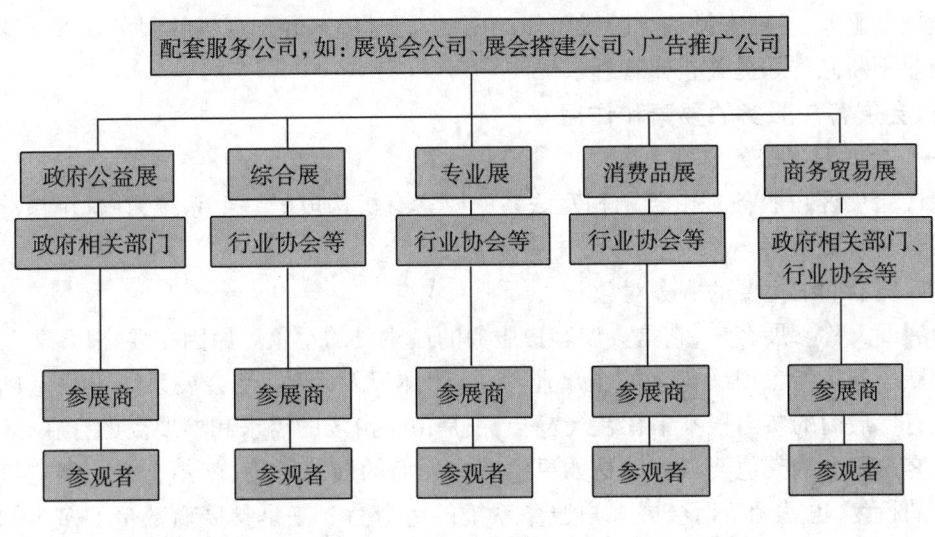

图1-1

四、会展客户服务的特点

(一)高接触性

会展客户服务是一种高接触性的服务活动,不管是展前服务、展中服务还是展后服务,参展商和观众在展会的各个过程中都有广泛的参与,其中,展中客户服务更是直接面对参展商和观众。

(二)无形性

会展客户服务大多是无形的、抽象的,参展商和观众只能感受到服务的优劣。这是一把"双刃剑",一方面,服务的"无形"为展会提供服务技巧和满足客户需求提供了发展空间;另一方面,服务的质量较难控制,一旦发生纠纷,处理客户投诉较为棘手。因此,规范会展服务成为大势所趋。

(三)差异性

服务是以人为中心的活动,但人的素质、素养和认知以及技术水平存在着差异,同一类型的服务由不同的人提供,服务的质量效果也有差异。再者,类似的服务会因不同的客户的感知以及客户对服务的期望值而产生不同的评价。因而,我们在力求服务质量稳定的基础上,要不断完善服务的形式。

(四)不可分割性

服务的生产、消费与交易是同时进行的,展会的服务人员在向客户提供服务时,客户也感受到了这种服务,这是一种"面对面交流",常常是在服务人员与客户接触的一瞬间,客户就会对企业的服务留下深刻印象,并作出自己的评价。这样既可使企业快速与客户建立直接而深刻的印象,也会因个别服务人员的工作失误而损害企业形象。因此,要充分了解客户需求,做好充分的准备,力求高质量的服务,这样会展企业才能赢得客户。

(五)不可储存性

与传统的生产型企业的产品不同之处是,会展企业的产品是服务,因而它不具有存储性和可转移性,展会无法将服务存储起来以满足高峰时客户的需求。这就要求会展企业更好地规划服务,合理安排各个阶段工作的衔接,同时提高展会现场的服务效率。这要求会展企业不断完善和提高企业管理水平。

五、会展客户服务的要素和作用

(一)会展客户服务要素

现代会展客户服务是由若干相互联系的要素有机构成的一个系统,在这个系统中存在着五大基本要素。

1. 展览会的最主要的服务对象

参展商又称参展客户,它是会展客户服务的最主要的对象。原因主要在以下三方面:一是参展厂商是指参加展览会的企事业单位、团体以及个体,是会展系统中最基础的要素。没有参展商的参与根本不存在展览会,正是由于市场的需求和参展商的存在,才产生了会展客户服务的其他要素。二是如果没有参展商的展览行为,就不会产生展览组织者和观众的行为,也就无所谓会展客户服务系统的生命力。三是参展商数量的多少和行为的活跃性,直接关系着会展客户服务系统的生命力。事实表明,参展企业群体规模越大,行业组织支持度越高,展览竞争激烈的地区,会展客户服务系统也越活跃。

2. 展览会的经营部门或机构

凡以经营展览业务为营利手段的单位都属于展览经营部门。目前,我国的展览组织者有专营、兼营和代理三种形式。在成熟的会展客户服务系统中,展览组织者这个要素是指专营展览业务的机构和部门,即展览公司和一些行业协会。展览组织者必须具备两个条件:一是与特定的参展商发生业务关系,有特定的服务对象;二是创造出服务的产品——展览会,即提供展示环境和信息。展览组织者在展会客户服务系统中的作用使它成为系统的主体。

3. 展览会的场所

在展览系统中,展览的生命在于展现和传播,媒体与展览组织者(主办单位)、市场和观众(消费者)发生密切的联系,参展商与展馆的联系通过展览组织者来实现。在会展客户服务系统中,展览场所的主要功能就是通过提供媒介及形象展示,付出智商、传播信息。

4. 展览的市场

市场从广义上来看是指商品所反映的各种经济关系和经济活动现象的总和。会展客户服务系统中的市场是指广义的市场,因为会展客户服务系统是一个开放的系统,它所涉及的内容和经济关系远远超过单纯的商品交换的范围。在这个系统中,既有以展览为媒介反映参展厂商与消费者关系的商品交换行为,也有反映参展厂商、展览组织者和展馆之间关系的分工协作行为。

5. 参观展览的观众

参展观众包括专业观众和普通大众,包括生产消费者和生活消费者。在展览的影响作用下,一部分消费者在商品展示过程中因面对面的劝说,引起自身直接购买和订购的行为;另一部分是在展览的间接作用下采取某种消费行为的消费者,比如一部分观众虽然没有直接接触商品本身,但通过展览中的广告信息传递在消费者之间的这种互动感染,而对某企业产品产生充分的信任感。正是由于大量间接消费者的存在,展览与广告在传播中的作用不可估量,展览中又含有广告,使会展客户服务系统中的消费者难计其数。

(二)会展客户服务的作用

会展客户服务的作用具体表现为以下几个方面：

1. 开拓市场

通过电话、传真、E-mail 和面访等多种手段,与客户频繁交往,扩大活动的范围,增加与客户往来的信息量,这样有利于掌握市场最新动态,把握举办会展的最好时机。

2. 吸引客户

由于客户与企业有较多的渠道进行交流,企业联系客户比较方便,所以加强客户服务和客户支持体系,使客户满意度得到提高,这样有利于吸引客户参与展会。

3. 减少中间环节

会展客户服务具有"不可分割性"的特点,由企业与客户直接交流,有利于企业立刻汇集来自四面八方的客户信息,使企业全面了解客户的情况,并把所得到的客户信息添加到系统,进而使销售渠道更为畅通,信息传递的中间环节减少,销售的中间环节也相应减少。

4. 降低销售成本

由于销售的中间环节减少,企业的销售费用将大大降低,销售成本也随之降低。

5. 提高企业运行效率

建立客户关系管理系统以后,企业可以利用客户关系信息对客户和销售业绩进行动态跟踪分析,及时处理客户方面的问题,企业在经营方面的运行效率将会大大提高。

阅读资料

> 国内很多展览企业都已经意识到了展览服务流程规范化、标准化的重要意义,如在全国率先获得 ISO9000 国际质量体系认证的深圳高交会展览中心,就已经创立了一套包括展览业务经营、展览工程、展场租赁、会展物业管理等较为完善的会展服务体系。其在展览实践中严格按照规范的流程进行运作,为高交会、家具展、中国国际互联网等大型展览会提供一流、高效的会展服务。

拓展提高

客户服务的定义

客户服务的准确概念是什么？客户服务远不止是传统的客户服务部门,也不仅仅是针对传统概念的客户,企业的客户是指公司的所有服务对象,甚至于包括老板、股东、雇员、经销商,还有企业附近的居民。

如果给客户服务下一个定义的话,那么就是企业为了能够与客户之间形成一种难忘的互动(愉悦亲密、亲身经历的互动)所能做的一切工作。从每一位客户进公司开始,直到最终他(或她)带来新的客户,在整个过程中公司所能做的一切工作都叫作客户服务工作。

 思考练习

一、单项选择题

1.(　　)数量的多少和行为的活跃与否,直接关系着会展客户服务系统的生命力,因而它是会展客户服务的最主要的对象。

　　A. 组展商　　　　B. 专业观众　　　　C. 参展商　　　　D. 普通观众

2.(　　)即展览会的客体。

　　A. 会展企业　　　B. 参展商　　　　　C. 消费者　　　　D. 展览会的展示场所

二、多项选择题

1. 会展服务的特点有(　　)。

　　A. 无形性　　　　B. 差异性　　　　　C. 不可分割性　　D. 不可储存性

2. 下面是会展客户服务要素的是(　　)。

　　A. 参展厂商　　　B. 消费对象　　　　C. 展览物品　　　D. 消费者

3. 展览会的经营部门包括(　　)。

　　A. 专业行业协会　B. 参展商　　　　　C. 消费者　　　　D. 展览公司

三、简答题

1. 会展服务具有哪些特点?
2. 会展客户服务的基本要素有哪些?

学习任务 2　会展服务的种类与社会经济影响

 **任务概述**

通过该任务的学习,了解会展服务的不同种类,理解会展服务给社会经济带来的重大影响。

 任务目标

- 了解并掌握会展服务的不同种类
- 理解会展服务的社会经济影响

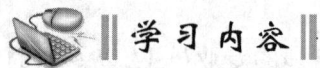

学习内容

一、会展服务的种类

会展服务从广义而言,既包括发生在展览现场的租赁、广告、保安、清洁、展品运输、仓储、展位搭建等专业服务,也包括餐饮、旅游、住宿、交通、运输等相关行业的配套服务。随着市场化、国际化的日益加深,我们应该按照国际标准来规范会展企业的会展服务。

在展览行业营销手段和宣传推广策略日益趋同的今天,展会的竞争很多时候来源于优质的会展服务。

(一)按会展服务的对象划分

会展服务主要包括对参展商的服务、对观众的服务和其他方面的服务。参展商是会展的最重要客户之一,也是最重要的服务对象之一,其中,邀请到一定数量和质量的观众到会参观是会展企业提供给参展商最重要的服务。观众是展会另一个重要的客户和服务对象。对观众的服务分为两种,一是对专业观众的服务,二是对普通观众的服务。其中,招揽到一定数量和质量的参展商是会展企业提供给专业观众的最好服务。

会展企业还有其他服务对象,如新闻媒体、行业协会、商务及行业的主管部门、国际组织等,对这些对象的服务包罗万象,最主要的是信息服务。

(二)按会展筹备的不同阶段划分

会展服务包括展前服务、展中服务和展后服务。

展前服务,指展会开幕前会展企业提供给参展商、观众等对象的服务,如会展情况的通报、展品运输、参观咨询、会展策划等。

展中服务,是指展会开幕期间及以后展览期间的服务,如现场保安工作、清洁卫生等。

展后服务,是指会展闭幕后会展企业继续提供给参展商、观众等对象的后续服务,如邮寄展会总结、成交情况通报、意见反馈等。

(三)按会展服务的功能划分

会展服务主要包括展览服务、信息服务和商旅服务。

展览服务,就是会展提供的产品展示、新产品发布等传统服务,是最基本的服务,主要是在展览现场提供和完成的。

信息服务,是会展企业为参展商等对象提供的有关行业发展、贸易需求、市场分析等商务信息及咨询服务。

商旅服务,是会展企业为参展商等对象组织的参观旅游等活动。

(四)按会展服务提供的方式划分

会展服务主要包括承诺服务、标准化服务、个性化服务和专业服务。

承诺服务,是会展企业为实现对自己拟向客户提供的服务方式和服务质量等向客户提出承诺,然后严格按照承诺向客户提供的服务。

标准化服务,是会展企业制定统一的客户服务标准,按照标准向客户提供规范化的服务。

个性化服务,是会展企业根据客户的不同需求,对不同的客户提供适合其需求的有差别的服务。

专业服务,是会展企业根据展览行业的实际需要,由经过培训的专业员工,以专业的手段和方式,为客户提供的各种服务。

二、会展服务的社会经济影响

（一）产生直接经济效应

成功的会展可以为参展商和观众带来经济效应,提高会展品牌的知名度,同时为会展公司带来经济效应。会展业可为当地经济带来巨大的直接收益,如世界著名的"展览城"瑞士日内瓦、德国汉诺威等。美国一年举办200多个商业展会带来的经济效益超过38亿美元;2000年深圳高交会的成交金额超过700亿人民币;"北京第六届国际汽车展"总营业额高达8 400万元,门票收入超过300万元。这种直接的经济效益带动着会展业在我国迅速发展。

（二）带动当地其他产业的发展

会展涉及交通、旅游、广告、礼仪、购物、装潢、建筑、房地产、娱乐、卫生、法律、边检、海关、餐饮、通信、住宿及进出口贸易等诸多部门和产业,不仅可以培育新兴产业群,而且可以直接或间接带动一系列相关产业的发展。因此,成功的会展服务会促进这些部门和产业的发展。1999年我国在昆明主办世界园艺博览会,218公顷的场馆群投资总额超过216亿元;2000年1~7月份,云南省旅游总收入115亿元,同比增长44%,至10月初昆明世博会接待的中外游客已超过930万人次。每年两届的中国出口商品交易会(广交会),带动了广州第三产业的发展,展会期间,广州市酒店入住率达90%以上。

（三）拓展商机、促进经济贸易合作

会展服务使得买卖双方近距离沟通成为可能。企业结识新客户,发现新产品,开拓新的投资和营销渠道,了解新市场,以拓展新的商机。在一些交易会、展览会和贸易洽谈会上,都能签署一定金额的购销合同或者投资、转让和合资意向书。据统计,法国博览会和其他专业展览会每年展商的交易额高达1 500亿法郎。据相关统计,1995～2005年,我国通过展览实现外贸出口成交340多亿美元,内贸交易120多亿人民币。

（四）增加就业机会

会展与城市相关产业的联系非常密切,由于会展积聚大量的人流、物流、信息流、资金流,对地方的旅游、交通、宾馆、饭店、保险、文化娱乐、媒体、广告、装饰、试听设备翻译等行业有着相关促进的作用,从而给地方带来更多的就业机会。据测算,每增加1 000平方米的展览面积,就可创造近百个就业机会。

（五）提高举办城市知名度

会展对举办城市起到了积极的宣传作用。法国首都巴黎,平均每年都要承办300多个国际大型会议,因此,有了"国际会议之都"的美誉;中国香港以每年举办若干个大型国际会议和展览而在国际上享有盛名;上海2010年世博会的成功举办,预示着上海逐步成为国际会展名城;大连也以每年举办的"服装节"而享誉国内外。

（六）传播信息、提高产业知识水平

会展服务活动是集知识、信息、文化、技术等于一体的展示、交流、交易活动,能促进国内外的政府与企业、企业与企业、企业与消费者以及社会其他主体之间的沟通与交流,尤其在专业性非常强的会展活动中,会展服务使得产业信息得以交流,最新的产业知识、最前沿的产业理念得以传播。

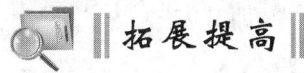

第四届济南韩博会,中韩共寻经贸合作新举措

2015第四届韩博会由大韩贸易投资振兴公社(KOTRA)、山东省商务厅、山东省贸促会共同主办。大韩贸易投资振兴公社、韩国贸易协会是韩国中央政府主管韩国企业海外拓展、对外经贸合作的重要机构。

由于本届展会恰逢中韩自贸协定(FTA)签署之年,此次韩博会引起中韩双方的高度重视。山东省商务厅将展会列为"抢抓中韩自贸区先机、推动对韩经贸合作"的重要举措之一。展会期间,韩国产业通商资源部、大韩贸易投资振兴公社韩国本社、韩国贸易协会、韩国驻青岛领事馆等有关负责人将前来参加展会及高峰论坛。

韩国本土参展企业数量创新高

此次展会,韩国本土参展企业数量超过400家,设置展位840个,韩国本土来济参展商超过1000人。来自中国各地的1100家专业采购商将前来洽谈采购,包括沃尔玛华北区、家乐福中国区及华联集团、麦德龙、华糖集团、北京永辉超市、辽宁兴隆大家庭等商业巨头及知名企业,参会总观众预计突破10万人次。

中韩专家齐聚泉城探讨中韩经贸合作新方向

博览会期间,山东省商务厅、韩国贸易协会还主办主题为"面向中韩FTA时代,进一步深化山东与韩国的经贸合作"的高峰论坛活动——山东-韩国经贸合作论坛。论坛还邀请中韩两国专家围绕宣传推介中韩FTA内容、投资贸易便利化措施以及中韩经贸合作的新方向和新举措作主题演讲。同期安排的大型流通企业采购信息说明会、济南综合保税区园区考察活动则为中韩供需双方架起了合作的桥梁。

济南市商务局副巡视员康广民介绍说,韩博会期间还举行韩国青少年文艺展演及捐赠活动;大型流通企业采购信息说明会;济南综合保税区园区考察等活动。

举办韩博会有效促进了济南和韩国的经贸交流,韩博会也形成固定品牌展会每年在济南举办,拉动了旅游、交通、餐饮、住宿、购物、娱乐、广告、租赁、翻译等行业的发展。

 思考练习

一、单项选择题

1. ( )是会展企业根据不同客户的不同需求,对不同的客户提供适合其需求的有差别的服务。

   A. 标准化服务   B. 专业化服务

   C. 承诺服务   D. 个性化服务

2. 从( )来看,会展服务包括展前服务、展中服务和展后服务。

　　　　A. 展会提供的方式　　　　　　B. 展会服务的对象
　　　　C. 会展服务的功能　　　　　　D. 展会筹备的不同阶段
　　3. 世界展览业水平最高的国家是(　　)。
　　　　A. 美国　　　　B. 德国　　　　C. 新加坡　　　　D. 加拿大
二、多项选择题
　　从会展服务的功能上看,会展服务主要包括(　　)。
　　　A. 专业服务　　　B. 信息服务　　　C. 展览服务　　　D. 商旅服务
三、简答题
　　1. 会展客户服务的类型有哪些?
　　2. 会展服务的社会经济效应是什么?

单元要点归纳

【本项目知识框架图】

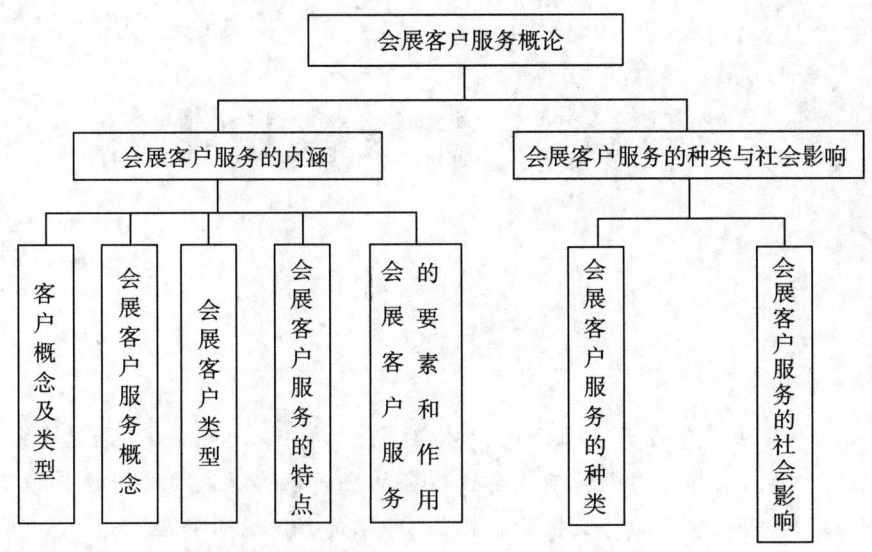

【关键概念】

会展客户服务、会议服务、展会服务、展前服务、展中服务、展后服务

项目二　会议客户服务

单元概述

在专业化不断发展的今天,会议的主办单位与承办者正逐渐分离,尤其是各国政府、机构组织的大型会议,都是由提供专业会议服务的公司承办。这些公司通常被称为会议承办者,它们既可能是专业的会议服务企业,也可能是会议场所的经营者,还可能是会议主办方组建的会务组,其服务质量都会对会议效果产生直接的影响。会议客户服务是会议承办者在承接各项会议活动时应做好的服务工作,是会议服务的核心。优质的会议客户服务既能满足主办单位举办会议的需要,为参会客人提供舒适的生活环境和丰富多彩的生活内容;又有助于提升会议主办方和自身的形象,同时对扩大会议目的地形象有着积极的推动作用。通过本项目,我们将学习会议客户服务的有关内容。

单元目标

- 了解会前筹备的客户服务
- 能够了解会议进程中的客户服务
- 能够了解会议结束后的客户服务

学习任务 1　会前筹备的客户服务

 任务概述

本任务从会前接待筹备阶段的主要工作入手,了解会前接待涉及的迎送服务、注册报到服务以及为与会代表提供的住宿服务等。

 任务目标

- 理解会前接待中筹备阶段所涉及的主要工作
- 了解并掌握会前接待涉及的迎送服务、注册报到服务的主要步骤,了解会前应为与会代表提供的住宿服务工作步骤

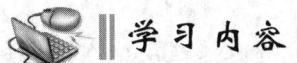 **学习内容**

会议是指一定数量的人聚集在一个地点,进行协调或执行某项活动。会议是展会期间最常见的相关活动。会议是帮助展会加强行业信息交流、增进友谊、架设桥梁的纽带,它对提升展会档次、增进展会品质和扩大展会的影响力有重要的促进作用。会议客户服务就是在展会会议期间对客户所提供的服务。会展企业在整个会展会议服务中,可分为三个模块:会议的筹备和接待中的客户服务、会议中的客户服务和会议结束时的送别客户服务。

一、会前接待客户服务

(一)会议前的筹备

在会议前的筹备中,我们应当做到:

1. 与会议主办方洽谈,了解相关会议需求。

2. 提供会议所需要的航班、火车/汽车车次、住宿酒店、会议场所、交通等信息,并制定完备的会议预案书给会议方。

3. 一般性会议,利用网络传送大量关于会议场地、住宿、餐饮、娱乐等方面的实景资料,让会议方提前做到心中有数。

4. 如有需求,可派专人协助客户实地考察会议举办地的吃、住、游、娱乐、会议场地等相关方面的情况。

5. 确定方案,签订合同,预付定金。

(二)会前筹备阶段的主要工作

1. 会前协调会

会前协调会的目的,一是及时、完善地传达会议主办者、承办者的意图;二是将工作细分,使各个岗位的工作人员都详细了解自己的工作内容与责任;三是各部门汇报会议筹备工作情况,提出建议并协调如何解决问题。一般而言,会前协调会需要做以下三方面的工作:

(1)会场人员协调;

(2)制作指示标志;

(3)制定工作人员工作时间表和注意事项。

2. 设立秘书处

设立秘书处的目的在于通过秘书处来统筹处理所有相关事宜,并作为对外联络的窗口,在会议召开前夕要将整个秘书处移至会议场所工作。

在会议召开期间,秘书处的主要工作包括:

(1)接听电话、处理留言、做好记录;

(2)接待来访;

(3)协调注册、报到事宜;

(4)物资供应;

(5)紧急事件处理;

(6)处理其他会务事宜。

秘书处的一项重要工作是准备会议和相关资料,按要求装袋,列好清单运到会场(通常一部分在报到处)。

3. 布置会场,设定齐全的各功能区域

会场是会议代表集中活动的主要场所,会议现场布置的效果将直接影响与会者的精神状况,进而影响会议目标和任务的实现。

(1)会议现场的布置应突出会议主题

会场背景应表明会议的名称或相关组织的名称(或缩写)、会徽、会议的时间地点等信息。会议背景板的设计应与发送代表的会议通知书的设计风格、色调相吻合。

(2)根据会议的性质及与会人数布置会议室

会议室的布置与会议的规格、类型有着紧密的关系,大型讲座式的会议、全体会议可按剧场型布置,小型讲座或演示会可采用教室型现场,公司会议、管理会议则可采用公司会议型现场,研讨会、圆桌讨论会则采用宴会型布置。

此外,会议现场的布置还应考虑与会者的多少,在提供信息的会议里,倘若人数众多,则以不设桌子的剧院式安排或是设桌子的教室式安排较为理想;在解决问题的会议里,如果人数不多,最理想的安排是让每一位与会者均环绕桌子而坐,这样可方便与会者沟通。

(3)会议现场的布置应营造良好的气氛和环境

不同机构举办的会议、不同主题的会议对现场的要求是不同的,国家政府举办的国内工作会议,要求会议现场气氛庄严、隆重,而在国际交流协会中传递友好气氛是特别重要的;学术研讨会则应体现平等交流的环境特点;公司工作会议则应以严肃、高效为主旋律。

(4)标明会议代表席,设置不同功能的活动区,满足不同人群的特殊需求

大型会议,尤其是安排有开幕式的会议,通常在会场设置主席台,将代表区域分为贵宾席、代表席和记者席。在主席台和贵宾席处应加放长条桌,以摆放主席台成员和贵宾的姓名牌、饮料和鲜花等,并在入口处用醒目的标识注明贵宾席的位置;代表席则根据代表的数量安放座椅,尽量保持行距的宽松,便于代表的出入;参会记者较多时,根据其工作需要安排记者的活动区域。

此外,会议承办方还应根据参会人群的需要,在会议现场设置不同功能的活动区域,如休息室、吸烟室、娱乐室等,以满足不同与会者的特殊需求。

4. 准备会议资料

会议使用的资料一般由主办单位自行准备,但作为会议的承办方,可主动提供打印设备、装订工具和文件袋,积极协助主办单位印制文件、分发会务资料或文件。文件一般包括:会议日程表;主持人、嘉宾、会议代表的发言稿、幻灯片、录像带、光碟等;需要交给与会者讨论、学习的有关资料。若会议主办方委托会议服务公司发送会议通知,承办单位应设计和印制会议通知。会议通知的设计风格应能体现会议主题。书面通知应注意对与会者的正确称呼;发给个人的通知应保证姓名、职务等个人信息的正确。会议通知书上应写明以下事项:会议名称、会议召开以及预定时间、会议目标、会议议题、会议场所(附导向图)、请对方答复是否出席的期限、主办者及联络地址、电话等相关事宜。

5. 备齐会议视听设备及用品

会议视听设备主要包括支架和挂图、音响系统、投影和屏幕、灯光和录像等,在会议开模前,承办单位应根据主办单位的要求配备齐全会议必需的各项设备,并保证其正常运行。会议承办方可指定专人负责视听设备的调制和使用,也可以委托会议场地的提供方负责设备的使用。

会议需使用的物品还包括欢迎牌、横幅、指示牌、笔、纸张、饮用水、水杯等,这些用品虽细小,若准备不周全,却会造成与会人员的不便和不快,所以,会议服务人员应站在与会者的角度悉心准备各项会议用品。

6. 搜集有助于与会者出行的信息

会议一般选在大多数与会代表感兴趣的城市或不同寻常的地点召开,与会代表不太熟悉会议所在城市的交通、人文、地理和旅游资源等情况。为与会代表搜集诸如城市交通图、旅游景点广告册、特色产品宣传以及火车/航班等信息,既方便了与会者的出行,又借会议推动了城市餐饮、旅游和商业等行业的发展。

二、会前接待的主要步骤

(一)做好迎送服务工作

从会议的进程来看,布置好现场后的任务就是迎接会议代表的到来。会议迎来送往的常见礼节在大型会议活动中不容忽视。服务人员在接送与会人员前应做好充分的准备工作。

1. 做好迎送准备工作

(1) 确认与会者的基本情况

准确了解客人的姓名、身份、外貌特征、来访目的、对本次会议的重要性程度以及其他背景资料;掌握客人抵达时间;熟悉重要与会者的个体需求差异,如年龄、性别、民族、工作性质以及对客房的特别要求。

(2) 确定迎送规格

确定迎送规格时要注意符合国际惯例,确定迎送规格主要是确定迎送人员名单。主要迎送人员应与来宾身份相当或者相差不大,尽量做到对等、对口。如主要迎送人不能出面,应礼貌地向对方解释原因,以免双方产生不必要的误会。迎送车辆的选派应体现与会者的身份和地位,陪同客人乘坐接送车辆,还应预先准备途中交谈的话题。

2. 准时接送会议代表

在接或送时不可迟到。迎客,应明确客人的航班或火车到达时间,在考虑到交通状况与天气因素的前提下,备好鲜花等物品,提前到达车站、码头或机场迎候客人。如果对所迎送的客人不熟悉,需要准备迎客标牌。送客则准确掌握客人飞机、火车或轮船的起飞或驶离时间,在客人行李整理齐全的前提下,提前将客人送抵机场或车站、码头。

(二) 注册报到

一般来说,与会者应在开会前进行注册,也有的与会者在会议举行日当天进行注册报到。报到服务工作应注意:一是分发文件、证件,安排住宿就餐的会议秘书、后勤工作人员应联合行动,在会议通知指定的地点集体办公,将所有手续一次办完。二是对未及时报到的与会者应适时催促。会议报到情况应及时统计,报告领导。三是签到处要张贴有关标识,对要强调的重要事项及会议须知未明确提及的其他应知事项要以通知形式告示。这一阶段的工作,人流量大,问题集中,如果处理不当会给大会造成很大的损害,因此要尽量简化报到程序,可采用多种方式,尽量减少客户报到的时间。

1. 提供分类注册服务

通过对与会代表的注册性质进行分类处理,是提供注册效率的最有效方法。在这种方式下,注册台通常可以分为已预付注册代表的注册台、现场直接注册的注册台和社交与旅游活动的注册台。

(1) 预注册台的服务

大型会议通常会设置专门的网站,与会代表可按提示轻松进行注册、付费和预订住宿等活动,所以这部分代表的现场注册服务相对简单,只需要核对预注册时登记的基本情况和缴费情况,发放与会资料,请代表签字即可。对于工作中出现代表已经缴纳会费的情况,发放与会资料,请代表签字即可。对于工作中出现代表已经缴纳会费,但因信用卡被拒付、支票到账日期等原因会务组未能收妥的问题,服务人员应礼貌、妥善和快速处理。

(2) 现场注册服务

一般情况下,现场注册服务手续比较复杂、内容多,要经过填写表格、缴纳费用、制作胸牌、发放会议资料、代表签字确认等过程。它要求服务人员熟悉注册程序、有较强的语言表达能力,并且熟悉各种结算票证和信用卡。因此,现场注册人员在工作中应能准确地提供以下服务：

①熟悉工作程序，引导代表填写注册表格；

②礼貌解答与会代表提出的各种问题，涉外会议的注册服务人员在回答外宾的问题时还应该尊重其风格和习惯；

③正确填写各种银行结算票证和收据，快速办理信用卡结算手续。

(3) 社交与旅游活动的注册服务

与会代表在会议期间或会议后可能会参加一些旅游活动和社交活动，因此需要专门设一个注册处，为他们提供这方面的服务。社交与旅游活动注册服务的主要任务是了解会议代表及其家属的旅游愿望和需求，以便安排旅游服务商。旅游和社交的注册服务应一直延续到会议的结束和代表完全离开。

2. 工作人员接待服务技巧

(1) 职业化的第一印象

欢迎客户时首先要给客户以职业化的第一印象，这是接待客户的第一步。客户一般较为关注服务人员带给他的第一感受。在客户接待服务中，服务人员必须要仪表得体，就是要求服务人员从外部形态上，比如衣着、外表等，给客户一个非常职业化的感觉，符合会展会议的主题，让客户感到亲切和信赖。客户通过服务人员的服装、外表、谈吐等迅速作出自己的判断，得出宝贵的第一印象。因此，服务人员在接待客户时一定要给客户以职业化的感觉，只有这样，才能获得客户的信任。

(2) 欢迎的态度

服务人员的接待态度非常重要，它决定着客户对整个服务的感知。当客户进来的时候，服务人员应热情地接待，例如服务人员原来是坐着，应该立刻站起来，脸上露出笑容，这是基本的欢迎态度。要保证每个接待人员都能做到热情服务，也不是一件容易的事情，而这种态度对客户而言是非常重要的。一位客户有可能将他的不满感受告诉他的亲人和朋友，这样企业就会失去许多潜在的客户。

(3) 以客户为中心

以客户为中心，时刻围绕着客户，这是对服务人员的基本要求，在服务过程中决不能轻易中断服务，如果有人找你或者因其他一些事情需要离开一小会儿，应该非常认真地对客户说"非常抱歉，请您稍后"，然后再离开；如果需要处理事情的时间长一些，可请相关工作人员为客户提供服务。否则，客户会认为你不关注他，忽视他。一旦得罪客户就有可能造成客户流失，使企业的经营和形象受到影响。

(三) 与会代表的住宿服务

住宿安排属于会议的配套服务，也是会议客户服务的重要内容。对于有住宿需求的会议，如果规模不大，可将会议与住宿安排在同一酒店。对于在会议中心举办的大型会议，则应将代表的住宿安排在离会议中心较近的酒店，以免花费大量的时间往返于会议场所和酒店之间。同时，相对集中的住宿，有助于会议期间的信息沟通和会务联系，也有助于休会期间与会者间的沟通和交流。

1. 充分了解与会代表的住宿需求,合理安排客房

房间的分配有时是一个比较敏感的问题,因此,职务和身份相当的参加对象,其住宿标准要大致一样,以免产生误解。如果各代表团所住的宾馆条件差距太大,会产生不必要的误会。特定会议,出席者的身份高低不一,安排住宿时,也应适当考虑区别对待。自费出席会议的代表对房间会有特别的要求,也应尽可能予以满足。总之,会议承办者安排住宿时应充分了解与会代表的需求,根据其个体需求差别提供不同的住宿服务。安排代表住宿前工作人员应掌握的需求信息有:需要住宿的人数,不仅包括会议代表,还包括代表的家属;会议代表身份、职务、在会议中的影响力及其对住宿标准的要求和价格的承受能力;会议代表及其家属到达和退房的时间要求。

在客房安排上,尽量满足不同与会代表的生活和工作习惯:

(1)为不能按时抵达会场的贵宾预留优越的房间;

(2)对于团体成员,应遵守"相对集中"的原则,尽量把同一团队的人员安排在同一层或相近的楼层内,方便他们之间的交流;

(3)会议主要人员的陪同或随行人员应安排在会议主要人员的房间附近,以便照顾他们在会议期间的饮食起居;

(4)对于老、弱、病、残人士,应尽量将他们安排在底层或离服务台比较近的房间,以便给他们更多的方便和照顾;

(5)对国际友人应按照国际惯例和所在国家的习惯安排房间,如单独入住;

(6)在国际会议中,对于互相敌对的国家、团体的与会者,应尽量把他们安排在不同楼层;

(7)应尽量将先期到达或准备同时离开的代表安排在一起,方便管理。

2. 督促酒店提供优质的住宿服务

优质的住宿服务能令与会代表心情舒畅,人性化的住宿服务会让与会代表产生宾至如归的感觉。会议承办者应督促酒店做好客房卫生,保证客房电器、用具的完好,及时提供各项生活用品,为代表提供舒适、方便的住宿。

3. 做好各种应急预案

与会代表临时决定取消或参加会议的事件常有发生,这些人群的举动会引起住宿需求上的变化。做好应急预案,妥善处理临时退房和增加客房事件,能实现会议主办方、会议代表和酒店三方的共赢。

4. 提供增值服务,为客户争取更多的优惠

搜集酒店近期向大型团体提供的价格信息以及竞争对手的价格数据,为会议代表争取更多价格优惠或附加服务,以增强会议主办方或代表的物超所值的感受。具体做法:

(1)要求酒店减免相关费用

如减少会议代表配偶的住宿费用;推迟结账离店时间;在酒店餐饮费用较高的情况下,减免诸如会议室租用费、视听设备使用费以及停车费等。

(2)要求酒店提供附加服务

为重要客人提高客房的服务等级和服务标准、优厚的支付方式和信用服务、不间断的

茶水或咖啡供应等。

拓展提高

清芳公司要召开2009年度总结大会,作为大会工作人员的王琴主要负责会议文件材料工作。会前,王琴进行了会议筹备有关信息的搜集,为会议议题的确定及大会会议材料的形成做好准备。年度大会的工作报告非常重要,包括一定时期的工作总结、体会或者经验,对目前情况的分析和下一步工作的思路、要求及具体措施等内容。为此,王琴有针对性地广泛搜集一段时间以来各方面工作的进展情况。会议期间,王琴认真做好会议记录,力求会议记录准确、完整,忠实发言人的原意,并进行会议发言录音和录像。为了使会议信息尽快传递给与会者,她及时编写会议简报,使会议达到良好的效果。会后,王琴认真编写会议纪要,作为与会代表贯彻执行的依据,推动会议精神的贯彻落实,她还搜集齐会议期间所有文件材料,及时整理有关会议文件,为会议文件的归档打下基础。王琴大会期间的表现赢得了大家的一致好评。

思考:本次会议筹备工作还需考虑哪些方面?

思考练习

一、单项选择题

1. 在会议的接待中一般要设立( )来统筹处理所有相关事宜,并作为对外联络的窗口。

   A. 服务中心　　　B. 筹备处　　　C. 秘书处　　　D. 客服中心

2. ( )手续比较复杂、内容多,一般要经过填写表格、缴纳费用、制作胸牌、发放会议资料、代表签字确认等过程。

   A. 已预注册代表的注册服务　　　B. 现场注册服务
   C. 旅游注册服务　　　D. 其他

3. 会议承办者安排住宿时应充分了解( )的需求,根据其个体需求差异提供不同的住宿服务。

   A. 会议主办者　　　B. 会议服务人员　　　C. 与会代表　　　D. 其他

二、多项选择题

1. 会议客户服务按进程可分为( )。

   A. 会议准备阶段的客户服务
   B. 会议中的客户服务
   C. 会议结束后的客户服务
   D. 会议配套服务

2. 场前服务工作有( )。

   A. 安排座次　　　B. 会前检查
   C. 组织会议签到　　　D. 引领座位

三、简答题

1. 会议筹备阶段的客户服务具体包括哪些内容？
2. 会议工作人员接待服务有哪些技巧？
3. 在为客户选择住宿的宾馆时需要考虑哪些因素？

学习任务 2 会议进程中的客户服务

任务概述

本任务主要介绍在会议进程中的会议现场服务及会议配套的主要工作。通过会议工作推进的时间顺序介绍会议现场服务，会场前接待涉及的接待服务，在会场内应提供的服务、茶歇服务的要求及场后为与会代表提供的服务等主要工作。同时，介绍会议期间文艺招待活动、参观与考察等会议配套的服务。

任务目标

- 掌握会场前接待涉及的接待服务，在会场内应提供的服务、茶歇服务的要求及场后为与会代表提供的服务等主要工作
- 了解会议期间文艺招待活动，会议期间参观、考察及游览中的客户服务

学习内容

会议进程中的客户服务是服务工作的核心环节。会议进程中的服务主要包括会议现场的服务和会议配套服务两个方面。

一、会议现场的客户服务

尽管会议准备工作设计得很周全，到了会议期间还是会出现各种问题。因此在会议进展中，关注会议现场，积极应对各种临时性需求是服务的关键。除确保会议设备的正常运转、茶水的供应充足外，还应做好以下服务工作：

（一）场前服务工作

主要包括会议的签到和材料分发、引导入座等工作。对规模较大、时间较长的会议，要制定场前服务方案，明确工作人员。对小型会议和时间较短的会议，要进行会议签到工作，以便准确统计到会人数，使主持人掌握情况。

1. 会前检查

提前半小时到位，检查会场准备情况，包括温度湿度、安全部署、文件发放、录音放音

器材的准备情况等。对需公开报道的会议,要留意新闻记者是否到位。

2.组织会议签到

及时、准确地掌握到会人数,催促未到会人员,向会议主持人报告到会情况。

3.引领座位

引导参会人员按座次就位,并注意自己的位置,避免抢镜头。

(二)场内服务

主要包括会议记录、同传翻译、录音、摄像、照相以及其他会场服务。有颁奖活动的会议,要提前准备好奖状或奖牌,组织好礼仪小姐对颁奖领导和获奖人的引导。对要组织代表合影留念的大型会议,要落实好拍照的时间、地点,请摄影师提前安排好座位,贴好领导名单并组织好拍摄。对大中型或重要会议,在会场内要安排好值班人员,以便处理临时事项,做到内外联系、传递信息。

(三)安排茶歇

1.茶歇的含义

茶歇是会间设置的小型简单茶话安排,其作用是增加休息时间,调节会议气氛。持续时间较长(两小时以上)的大型会议、公司或者组织的高层会议,会间茶歇十分重要。

阅读资料

> 茶歇一般分为中式和西式两种。中式茶歇的饮品包括矿泉水、白开水、绿茶、红茶、花茶、奶茶、果茶、罐装饮料、微量酒精饮品等,点心一般是各类中式糕点、饼干、袋装食品、时令水果、花式果盘等。西式茶歇的饮品一般包括各式咖啡、矿泉水、低度酒精饮料、罐装饮料、红茶、果茶、牛奶、果汁等,点心有蛋糕、各类甜品、西式糕点、水果、花式果盘,有的也备用有中式糕点。

2.茶歇服务的要求

(1)根据与会人数确定茶点数量,以免不足或浪费;

(2)在恰当的时间准备茶点,一般应在休会前15分钟准备好茶点;

(3)根据季节、会议代表的年龄、性别和口味提供多样化的饮料和点心;

(4)用醒目的标志标明饮料的种类,备齐饮茶用品,方便客人取用;

(5)配备充足的服务人员,茶歇服务人员与客人的比例一般为1∶100;

(6)保证茶饮及点心的新鲜、卫生。

(四)场后服务

主要包括场外安全保卫,预防其他突发性事件的发生,维护好会场秩序;安排与会人员的食宿;对照筹备方案与实际情况核实,看有无变动,以便做到临时调整。会议服务人员要随时为会议代表提供文秘及相关服务。最后会后检查会场,查看有无遗漏文件和物品。

二、会议期间文艺招待活动中的客户服务

文化节目也是吸引与会者参会的主要因素之一,同时,开幕典礼、欢迎酒会、惜别晚宴

都是主办方介绍会展产品、宣传本地区文化的最佳场合。节目的设计应该多样化,最好不要重复,惜别晚宴的节目也可以由下届主办方提供。

（一）晚会整体概况

首先确定晚会的主题,最好与会议的主题一致或相关。然后确定晚会的目标,主要是以文艺晚会为依托,答谢客户对主办公司和产品的关注,希望今后能够合作得更加愉快。最后确定晚会时间和地点,以及晚会策划组人员,或委托给专业演出公司承办。

（二）晚会前期筹备

主要是收集、选择节目,要求节目新颖多样,切忌主题不明确,缺乏贯穿开幕式演出的主线,或是节目陈俗,或是盲目出新,哗众取宠,无特色,品味定位不准。节目的选择是一项非常重要的工作,必须使参加会议的客户在感到有趣的同时又宣传了企业和产品,既有艺术性又有商业性,因此应该主题明确,以专业艺术表演团体为主兼顾明星效应,热烈欢快而不奢华,适合直播或转播并保证现场气氛,以成本核算演出费用,力求优质低价,注重艺术性、市场性、公益性的三者结合。

（三）晚会流程

1. 一共几个项目,每个节目之间的联系如何去安排。如开场白歌曲的选用,主持人的开场白。

2. 每个节目需要多长时间,如何安排,演出人员的姓名和节目名称都要清楚。

3. 节目中间需要搞一些花样,烘托晚会气氛,如公司赞助的小奖品项目,可以通过提问问答或者抽奖的形式贯穿整个晚会。

4. 客户位置安排问题,将重要的客户安排在前几排,成为晚会的主要角色。

5. 最后由主办公司以及重要客户代表发表对晚会的看法。

（四）会议文艺晚会应注意的问题

1. 加强互动性

可以给每一位入场者发一个入场证并且含有号码,晚会上穿插几个互动性节目,抽到号码的观众出来表演或者"模仿秀",并有礼品赠送。

2. 扩大参与性

在晚会上可穿插参与性节目,即使性格内向的观众也会参与其中,和大家一起唱歌或是跳舞,这样人人都能参与到晚会中来。

3. 提高观赏性

节目一定要优秀,不能质量低劣,或是情趣低下,因为这本身就是展示企业形象的机会。现代企业应该给自己以文化定位,通过文艺晚会,表达自己企业及产品的文化理念,这正成为越来越多企业的选择。

三、会议期间参观、考察及游览中的客户服务

（一）会议考察中客户服务的主要细节

会议的组织者为了更好地为客户服务,需要考虑的是:

1. 环境

目前,会议已不再是一年一次的特殊活动,人们更注重会议召开后的效果与质量,从

而通过会议更有效地传递信息。举办一次成功的会议,有很多因素要考虑,将会议旅游考察进去,那么环境因素就尤为重要,可以使与会者非常方便地进行会议旅游考察活动。

2. 会务旅游考察的资源

会务旅游考察资源,经过资金投入力度的加强和时间的积淀,特别是近期导入了先进的科技含量较高的配套措施,无论在软件还是硬件方面,都形成了一定程度的规模效应。

3. 专业旅行社

旅游属于特许经营行业,正规的旅行社在成立时必须向旅游行政管理部门交纳质量保证金,经营出入境旅游业务的国际旅行社要交纳160万元质量保证金,国内旅行社要交纳10万元质量保证金。这些保证金全部存放在特别账号内,一旦旅行社出现旅游质量问题,质量保证金将用来赔偿游客损失。选择旅行社要考虑以下因素:

(1)旅行社的资质;

(2)选择好的品牌;

(3)行程安排要合理;

(4)明确服务费用和内容;

(5)工作人员要有良好的形象和气质。

4. 做好后勤服务,保证安全

组织观看文艺演出或电影应当集体行动,因而要事先统计好人数,安排往返车辆,并注意上车后清点人数,避免漏接、漏送。观看专场演出应安排好代表的坐席,组织好演出的入席和退席顺序,确保人员安全。

5. 具体活动的注意事项

由办展企业组织的考察,属于小型的旅游考察,具体活动时应注意的事情很多,服务人员可以提请客户代表注意以下事项:

(1)请仔细阅读会务组为大家准备的《会务须知》《会议活动日程安排表》等会务资料;

(2)请各位代表凭代表证参加会务系列活动;

(3)注意安全及作息时间;

(4)贵重物品请妥善保管,考察时不便携带的行李物品可以使用行李标牌注明姓名、单位,做好标记,交由办展企业统一保管、寄存;

(5)旅游考察由办展企业安排专业导游为大家服务,请积极配合导游的组织工作,考察过程中请留意导游提醒的注意事项和时间安排;

(6)下海游泳活动由办展企业统一安排,请自备泳衣,切勿独自行动;

(7)办展企业有义务为大家推介特色旅游项目、旅游购物及特殊活动项目,遵循自愿消费的原则,旅游购物时,请留意商家是否有"旅游定点购物"资质;

(8)气候特征:昼夜温差大,滨海地区白天太阳辐射较大,请注意穿衣防晒,请自备太阳镜、太阳帽、防晒油等。

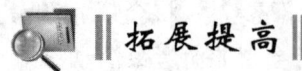 拓展提高

会议须知

一、报到时间

2015年×月×日下午

二、地点：××××××

三、开会地点和时间

会议地点：×××××

会议时间：×××—×××（详细日程见《会议议程》）

四、注意事项

1. 各参会人员直接在大酒店报到，并领取会议资料。

2. 会前要认真学习本《须知》和相关议程要求。

3. 入住期间，要遵守酒店制度，不得损坏物品，不得随便使用非送品，否则所销费用由个人承担。

4. 入住期间，不经领导批准不得单独外出超过2小时，否则发现一次，给予1 000元的处罚。

五、会议纪律要求

1. 凭参会证入场，不迟到、不早退；有特殊情况不能出席会议者应先请假，经公司领导同意后才能离开。

2. 会议提前10分钟入场，会议中所有参会人员都必须按商务礼仪方式要求自己。

3. 为保证会议质量，会议前要做好以下准备：手机关机或调为静音和振动状态，会议中不得接打手机，会议中不得擅自离开（含去卫生间、接水）。

4. 会议进行时，要坐姿端正，认真学习会议内容，随时做好记录。不得摇头晃脑，除讨论时间外不得交头接耳。

5. 会议中如有不同意见，不得打断会议发言人讲话，让发言人发言完毕后举手示意主持人，经主持人同意后方可发言。

六、用餐地点：前中餐厅

七、会议组织分工：见《会议人员分工表》

 思考练习

一、多项选择题

1. 会议中的文化节目可以分为（　　）。

  A. 开幕典礼　　　　　　　　B. 欢迎酒会

  C. 娱乐晚会　　　　　　　　D. 惜别晚会

2. 在会议考察中，会议组织者为了更好地为客户服务，需要考虑的是（　　）。

  A. 环境　　　　　　　　　　B. 专业旅行社

  C. 行程安排　　　　　　　　D. 旅游考察的资源

学习任务 3　会议结束后的客户服务

任务概述

本任务主要通过会议工作推进的时间顺序介绍会议结束后的客户服务、安排与会代表返程及清理会场、会后致谢与反馈及会后宣传。

任务目标

- 了解并掌握会展会议礼品的特点
- 了解在会议结束后会议主办方或承办方帮助与会代表平安返程的服务工作程序
- 理解会后致谢与反馈的方式及其重要性

学习内容

在会议后平静地思考会议当中出现的问题,及时地总结会议成功的经验,会给今后的会议组织活动带来很大帮助。因此,在会议结束后,立即对会议内容进行总结和整理,不断跟进,对于会议组织者来说是非常重要的工作。

一、会议礼品赠送的客户服务

会议中赠送礼品已经成为一种惯例,几乎所有的会议都会向参会者赠送礼品,商务活动中互赠礼品本身就是一件正常的事情。会议礼品其实传递着人情、事故、知识和兴趣等信息,对于建立公司和客户之间的良好关系起到明显的作用。对于会展会议的礼品应该有以下特点:

（一）礼品的宣传价值

会议主办企业应该在各类礼品或礼品的外包装上印上主办企业的名称或标志,以发挥礼品的广告宣传作用。

（二）礼品的实用价值

礼品能给特定的消费者带来一定的实惠和收获,如精美的台历、书写流畅的圆珠笔、度身定制的浴衣。

（三）礼品的文化价值

礼品应体现其精致和美观,因此,礼品的材料、设计风格、包装等均应体现主办企业的文化品位。

(四)奢侈型

手表、高级礼品等,在选择此类礼品时应讲求质量及做工的精巧,或具备较大的收藏价值。会议分发礼品的方式方法很多,一是要注意选择最佳赠送礼品的时机,二是要选择最佳的方式,目的是给参会者留下更深的印象。对于重要的客户,可由企业的高层领导亲自或者派人专门发礼品会有更好的效果。

二、安排代表返程,清理会场

会议结束后,会议主办方、承办者应帮助与会代表平安返回,为了更好地完成这项工作,需要做到以下几点:

(一)组织欢送

会议主办方、承办方主要领导人尽可能安排时间向代表告别,如在会议闭幕式结束后道别,或是设宴道别。对于级别较高的领导或是特邀嘉宾等,会议主要领导应该亲自送行。

(二)办理费用结算

在安排与会代表返程的同时,应及时准确地结算费用,报到时如预付了有关费用,在与会者离会之前,必须把费用结算清楚。相关费用主要有两类:一类是由会议组织者支付,另一类是由与会者个人承担,酒店会根据会议主办单位所签订合同中的规定分别收取。结算时应该做到:出具会议期间明细表,多退少补,并开具正式发票等。

(三)清理会场

会议结束后,对会场和房间进行检查、清理,会议服务人员要把会场恢复到跟使用前一样的状态,还应注意与会者离会时可能会在会场和房间里遗忘一些物品和文件,一旦发现应及时联系送还事宜。

三、会后致谢与反馈

(一)检查客户是否满意

服务人员想了解客户是否满意的标准用语是:"您看还有什么需要我为您做的?"如果客户回答没有,意味着他对服务人员的服务是比较满意的;如果他有其他事情提出,服务人员尽量给予满足,客户就不会觉得很生硬,而服务人员正好可借此来弥补工作上的不足。

(二)向客户致谢及意见反馈

对与会者、协办单位、媒体、社区、赞助商、承办酒店等都应用书面或口头致谢,向对方表示尊重和我方的诚意。服务人员应从企业业务的角度向客户表示感谢,如果是长期合作的客户,可以说"感谢您对我们企业的信任""感谢您对我们工作的支持"等,代表企业和个人两方面向客户表示感谢,这一点是必需的。

在会议结束时,会议组织者一般采用征询意见表的方式来评估其会议接待的服务质量,征询意见表应详细列出最容易发生投诉的环节和事件,主动征询客户关于服务改进的意见和建议。征询意见表可以在会议注册时就放在资料袋中发给与会代表,也可在会议即将结束的前一天发给参会代表,在会议结束的当日上午收回。收回后,会议管理人员应认真阅读征询意见表上反映的问题,并进行分类、统计、分析,然后讨论改进的具体措施。

并通过客户注册的电子邮件信箱发一封由总经理署名的感谢信,以示对客户意见或建议的重视和尊重。

四、会后宣传

应通过招待会或新闻发布会把会议的有关情况或会议的相关意见提供给新闻媒体,一般情况下,主办方应该把会议举办的相关数据信息整理好提供给有一定影响力的媒体,或者准备好一份会议举办情况的新闻稿,在为本次会议进行宣传的同时为下一届会议举办营造声势,这无形中节约了广告费用。

想一想:

如果由你来组织开展一次主题班会,你应该如何筹划会前、会中及会后的相关工作?

拓展提高

上海国际会议中心的专业服务

上海国际会议中心地处陆家嘴金融贸易中心,毗邻东方明珠电视塔,与外滩万国建筑群隔江相望,交通设施方便快捷,地理位置得天独厚,于1999年8月落成并正式营业。总建筑面积11万平方米,素以举办大型国际会议、商务论坛而蜚声海内外。

1999年8月,上海国际会议中心和上海东浩国际商务有限公司共同组建了上海国际会议展览有限公司。公司在上海国际会议中心内经营全国一流水准的会议、展览场地,为客户在会议厅、展览场地方面提供优质服务的同时,也提供会议、展览的整体筹划咨询、人员接待安排及会场布置、设计、施工等服务,形成会议筹划、会场设施、会务服务三位一体的配套业务,全方位、综合性地为社会提供专业的会务服务。它出色地完成过"财富"全球论坛、APEC领导人峰会及系列会议、第35届亚洲发展银行年会、APEC第五次电信部长会议、联合国亚太经社会第60届会议、全球扶贫大会、世界工程师大会、上海合作组织成员国元首理事会会议以及非洲开发银行集团理事会年会等国内外重要会议及政要接待任务,受到各方赞誉。

1. 硬件服务

上海国际会议中心拥有多种规模和类型的会议室,配以先进完善的会议设施,可满足绝大多数顾客的需求。上海厅面积达到4 400平方米,为目前国内最大无柱形多功能厅。此外,另设有28个大小不等、风格迥异的多功能会议厅,均备有先进的高科技影音系统及同声传译设备,如1+10同传系统及飞利浦DCN会议系统和主席发言机、A/V传送现场电视信号通道、音频信号合成系统和多媒体演示控制系统、影像/电脑强光投影机、实物投影机、幻影机、幻灯机、幻灯视频转换器、彩色多频系统电视机等。

2. 软件服务

与硬件服务相配套,上海国际会议中心的会议软件服务主要包括以下几方面:

(1)接待外国经贸代表团。作为上海市对外经济贸易委员会指定接待单位,自1999年以来,上海国际会议中心不仅协助接待了数十个部长级外国经贸代表团,还为沃尔玛、西门子、美国CEO CLUB等跨国公司的总裁级代表团提供了日程设计和

VIP接待服务。

（2）组织中外企业洽谈会。由于与各大专业行业协会及各开发区保持着密切的合作关系，上海国际会议中心能够根据外国经贸代表团的需求，为其组织中方对口企业参加经贸洽谈会。

（3）提供会议管理及配套服务。上海国际会议中心拥有优秀的策划力量和出色的活动现场驾驭能力，能承办各种规模的国际会议和活动，提供场地洽谈、会场布置、代表接待、各类翻译、会议设备支持、现场管理等服务。与上海市对外经济贸易委员会的多年合作，积累了大型会议和活动的管理经验。

（4）会展项目的整体策划咨询，包括国际会议报批、会议议程设计、演讲者邀请、听众邀请、政府公关、媒体公关。

（5）会展项目的管理，包括与会人员的专业接待安排、现场背景的设计施工协调、会展期间的现场跟踪服务、会场布置、设备支持、资料制作、会议翻译等。

（6）会外活动，包括活动策划、交通服务、导游服务等。

思考：良好的会议客户服务对会议发展会产生怎样的影响？

 思考练习

一、单项选择题

1．商务活动中互赠礼品本身就是一件（　　）的事。
 A. 正常　　　　　B. 错误　　　　　C. 违法　　　　　D. 不利于企业

2．会议组织者一般采用（　　）的方式来评估其会议接待的服务质量。
 A. 客户反馈表　　　　　　　　B. 征询意见表
 C. 自我总结表　　　　　　　　D. 民意调查表

二、多项选择题

以下哪几项属于会议结束后的后续服务？（　　）
 A. 清理会议现场　　　　　　　B. 客户意见征询
 C. 费用结算　　　　　　　　　D. 向有关单位和部门致谢

单元要点归纳

【本项目知识框架图】

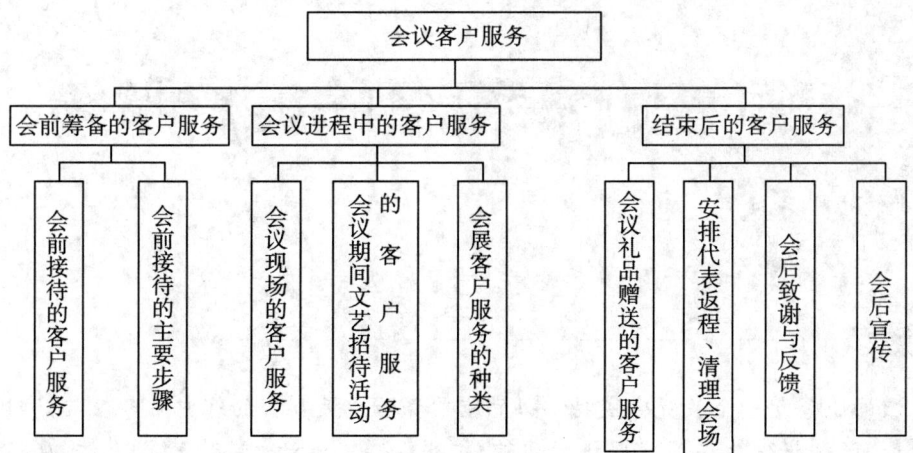

【关键概念】

会议、会议承办方、会议客户服务

项目三　展览会的客户服务

单元概述

优质的服务是一个展览会成功举办的重要保障。展览会的客户服务主要是针对参展商和观众,既包括发生在展览现场的租赁、广告、保安、清洁、展品运输、仓储、展位搭建等专业服务,也包括餐饮、旅游、住宿、交通、运输等相关行业的配套服务。会展服务要体现"以人为本"的思想,并注重实效。展览会的客户服务更是要求主办单位应以服务客户的形象出现,尽可能为参展商、采购商提供所需要的服务,通过优质的服务形成一个固定的客户群。本项目通过对整个展览会客户服务各个环节的描述,阐述了招展、展中、展后等客户服务的重要性和全面性。

单元目标

- 掌握展览会客户服务的基础知识
- 熟悉展览会中参展商、专业观众的性质及服务内容
- 初步掌握展会前、展会中、展会后的各项客户服务内容

项目三 展览会的客户服务

学习任务 1 展览前期的客户服务

任务概述

本任务以会展宣传的主要方式导入,介绍了展会准备工作中的客户服务环节,对参展商应该做好的业务和生活方面的招待服务,以及布展环节涉及的主要客户服务。

任务目标

- 了解并掌握会展宣传的主要方式
- 熟悉展会准备工作涉及的服务环节
- 初步掌握为参展商参展提供的招待服务
- 了解在参展商布展环节应提供的相关服务

学习内容

展前阶段的服务工作,决定了参展商的数量和质量,对展览工作的效率有直接影响。

一、会展宣传工作中的客户服务

广告宣传在整个展览过程中扮演着重要角色,是吸引目标观众的主要手段,展前、展中、展后都应有针对性地进行宣传。专业展览管理公司认为参展厂商需在展览前3个月,要求内部公关部门或外面雇佣的公关公司在专业杂志上刊登至少一篇以上的特别报道,然后将该篇报道的复印本寄给目前及潜在客户群,并加附信件一封来提醒顾客该项产品将于会中展出。此外,广告的时间间隔要事先安排好,连续刊登能加深客户的印象。

宣传是一种单向的信息传递,即展览会组织者单方向地向潜在目标客户传达展览信息,而广告的优势是令信息可以传播得很广泛,作用举足轻重。广告宣传的效果,是展览会成功与否的最关键因素,打造品牌的最有效方法。展会前应根据参展产品的特点进行宣传工作,不仅能为当期展会吸纳更多更好的观众来造势,而且能保证会前营销阶段中心目的的实现。

一般在展览会开幕前的3～4个月就应该有计划地进行广告宣传。会展的前1个星期,对目标市场进行突击性的广告攻势。展中和展后阶段也应该适量地进行宣传,促进专业观众和参展商沟通,宣传展会的品牌效果。宣传的主要方式包括:媒体广告和户外广告。

33

(一)媒体广告

选择何种媒体广告要以该媒体的读者、观众、听众是否为参展企业的目标观众作为标准,一般分为专业媒体和大众媒体两种。专业媒体,如报纸、杂志、网站等;大众媒体,如电视、电台、主导性报纸等。

应围绕展览不同的卖点和亮点来进行宣传,按区域、分行业设计制作不同的软广告和硬广告;还可以通过新闻发布会等形式组织新闻题材,或对牵头参展的行业代表(企业)进行新闻专访,从侧面传播展览会信息,来进行新闻炒作。

(二)户外广告

户外广告视觉冲击力强,容易营造展览会的声势,形成广告宣传攻势。用户外广告进行宣传应注意以下两点:

1. 场所

利用人流量较大的公共场所,如机场、车站、码头、商业街道和广场等地点。

2. 形式

包括海报、灯箱、广告牌、宣传布幅、彩旗等形式。

二、会展准备工作中的客户服务

(一)进行参展商数据研究

一般来说,潜在的客户具备以下三个条件:有需要参展的商品,能够支付参展的费用,愿意接受展览推销人员的拜访。

1. 追踪客户的需求并不断满足

只有不断满足客户的需求,才能取得他们的长期信任。不同企业的需求也会存在很大差异,需要会展公司有针对性地去满足。比如客户曾经经历过的不满和困惑等,尽量解决客户面临的直接困难,提供有价值的建议方案,通过登门拜访、电话拜访,促成客户决定参展。

2. 收集可能参展的企业名录

收集企业名录或叫展商目标名录,建立信息库。收集客户信息是会展客户关系管理的第一步,通过分析会展市场客户信息,识别市场机遇,从而制定相对应的营销策略。对于一些主要的牵头参展企业,应上门拜访。尤其注意的是大客户的管理,大客户是指业务频次高、业务需求量大或是与企业建立战略合作关系,以及与产品和服务关联性强、成长性好并有特定要求的客户。收集完善的客户基础资料,了解大客户的差异及个性,为了保持大客户的忠诚度,它们得到的应该是最新、最实惠的优先服务。除了展前准备阶段要做好会展客户关系管理,展中和展后也应加以重视。

(二)展前客户邀约

招展书、招商书是会展企业发布展会信息的重要形式。招展书是发给目标参展商的书面文件,其基本内容是由展会简介、展会组织者、专业设置、专业观众、历史业绩、参展费用、日程安排和有关说明等构成的。而招商书是邀请客商参展的书面文件,层次较高、规模较大的展览会一般会设计专门的招商书(邀请函),以此邀请客商的参展。招商书的内容包括展会的介绍、预计可能到达的重要参展商、展会活动以及对客商参展目的调查等内容。内容完整的邀请函,可以扩大宣传声势,增加展位参观人数,加大企业新产品或服务的发布力度,并促进贸易成交。据统计,参观者参观那些曾在展前发过邀请函的参展商的单位,比参观其他公司展位的机会大4倍。参展商目标名录确定后,应对其进行分析研究、筛选和甄别,并发送招展邀请函、征询函、调查表等。通过买家目标名录分析,有计划地进行登记表和门票的发送。

(三)会展服务手册

在组展过程中,主办单位或展览承办商应该为每家参展商提供一本优质的会展服务手册或会刊,其特点是既要有吸引力,又要通俗易懂,还要标准规范。首先,应囊括一切可能想到的问题和解决方案。其次,及时与大会主办方沟通,了解本届展览会服务的新变化。最后,会展服务手册应该具有查询方面的功能,可读性强。这样既具完整性又具易查性的会展手册可以节省会展工作人员和参展商的时间,减少摩擦。

会展服务手册主要包括:展览内容方面,包括展览的英文名称、展览举办城市及场馆的名称、展览日期,包括进场、出场日期,参展商简介、研讨会时间表、展位图、新产品发布会、技术交流时间表,参展商或其他相关承办商的姓名、地址、电话、传真;详述摊位租金付款方式(如果需要提供材料和服务的程序),相关规定,叙说展览的内容等。

(四)其他相关服务

除发出邀请函外,还可为客户提供配套宣传策划、住宿及行程安排、交通旅游、视听设备、摄影、花艺盆景租借、呼叫装置、模特儿现场展示或接待、法律咨询、翻译、运输代理等服务。

三、参展商招待工作中的客户服务

参展商是受会展组织者邀请,通过订立参展协议书(或会展合同),于特定时间在展出场所展示产品或者服务的主体。主办单位的收益主要来自企业支付的参展费用,因此,主办单位与参展商之间的价值传递是非常重要的,服务质量的高低,直接影响到组展商与参展商的合作关系。要做好参展商的服务工作,可以从业务和生活两方面开展。

(一)业务服务

做好参展商参展抵达工作,并及时向参展商发送参展证、布展证等相关证件以及参展商手册等资料,告知展会议程、展位信息和布展要求等事项。

为首次参展的参展商举办相关讲座,帮助参展商熟悉参展过程。还可以会议形式介绍展会的具体情况,为参展商提供交流机会。

协助参展商做好展品运输服务工作。

全力寻找对路的专业观众参展,为参展商在当地寻找合作伙伴,并安排双方的洽谈时间和地点。

成立展会保卫部门,工作范围,包括:参展商的人身安全,参展商的商业秘密和隐私安全,展品的存放保管,指挥交易团做好本团的保卫工作等。

(二)生活服务

为解决参展商的后顾之忧,可为其提供一系列生活服务,编制参展手册,内容包括:提供购票、酒店住宿、交通、银行提款、翻译等常规服务。

若条件允许,还可附加快递、照片冲印、与参展相关的行业协会信息、国际贸易新闻支持、法律、警察、休息及洗漱室、医疗站、邮局及媒体服务、运输代理、安排安全人员、失物招领等服务。

组织参展商游览当地的名胜古迹。

四、参展商布展工作中的客户服务

会场布置是筹办会展的主要业务工作,涉及场地、设计、设施、施工、布置等内容。布置水平的高低对会场和展场的外观效果起关键性作用,是展会的重要因素。展览组织者可协助参展商的展台设计和搭建,向参展商提供合适的展台设计师,介绍展台搭建承办商,也可由自己统一布展。有的参展商则选择自己布置展台。展会组织者应尽量配合客户,满足客户的需求。

(一)布展过程中的客户服务

1. 展览组织者布展

(1)提供有关参展企业的资料,包括:经营规模和内容、市场活动和位置、展出面积、展区位置、展台人员数量、展出目标、展出内容、展出重点、形象要求、展台区域分配要求、刀具要求、装修要求、设计要求、设备要求、图表、照片、标志、色彩、预期的观众量、服务要求、设计日程安排、设计预算安排等。

(2)有关产品或展品的资料,包括:性质、内容、种类、形状、重量、尺寸、外观、特征、重要性、有无操作演示、有无技术要求等。

2. 参展商自己布展

如若参展商选择自己来布展,应向参展商提供有关展会的资料,包括:展会资料、规模、日期、参观者情况、参展企业数量、其他参展企业的展台情况、场地、设施、技术数据、图纸、规章制度以及定制展架、展具的供应和限制等。

3. 相关规定和限制

所有的展览会对展览设计都会有各种管理规定和限制,应及时提供给布展人员,以免失误。如有关展台的高度限制、开面限制、展脚、展具材料的限制,电器的规定,人流、环境和消防的规定,对异常展品如超高展品的限制,手续的规定等。

4. 展会现场的检查

展会现场检查主要涉及展馆现场设备、展馆功能设置、人流物流通道以及展馆配套娱乐、休闲设施的配备等。

(1)检查展馆的落实情况。查看展馆设施是否安全到位,设备是否按国家标准或展馆要求安装完毕并正常运转。

(2)检查展馆内布局的合理性。展馆内展台、公共设施以及通道共同构成了展览会的布局,通道容量的大小、人流疏散的程度是保证参展物品和观众人身安全的重要因素,展前对展馆布局进行检查能有效防止人员踩踏、物品拥堵现象的发生。

(3)检查展览馆内各功能厅的布置是否合理、恰当。如商务中心内的物品是否有助于展商和客商的洽谈,客户服务中心的所在位置是否便于客户前往,贵宾室的设备、用品是否具有相应的档次,卫生间等公共服务设施能否与需求相适应。

（4）检查展馆服务设施能否满足参展商的饮食和娱乐、停车需求。目前，大型展馆已经注意在配套服务设施中安排一定的餐饮和客房，但这仍然难以满足大量剧增的参展人流，因此，在展前检查和落实餐饮和娱乐方面的服务能力非常重要。

另外，展馆的大规模停车场、各类智能停车场管理软件的使用，能有效解决展馆外乱停车、乱收费、车辆失窃、管理成本高等问题；可在展览期间设置临时的票务中心、餐饮服务摊点等，来缓解展馆服务的压力。

（二）会展物流过程中的客户服务

物流是会展活动中的关键环节，也是会展业的互动因素，是否安全、及时地将所有展品按照客户要求送达每一个目的地，也是参展商评定服务质量的指标之一。需要考虑的因素包括日程、方式、费用、代理等，需要统筹安排。会展物流是指为了满足客户的需要，以最低的成本，通过运输、保管、配送等方式，实现展品及相关信息由展品所在地到参展地所进行的计划、实施和管理的全过程，主要包括展品的国内运输、仓储、进出口报关、进入场馆，以及相关的物流信息等环节，手续较简单，重在展品清册和保险。

展品从参展地的机场、码头、火车站搬运到展馆的地面运输过程中，往往会发生货损货差，时间商也难以保证，而且对货物信息的跟踪难以实现，展品装船出去以后，查不到货在什么地方，遇到事故也难以及时采取补救措施。为确保展品顺利抵达展出地，根据"快捷准时、保质保量"的基本原则，并考虑到参展商到异地参展"初来乍到"的实际问题，可以提供以下服务：

首先，根据展品的性质和展品所在地的条件，为参展商提供系列化、个性化、信息化的物流代理服务。其中，应考虑的因素包括：

路线：以最少搬运次数为佳，尽量一次发运。

运输方式：根据实际情况选择水运、空运、陆运等。

日程：确定运输日程，需要考虑运输所需时间、展品准备所需时间、办理有关证件所需时间、运输公司的能力和装卸货的速度以及其他相关因素等，并为意外留出备用时间。

费用：运杂费包括发运地运费及杂费、发运地仓储费、装货港港口劳务费、保险费、海运费、目的港港口劳务费、装卸费、堆存费、港口至展馆运费、装卸费、空箱存放费、空箱回运费、运输代理费、海关代理费。与运输有关的费用，如关税、增值税、销售税、所得税、附加税也应算在运输费用内。

其次，联系一家富有经验的会展物流专业公司，不仅提供展品的巡回展出运输及展品的专线往返配送，而且能研究、协调、解决会展物流中的一切问题，提供全程服务。

（三）涉外会展工作中的客户服务

根据《专业性展览会等级的划分及评定》所确定的标准，境外参展商比例以及参展商满意率，是评价专业展会级别的两个重要指标。涉外会展的客户服务主要体现在展品的运输上。展品运输的具体环节包括国际运输、国内运输、临时存储、进出口报关和进入场馆等需要，手续较为复杂，单证、报关、保险等三方面尤为重要。组展商可根据国际展览运输协会的规定，为参展商寻找富有经验的、可靠的运输代理商完成展品运输工作，把展品及时、准确地打包装箱，并将展品安全地运回目的地，减轻参展商的压力。另外，组展商也

可提供以下服务:

1. 配备通晓英语的翻译,以便进行有效联络。
2. 提供必要的设备:如国际直线电挂、移动电话、传真设备和计算机。
3. 根据运输货物的特性、预算和时间限制,向参展商建议最佳的运输方式和路线。
4. 为方便参展单位撤展时展览样品回运,展会服务部可提供空运、铁路等代办托运服务。

拓展提高

企业参展的目标

根据德国贸易展览与博览会委员会(AUMA)所做的一项调查可知,企业参加展览会的目标可分成:基本目标、产品目标、价格目标、宣传目标、销售目标。例如,德国著名研究机构IFO曾经对世界跨国展览集团之一——德国慕尼黑展览公司举办的世界最大规模的机械工程设备类展览会BAUMA进行过"企业参展目标"专门调查,其结果表明,参展目标中提高企业知名度的占85%,密切老客户关系和结识新客户的占70%,通过展览会宣传产品市场占有率的占63%,推介新产品的占60%,提升产品知名度的占58%,交流信息的占50%,发现客户需求的占50%,影响客户决策的占33%,最后才是签署销售合同,仅占29%。

可见,对成熟的参展商来讲,他们知道,尽管其参展的根本目的就是提高产品销售率、获得订单、扩大市场份额,但是,他们更知道,企业作为一个组织机构的影响力大于任何一种产品的力量。而展览会作为一种中立的连接客户和市场的桥梁,对专业观众而言最具有影响力的除了产品性能和价格之外,更关键的是企业实力。企业实力可以理解为一种对产品供销的市场保障能力与提供服务的执行能力,也就是企业强大实力基础上形成的企业卓越信誉,其在展览会上的表现形式就是展示企业形象和提高企业知名度,对于大企业来讲是一个基本的参展特征。因此,几乎所有大型的成熟参展商通常的参展标准目标可以简述为:在知名展会上集中精力"展示企业形象"和"推介创新产品"。

思考练习

一、单项选择题

会展的前( )个星期,对目标市场进行突击性的广告攻势。
A. 1　　　　　　B. 2　　　　　　C. 3　　　　　　D. 4

二、多项选择题

1. 潜在客户一般具备三个条件,包括( )。
   A. 有需要参展的商品　　　　B. 能够支付参展的费用
   C. 愿意接受展览推销人员的拜访　　D. 有大量的资产
2. 展览会宣传的主要方式包括( )。
   A. 专业媒体　　　　　　　　B. 大众媒体

C. 户外广告　　　　　　　　　　　D. 网络广告

三、判断题

1. 参展商是展会价值的主要体现，同时也是展会收入的主要来源。（　　）
2. 展品运输的路线以最少搬运次数为佳，尽量一次发运。（　　）

四、简答题

展览会展中宣传方式包括哪几种？

学习任务 2　展览中期客户服务

任务概述

本任务主要介绍展览现场的客户服务工作，以展会开幕式的服务工作导入，介绍了解展览中期针对专业观众、一般观众、展会现场管理及展会闭幕后撤展的客户服务工作内容。

任务目标

- 熟悉展会开幕式中涉及的客户服务工作
- 熟悉并掌握在开展过程中针对专业观众和一般观众应提供的服务
- 初步掌握在展中就交通管理、餐饮服务及突发事件处理等环节提供的客户服务
- 熟悉在撤展环节为参展商提供的相关服务

学习内容

展览中期服务又称为展览现场服务，是指展览活动开幕期间在展览现场提供的服务，如观众报到登记、文件和资料分发、信息服务、媒体服务、展具租赁服务、现场秩序维护、清洁卫生等。

良好的展中服务工作是一个好的展会的决定性因素，在硬件达到一定水平的基础上，工作人员的软件服务就起决定作用，会展组织者应具备高度的服务意识，努力追求服务内容的规范化、服务项目的专营化和服务网络的集团化。

一、开幕式中的客户服务

开幕式历来都是展会的重头戏，其目的是为了制造气氛、扩大影响，能给客户一定的荣誉感。开幕式时间的确定应充分考虑当地交通、气候及工作习惯等因素，通常安排在展览会的第一天，且避免时间过长。程序一般是司仪宣布开幕仪式开始，主宾按顺序发言致

辞、剪彩和参观展台。主办方可为展览会提供开幕式的一系列有偿服务,其中包括贵宾间、会标、音响、礼仪、剪彩、背景板、鲜花、红地毯等多项服务内容及租用方提出的其他要求。

（一）开幕式事先要进行好策划,包括:

1. 首先要确定应邀人员名单,提前制发请柬。
2. 准备好有关该展会的文字资料材料,保证人手一份。
3. 利用媒体做宣传,让社会各界公众对此事有更多的了解,吸引更多的观众。

（二）开幕式现场工作也需认真安排,包括:

1. 开幕式场合应做适当的布置,力求隆重、喜庆、大方,并符合展会特点。
2. 准备好签字台,以便统计来宾人数;安排一间贵宾接待室,以便来宾等候。
3. 现场应安排了解展会的人充当陪同人员和解说人员,为了使开幕式更隆重,还可请富有经验的礼仪小姐进行现场服务,做到有问必答,从而赢得参展商和观众的支持和帮助。
4. 媒体到场,可有助于宣传。
5. 准备好礼品分发给来宾,表示感谢。

二、展览中专业观众的客户服务

观众是通过购买门票或提前注册入场参观,与参展商进行洽谈的自然人、企业以及其他相关的市场主体。会展业根据观众身份的不同,将观众分为普通观众和专业观众。专业观众中有参展商的合作伙伴,也有潜在客户,一般在专业观众中部分客户是企业决策者,可以直接拍板定案,他们是参展商衡量会展服务质量的首要参数,其数量和质量直接影响参展商的参展效益和以后再次参展的可能性。会展组织者应把专业观众定为宣传和吸引的主要目标。选定专业观众后,如何快捷有效地传递展会的各种讯息是服务的第一环节。一般采取的方式有发函、打电话、登门拜访和广告。

根据实际具体情况,将专业观众和普通观众区别、分类,然后有针对性地提供优质服务。主要方法如下:

（一）进行参观时间分流

可以设立普通观众日、专业观众日和新闻媒体日,确保专业观众有个良好的洽谈交易环境。

（二）为专业观众定制服务

为吸引专业观众参展,给予参展企业邀请的客户门票优惠,参展企业也可预先从展览公司订购门票后寄给客户。有些著名的展会还会对一般观众作限制性的规定,甚至牺牲部门门票收入,为专业观众提供高质量的交流机会。

（三）设置良好的洽谈和交易环境

如设立洽谈区域、组织配对洽谈、实行网上商务与场馆展览相结合等。

（四）引进其他服务机构

由于会展行业的文化引领、示范的特点,为解决相关知识产权的争议,可以设置律师事务所,邀请中介资质认证部门、银行进驻,成立知识产权办公室。

三、展览中普通观众的客户服务

普通观众就是一般的公众,在一些综合性的展览中,特别是消费类展览会上参观者大部分还是普通观众。但随着当代展览的专业化倾向加重,更多地面向专业观众,普通观众虽然已不像过去那样重要,但仍然是一次展览的重要组成部分。在展览会开展期间,为有序协调安排大量的普通观众前来观展,展会主办方或承办方可以采取一些方式:

(1)在展馆的入口显眼处设置展馆示意图,在展馆内合理布置路标。

(2)编制展会和展馆的说明书。这是帮助非专业的普通观众了解展览的有效途径,其内容应包括:展览的内容、日程安排、参展的厂商及相关情况。

(3)设立网络查询系统,提供方便操作的设备,以方便观众快速查询自己感兴趣的展台位置,还设置解说设备或安排讲解员。

(4)在机场、火车站、汽车站或市中心设临时车站免费接送参观者,还可开通展览会专线车,免费接送观众,避免大量车辆涌入市区。凭展览会有效门票可免费乘坐市内公交或地铁。

(5)除展览馆现场售票外,还可通过专门网站进行网上门票预订,还有手机预订,并实行免费门票配送服务。

(6)成立展会服务中心,回答观众提出的各种与展览有关的问题,解决会场上出现的突发事件,还可开辟临时餐饮区和休息区。

四、展中现场管理的客户服务

展览开始后,可设立大会控制中心来监控和协调整个展会的进行,随时处理各种突发事件、投诉;维持展会现场秩序,维护展馆的交通秩序,做好疏散工作;消除各种隐患,保护参展商和观众的人身安全;提供后勤服务,如餐饮、会场卫生、休息场地等。这一阶段的客户服务主要有以下几部分:

(一)交通管理

展会期间的停车和交通拥堵问题是管理中的重点,需要考虑的问题有很多。如设置停车场的位置;停车证的发放;运送参展商及观众的车辆安排;道路运行线路的临时规划;交通引导标志的设置;临时停车场到展场之间专用班车的安排等。

(二)餐饮服务

设计餐饮区域,保证用餐。还可增加快餐销售点,方便观众和参展商。

(三)突发事件的处理

1. 紧急医疗

展会期间,参展商和观众会由于各种原因突然身体不适或患病,组展方应有各种预防和应急措施,还可成立一个紧急医疗救护中心,并与当地医院保持联系,以便及时救护紧急病人。

2. 防火防窃

会展现场人员众多,情况复杂,要检查展馆的消防设施的配备和完好情况,消除火灾隐患,可为与会者提供火灾应对措施、逃生步骤,并在显眼处标明紧急逃生出口。对于一些专业性强的展会,如珠宝展会,防窃工作十分重要,关系到了主办方的办展能力。除了以书面形式或影像资料向与会者告知相关防盗事项外,还应加强安全检查,并与当地公安系统保持联系。

(四)媒体服务

媒体是比较特殊的一个群体,由于工作性质需要,可根据他们的实际需求,安排一些特殊的服务举措。如单独开设展商和记者通道,并制作醒目标志,方便媒体记者和展商进出展馆,扩大媒体展示区域,满足各媒体展示形象。

(五)设立商务中心

设立商务中心。首先,可以提供国内国际电话/传真、宽带、光纤、电脑刻字、楣板字制作、印刷、复印打字、彩扩、花木等一系列服务;其次,还可以提供展厅公共区域及会展中心搭建的标准展位的清扫保洁服务;最后,还能在开馆期间提供茶水间服务。

五、撤展工作中的客户服务

撤展工作复杂而又庞大,包括拆除展台,将所有展品重新打包、转运离馆等几部分工作。为了做好这项收尾工作,应保证参展商在规定的时间内有序地撤展。

(一)应制定合理的撤展程序

(1)参展商凭参展证办理撤展相关手续。在撤展前前往指定地点办理好租赁结算等手续,并领取出馆证和撤展车证。

(2)归还租赁器材,若有损坏照价赔偿。

(3)展会结束后先把自己展位的贵重展品和小型便携式展品撤走。

(4)清拆站台,最后运走大件展品。

(5)撤展的时间相当于布展时间的一半。

(二)做好撤展所需的配合服务

除了制定可行性强的程序外,还应帮助参展商快捷地完成此项工作。恰到好处的服务应包括以下几方面:

(1)做好现场安保工作,加强保安力量,防止展品因盗窃丢失。

(2)保证水、电、空调运转,并按展商的个别要求进行有针对性的水、电线路的拆除,运转会后拆除的展架,并对展具及展厅设备及时进行维修。

(3)组织保洁公司全面清洁展具、展厅。

(4)协助参展商找一家信誉好的承运商,把展品及时、准确地打包装箱,将展品安全地运回目的地,减轻参展商的压力。

(5)协调好现场的撤展工具。如运送大件展品的叉车在撤展时相应增多,调配合理,能帮助撤展工作顺利进行。

(6)帮助首次参展的参展商撤展,比如制定撤展的最佳路线,提供参展商撤展的经验等。

(7)为方便参展单位撤展时展样品回运,展会服务部可提供包括空运、铁路等代办托运服务。

(8)协助参展商处理展品。

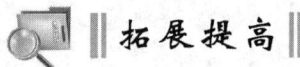

拓展提高

展览会观众的分类接待

由于展览会现场人流较大,可将观众分类接待,根据观众类别采用不同的登记方式:①对于嘉宾和VIP观众,采用绿色通道,由主办方负责引导;②对于外宾、记者,设立海外和媒体通道,提交名片或填写调查表;③对于网上预登记观众,设立预登记打印信息或验证号码;④对于团队观众,采取快速通道,提交信息或名片,可以快速办理团队所有人员的证件;⑤对于普通观众、专业观众,采用一般通道,提交名片及填写调查表。

除了分类通道外,为了便于识别,通常还要分发不同颜色的胸卡将与会者分类,如设定红色胸卡为贵宾、黄色胸卡为观众、蓝色胸卡为参展商、绿色胸卡为展会工作人员等。

资料来源:南京国际展览中心网站

思考练习

一、单项选择题

1. 开幕式时间通常安排在展览会的第( )天,且避免时间过长。
  A. 一   B. 二   C. 三   D. 四
2. 会展组织者应把( )定为宣传和吸引的主要目标。
  A. 普通观众   B. 专业观众   C. 一般观众   D. 所有观众

二、简答题

展览会采取哪些措施来吸引更多的专业观众来参加?

学习任务3 展后客户服务

任务概述

本工作任务从展会客户跟踪的作用着手,介绍了展后观众信息的收集与反馈,介绍了参展商以及满意度评估的方法,同时详细介绍了展会绩效评估的客户服务工作。

任务目标

- 熟悉展后观众信息的收集与反馈的方法
- 理解展后参与商意见收集的重要性及主要内容

- 初步掌握展会参展商满意度调查的方法
- 熟悉展会结束后对整个展会项目绩效评估的内容和方法

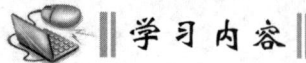

学习内容

展后客户服务是本次展会的总结,也是下次展会的参考和准备,是展后客户服务跟踪工作,起着承上启下的作用,其目的有三个:加深目标客户的印象;树立展览会品牌形象;为下一届展览会做预告宣传。

一、展后观众信息的收集与反馈

据美国研究机构发现:参展商和参观商在展览会闭幕后5周对展览情况的记忆从100%迅速下降到60%,之后记忆有所反弹,研究人员认为反弹的原因可能是主办单位的跟踪服务在起作用。为了避免浪费展览会带来的经济效益,应及时进行展后观众信息收集与反馈。它主要包括以下几方面工作:

（一）重新整理客户信息库

通过展会的接触,客户结构会发生变化,应编制、调整、更新客户名单,保持、巩固、发展与现有客户的关系。发展与潜在客户的关系则是展后工作的重要任务,与他们建立伙伴关系并发展成为买卖关系是展会的终极目的。

（二）感谢工作

这是展后的例行工作,对建立良好的关系有促进作用。对所有的参展企业、重要的参观商和支持单位、合作单位以及曾给予展览会大力支持的媒体,都应该给予感谢,对于重要的客户,可以采取登门致谢甚至宴请的方式表示谢意。

（三）时效性

据各种资料证明,与新建立的客户保持良好的联系,能较大地增长销售额,展会的后续宣传工作在招展时就应列入工作计划,时间可以持续半年至一年。

（四）媒体跟踪报道

主要是对展览会进行一个回顾性的报道,将有关情况、统计资料、数据提供给新闻界宣传,进一步扩大展览会的影响。展览会的各类统计数据包括:展览环境,如参观人数、专业含量、平均参观时间等;展览效果,如展位布局、成交额、展商和观众的反馈意见等。

二、参展商的意见收集

如果一个展会让参展商达到了预期目的,甚至超出了预期目的,不仅会得到他们的信任,并保持他们的忠诚度,还会影响他们的同行,为展会带来更多的参展商。如果参展商没有达到预期目的,他们就会失望,对他们产生的直接负面影响,就是拒绝再参加这个展会。如果参展商再将参加过的展会或其他贸易促进方式进行比较,发现同一时间或同样的成本,其他途径的收益更大,他们就会后悔参展,并将影响他们对展会的满意度,最终影响他们参加下届展会的积极性。参展商对于展览会的认可与否,直接关系到展览会的可持续发展,一个展会要创出品牌,也必须能够不断地吸引参展商的加入,因此,参展商的态度对于展会来说是至关重要的,及时收集参展商的意见,是展会的重要工作之一。展览结束不久,参展商和参观商对展览的印象仍在记忆中,记忆是印象的延续,印象是在展览会上留下的,记忆是在跟踪服务工作中加强的。跟踪服务做得越早,效果就越明显。

参展商意见收集的主要内容是,对展前的组织工作、展前宣传工作、观众的组织质量、展场的服务水平、对展览会的需求和希望等,可以以参展商意见征询表的形式收集信息。潜在参展商的意见也是信息的重要来源。收集意见后,对展览会进行质量分析、改进,提高下届展览会的质量。

三、参展商满意度评估

一个展会举办得如何,关键要看它对社会经济发展拉动多少,参展商的满意度和忠诚度如何。为了打造展会的品牌,主办方需要保持参展商的质量和数量,提高参展商对展会的满意度。关于参展商对展览会的满意度,中国贸促会组织的课题组分别从"总体印象""是否满意""是否会继续参加主办方组织的下一届展览会"以及"参展后业务量是否会增长"四个方面进行了调研。

展会结束后,可以《客户满意调查表》的形式,对参展商的满意度进行评估,也是展会评估最重要的内容。参展商的满意度是他们忠诚度的关键因素,直接关系到他们是否能持续参展。由于展览本身的复杂性,参展商需要方方面面的服务,而且这些服务事无巨细,只要有一项工作作不好,都可能影响展览效果。参展商都希望从主办方那里得到更多更好的服务,所以主办方应扩大服务面积,关注参展商直接面临的困难,尽量满足他们的需求,提高参展商对展会的满意度。

四、绩效评估

会展是一项投入比较大的经营活动,主办者投入了相当多的人力、物力和财力进行筹备工作,每次展览会都会有很多宝贵的经验和教训,系统地评估将有利于我们发现问题、改进工作和提高效率。一般把评估内容落实到组织管理、规模、展厅规划、参展商结构、参展商满意度、专业观众结构、专业观众满意度、连续性等内容。

(一)对工作人员的绩效评估也非常重要

绩效评估,又称人事评估、绩效考核、员工考核等,它是指主管或相关人员对员工的工作作系统的评价。对会展来说,如果能有效考核员工绩效,更可在整体上为人力资源的管理提供决定性的评估资料。

1. 衡量绩效的原则

(1)是否使工作成果最大化。

(2)是否有助于提高组织效率。

2. 绩效评估的操作

(1)收集情况,包括两个来源:一是工作表现的记录;二是经由其他与被评估者有来往的人,包括直接主管、同事或该员工服务的对象。

(2)设定评估的间隔时间。展会的绩效评估目的不是人事调动,间隔时间可以相对短些。

3. 员工业绩评估

一般分为上司评估、下属评估、自我评估三个途径,根据评估的具体目的选择合适的途径。好的绩效评估能体现组织目标和评估目的,能比较客观地评价展会工作人员的工作,起到正面引导和激励作用。绩效评估要体现公正、公平、公开,能真实地反映员工的工作实绩。评估方法相对比较节约成本,且实用性强,易于执行。

(二)展览会项目评估

一般而言,行业中有影响的展会都是周期性的,因而展会能否成功,往往取决于上一届展会的效果是否良好。成功的展会都能给参展商带来丰厚的回报,给业内人士留下深刻印象,能激励他们继续参展的积极性,因而也有利于下一届展会的招商。

展会的各种评估报告不但是展会主办方对自身展会进行评估和分析的重要依据,也是从其他方面了解一个展会、评判一个展会效果最主要的依据,是管理工作的组成部分,为未来会展工作提供经验数据,对已经完成的展览环境、展览工作、展览效果进行系统的、深入的评价与总结。评估工作应该是在展览会开展前一个月进行,主办单位要成立专门的评估小组,并指定专人负责操作,收集展会各种资料,然后进行预测和统计。收集和统计的项目要有一致性,并坚持使用一种标准方式,而不要经常变换方式和标准,这样将有助于提高评估工作的准确度、实用性和连续性。

对展览行业来说,组展商、参展商和专业观众是构成一般展览的三大要素,称之为价值三角。对组展商而言,参展商是展会价值的主要体现,同时也是展会收入的主要来源。观众的质量以及数量,会直接影响参展商对展会的满意度,最终影响展会的效益。专业观众数量多,质量好,参展商将对展会作出较高的评价,并愿意参加下届展会,还会吸引其他潜在参展商参加;越来越多的高质量参展商参加展会,又会吸引更多的专业观众。参展商和专业观众数量及质量的不断提高,使展会不断进入更好的水平和级别。通过主办方、参展商和专业观众三方协调配合,进入一个良性循环,从而会展产业链就会不断升值。

案例分析

2007年美国国际消费电子产品展

2007年1月8日至1月11日,在美国拉斯维加斯国际会展中心举办CES2007(International Consumer Electric Show,国际消费电子产品展)。CES展始于1967年,迄今已经有50多年历史,是目前世界上规模最大、水平最高和影响力最广的消费电子产品展览会之一。2006年时,参展厂商超过2 700家,展示其最新产品和服务,展区净面积达160万平方英尺(约合15万平方米),参加者超出15万人。

CES是全世界最大的消费者产品技术年度会展,其规模在全美各类年度会展中也是首屈一指。自创办以来,CES已成为备受世界关注的大型电子商品展览会,是全球制造商、分销商的首选展会。随着科技的飞速发展,电子产品展在人们的日常生活和工作中发挥着越来越重要的作用。CES结合了消费电子产品业务,为参会者提供了解包括无线通信、数码影像、家庭计算机和网络等众多市场新消费技术趋势的良好机会。同时,这每年一次的高科技盛会也是参展企业会晤全球买家的良机。

前两年就有报道说,CES 的主办方收入在 2 000 万美元以上,美国消费电子协会成了只进不出的大赢家。CES 的展位是各厂家(展商)争夺的焦点,供不应求,就连为展会服务提供各种各样的赞助,也成了业界"巨无霸"的专利。虽然参展观展中"宰你没商量",但仍可发现这些展商"痛并快乐着"——满场商机让他们心甘情愿地被"宰"。

由于此次展会是一场专业的技术峰会,以昂贵的门票来限制非专业观众的大量进入。据了解,办一张展会期间通用的参观证需要 399 美元,而办一张一天的参观证则需要 75 美元,如此规模的展会一天之内是无法看完的,可想而知单是门票的收入就是一个巨大的数字。

在此次世界级的展会上,虽然每个标准摊位(3 m×3 m)的费用为 4 万多人民币,比起我国展会六七千人民币的摊位费贵多了,但大多数企业都表示可以接受,另外,主办者专门设立了一个 GES 机构,专门负责展会的布展工作,布展的费用与摊位的费用几乎是 1∶1,还不算展品在中转中的服务费用,但是要预订到下届的展位还是很难的,而且展会期间的重大活动均由行业巨头赞助包揽。CES 的全球化趋势,让全世界从事这一行业的人聚到了一起,无形中搭起了一个全世界从业人员交流沟通的巨大平台。在这种看似简单的沟通中,市场化的运作,有效有偿的服务,看得见的订单,就是 CES 展会的魅力所在。

资料来源:胡平《会展案例》

想一想:
1. 一次规模大、档次高的会展应具备哪些服务环节?
2. 这些服务环节如何沟通才能保证展会有效运转,且取得良好收益?

展览会项目评估的主要内容

展览会项目评估的主要内容包括:展览会的历史和影响(如该展览会已举办届数、近 3 年或 5 年的参展商及行业代表性、近 3 年或 5 年的采购商及行业代表性);展览会主题的策划(如主题是否明确、能否为地方经济服务、能否与时俱进不断创新);展览会的规模(如参展商的数量、海外参展商的数量及其所占比例,观众的数量、专业观众的数量及其所占比例,总面积、室内展出面积、室外展出面积);展品的质量和品牌(如品牌产品的数量及其占展品总量的比例——要用观众、媒体、承办商的意见来说明);展览会的广告宣传(如广告投入的数量、时间、媒体、金额);展览会承办商的收益(如参展费收入、门票收入、广告收入、其他收入);展览会展馆提供商的收益;展览会参展商的收益(如直接交易金额、签订协议金额);展览会采购商的收益(如便利性采购、经济性采购所节约的采购时间和成本);展览会服务商的收益(如展台设计制作搭建商的收益、展品物流商的收益、广告服务商的收益、金融服务商的收益、礼仪服务商的收益、其他服务商的收益);展览会目的地的收益(如安排就业、城市宣传、带动旅游);展览会的服务质量和水平(如报名、报到服务、文案服务、信息服务、场所服务等——要用参展商、观众、媒体的意见来说明);展览会观众的满意度(如普通观众的满意度、专业观众的满意度);新闻媒体对展览会的报道(如报道媒体的级别和类型、报道的次数、报道的时间长度或篇幅等)。

资料来源:孟凡胜的《会展客户关系管理》

思考练习

一、单项选择题

1. 及时收集(　　)的意见,是展会的重要工作之一。
   A. 专业观众　　　B. 组展商　　　C. 参展商　　　D. 与会者

2. 凡行业中有影响的展会,一般都是(　　)召开的。
   A. 定期　　　B. 周期性　　　C. 随意　　　D. 统一

二、多项选择题

1. 关于参展商对展览会的满意度,中国贸促会组织的课题分别从以下哪几个指标评定?(　　)
   A."总体印象"
   B."是否满意"
   C."是否会继续参加主办方组织的下一届展览会"
   D."参展后业务量是否会增长"

2. 展后观众信息收集与反馈,主要包括以下哪几方面工作?(　　)
   A. 重新整理客户信息库　　　B. 感谢工作
   C. 时效性　　　D. 媒体跟踪报道

3. 评定一个展会成功与否,应看参展商的(　　)。
   A. 满意度　　　B. 忠诚度
   C. 成交额　　　D. 展品质量

三、判断题

1. 会展组织者应把专业观众定为宣传和吸引的主要目标。(　　)
2. 一个展会举办得如何,关键是看它对社会经济发展拉动多少。(　　)

四、简答题

1. 参展商的意见和满意度对展会有哪些影响?
2. 展览会为什么要进行展后评估?

五、案例分析题

北京国际汽车展览会

　　国内规模最大,同时又在国际上有广泛影响的国际汽车展——两年一届的北京国际汽车展览会,自1990年创办以来已连续举办过8届,从最初的17个国家和地区、不到400

家展商、仅10万观众的普通专业展会,发展到今年的20个国家和地区、1 500家厂商、预计超过50万观众参与的国际汽车专业展会。

本届展会场地安排在中国国际展览中心和全国农业展览馆。其中,中国国际展览中心主要展示国内外乘用车和部分国际大型汽车零部件公司的展品及部分汽车用品;全国农业展览馆主要展示国内外汽车零部件及汽车相关产品等。本届展会首次使用农展馆具有现代化水平的13 000平方米的新展馆,展览面积比上届有所增加,超过12万平方米。浙江吉利控股集团有限公司将在位于北京的吉利大学内设立本届展会的分会场。

国际汽车业巨头对本届车展的高度重视提升了车展的质量。参展商囊括了几乎国内外所有乘用车制造企业和品牌,如戴姆勒—克莱斯勒集团、宝马集团、大众集团、福特集团、通用集团、丰田、日产、PSA标致雪铁龙集团等。高质量的参展商吸引了近60万人次的观众,创下了中国车展史参观高峰。

为了让参观者各取所需,车展时间和日期安如下:

开幕式:11月19日

新闻媒体日:11月18日

专业观众参观日:11月19~20日

公众参观日:11月21~27日

购票:本届车展有三种购票方式:一是网上购买,网站负责将票免费送到观众家中;二是手机预订,订票观众将在现场兑换门票入场;三是在现场周边售票点购买。方便了观众购票,改善了人员拥挤的局面。本届车展在国际展览中心附近还新增了3个售票点。农展馆观众免费参观。

安全:为了使为期10天的车展有序地开展,在现场管理上做了周密的布置。如北京现代定于11月21~27日期间,开通"北京现代车展快乐班车",6个发车点在固定时段发车。市交管局网站公布了车展期间的交通管制方案,保证了持有展览专用车证的车辆能顺利抵达展馆。北京警方高度重视安全防范问题,采用了电子安检系统,并首次使用了人身安检。

交通:参观车展的观众可以免费乘坐班车抵达车展所在地——中国国际展览中心。除了面向广大参观者的免费班车以外,北京现代还通过4S店与《北京青年报》以短信及网上报名的方式联合招募,在11月21日至27日期间,挑选420名对北京现代车型感兴趣的汽车爱好者组成看车团,由北京现代统一组织进入展会现场。

宣传:本届车展设立了性能完备、功能齐全、具有现代化水平的展会新闻中心,中心内设有证件办理、资料领取、现场采访、通信上网、休息会客等区域。为中外媒体记者采访、休息和提高新闻报道实效而提供便利的条件。

展会期间主办单位还将与各种专业和大众媒体合作,以简报、新闻发布、展前广告、快报、专刊及特刊、VCD、电视台、电台、网络直播报道等各种形式全方位推动展览会宣传工作。

为进一步给展商、媒体和观众提供服务,主办单位将首次推出中英文双语的官方网站:www.china-autoshow.com,该网站将全面、快速、准确地转播来自本届车展的各种信息。

各主流媒体会予以报道或链接该网站。

　　主办单位还与一些网站、报纸、专业杂志等媒体合作,全方位、多角度报道本届车展。中央电视台新闻频道、经济频道在车展期间将以专题、综述、新闻等多种形式报道本届车展;北京电视台派出强大阵容全程直播本届车展,每天直播,连续10天;北京交通台、中央人民广播电台、上海东方卫视、旅游卫视、湖北卫视、广东卫视也将在车展现场直播车展盛况。

　　北京车展取得了圆满的成功,对促进中外汽车界的交流与合作,加快中国汽车工业的发展起到了积极的推动作用。

　　根据资料回答下列问题:
　　1. 北京车展向客户提供了哪些服务?
　　2. 组展机构在招展、招商活动中有哪些独到的做法?
　　3. 组展机构通过哪些措施实现服务的有序化?其作用如何?

项目三 展览会的客户服务

单元要点归纳

【本项目知识框架图】

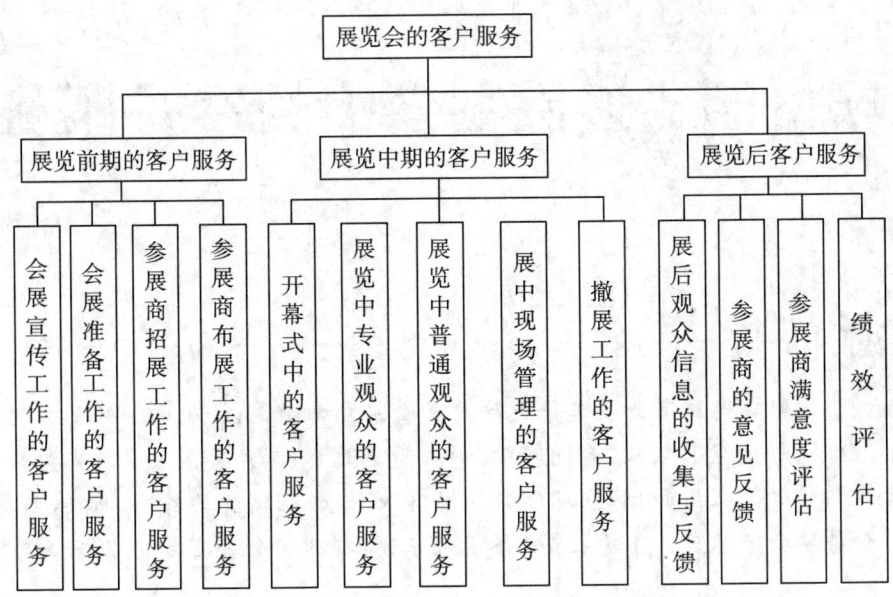

【关键概念】

展前宣传、绩效评估、参展商、会展物流

项目四　会展宴会中的客户服务

单元概述

　　会展的餐饮服务是决定会展工作成败的重要因素。通常,会展的餐饮形式可分为两种:一是工作餐,一般预算较低,时间较紧,形式简单随意;二是会展宴会。本部分主要就会展宴会这种餐饮形式进行阐述,从宴会的概念入手,介绍宴会的作用、种类、规格形式,让你了解会展宴会中客户服务的主要内容及要求,掌握组织会展宴会的方法和步骤。

单元目标

- 掌握宴会的概念、宴会客户服务原则及要求
- 了解宴会在会展中的作用及种类、规格
- 掌握确定会展宴会对象、菜单及座次的方法,宴会过程中的客户服务内容和程序
- 了解宴会接待人员的礼仪培训内容和要求、宴会突发事件的处理措施

学习任务 1　会展宴会基础知识

 **任务概述**

本任务从会展宴会的含义着手,介绍宴会的种类、特点以及会展宴会所起的重要作用。

 任务目标

- 理解会展宴会的含义
- 了解宴会的种类
- 初步掌握会展的特点,理解会展宴会的作用

 学习内容

一、会展宴会的含义

宴会,古代也称为燕会,是政府机关、社会团体、企事业单位或个人为了表示欢迎、答谢、祝贺等社交目的,以及庆贺重大节日而举行的一种隆重、正式的餐饮活动。随着社会各界交流的日益频繁,宴会越来越受到人们的重视,宴会的出现越来越频繁。

在会展活动中,为了对参展各方表示欢迎、答谢、祝贺,融洽气氛,联络参展各方感情,会展主办方常常会举办宴会款待参展客人。这种用餐形式的社交聚会,可在早、中、晚举行,并以晚宴最为隆重。由于会展宴会一般都有重要领导出席,宴会中讲话、上菜、表演的时间都有规定。

二、宴会的种类

宴会种类复杂,名目繁多。

从规格上分,有国宴、正式宴会、便宴、家宴。国宴是国家元首或政府首脑为国家庆典或为外国元首、政府首脑来访而举行的正式宴会,规格最高。宴会厅内要悬挂国旗、设乐队、奏国歌、排桌次和席位、席间致辞或祝酒,对服饰、餐具、酒水菜肴、陈设以及服务员的仪容仪表、服务水平等方面要求高,场面盛大隆重。正式宴会规格低于国宴,通常是政府和社会团体、有关部门为来访的贵客或重大庆典活动而举行的宴会,或来访宾客为答谢主人而举行的宴会。除不挂国旗、不奏国歌外,其余的程序安排与国宴基本相同。便宴是一种非正式宴会。它一般规模较小,形式简便,菜式可多可少,质量可高可低,不拘严格的座

次、礼仪、程序,随和亲切。常见的有午宴、晚宴,有时早上亦可举行,适用于日常友好交往。家宴是在家中以私人名义举行的宴请形式。一般人数较少,不讲严格的礼仪,菜式多少不限,宾主在席间随意交谈,气氛轻松,活泼自由。

从餐别上分,有中餐宴会、西餐宴会。中餐宴会,是具有中国传统民族色彩的宴请活动。宴会遵循中国的饮食习惯,饮中国酒,食中国菜,用中国餐具,行中国传统礼节。西餐宴会,是采用西方国家的宴会布置形式、用餐方式、风味菜点而举办的宴请活动。席间吃西式菜点,用刀、叉、匙进食,采取分餐制,行西方传统礼节,常在席间播放音乐。

按举办时间分,有早宴、午宴和晚宴。

按主题分,有欢迎宴会、答谢宴会、商务宴会、庆典宴会、纪念宴会、结婚宴会、生日宴会等。

按形式分,有正式宴会、酒会、冷餐会、茶会等。

三、会展宴会的特点

会展宴会是会展企业按照会展计划的整体部署,在会展期间或会展结束时由举办单位自己或委托给会展企业或专业酒店承办的正式宴会。穿插在会展活动中的传达迎宾情感的接风宴和祝贺活动圆满结束的辞行宴等宴会活动,具有深化会展活动主题、促进交流、加强联络、增进感情的作用。与其他宴会相比,会展宴会具有以下特点:

(一)主题鲜明、目的明确

会展宴会是会议或展览活动的延伸和深化,其主题往往与会议或展览的主题紧密相连,并起着进一步渲染和升华会展主题的作用。这是因为,无论会展宴会的现场布置,还是宴会内容和程序的安排,都是围绕着会展活动这个核心而展开的,宴会的目的与会展活动的目的保持着高度的统一。

(二)宴会现场布置要求高

会展宴会的现场布置要求较高。会展宴会的现场布置不仅在内容上传递着会展活动的名称、时间、主办单位等信息,而且在宴会现场的色调、背景板图案和文字等方面都与会展活动保持一致,宴会请柬、菜单、餐具的设计和选用也展现着会展活动的特点。会展宴会的嘉宾有参展或参会的厂商、代表、政府机构的要员以及相关行业的专家等,在宴会的安排上要周到、细致,桌次和座次的安排要展现如宴各方的地位和重要影响力。此外,在会展宴会中举办的演出、授奖、演讲等活动也对宴会现场的布局提出了更高的要求。

(三)宴会活动内容丰富

会展宴会不同于普通的宴请活动,其目的在于彰显会展活动主题,因此在内容和形式上更加丰富,宴会致辞、介绍展会概况、奖励先进单位或个人、祝酒以及穿插的演出等都是宴会活动的重要内容。

四、会展宴会的作用

在现代社会,宴会更是成为社交活动中常见的形式,成为人们表达友谊的一种方式,人们把它作为广交朋友、建立联系的媒介之一,也可以通过宴会进行谈判,了解情况,解决问题。会展活动中举办宴会的目的一般都是对参展各方表示欢迎、答谢或祝贺,营造融洽的气氛,加强参展各方的交流联系,促进各方建立良好的合作关系。

宴会也是不同地区、不同民族进行文化交流的平台。来自不同地域的人们常常通过宴会来弘扬本地区、本民族的传统文明。如法国前总统蓬皮杜访华时，坚持用专机从巴黎运来举世闻名的法国佳肴答谢东道主。美国前总统尼克松在答谢宴会上，用刻有总统徽记的高脚杯与来宾畅饮本国出产的香槟酒，把气氛推向高潮。

拓展提高

引人注目的宴会

2001年10月上海举行的APEC（亚太经济合作组织）会议，涉及上海17家宾馆、8家饭店，举办了19次重大宴请、50多次非正式宴请，特别是在上海国际会议中心举行的APEC正式欢迎晚宴，有包括20多位国家元首在内的1 002位客人，是新中国成立以来规格最高、要求最严的一次宴会。菜肴所用的原料虽然是很平常的鸡、鸭、鳕鱼、蟹、虾仁等，但经过厨师的精心烹饪，成为一道道让客人赞不绝口的蕴含中国烹饪文化精髓的佳肴。设计者独具匠心，将菜名巧妙地融入诗中，并且诗的每行首字连起来是：相互依存，共同繁荣。这正是APEC所倡导的宗旨。宴会给参加会议的来宾留下了美好而深刻的印象。

想一想： 为什么在会展期间要举办各种各样的宴会？

思考练习

简答题

1. 宴会有哪些种类？
2. 会展宴会的作用有哪些？

学习任务2 宴会准备阶段的客户服务

任务概述

本任务主要针对宴会准备阶段客户服务展开，让读者理解宴会的目的和主题，介绍了宴请对象的选择方法、宴会的规格与方式，详细阐述了宴会菜单拟定及座次确定的方法，最后简略描述了会展宴会接待人员培训的内容。

任务目标

- 理解会展宴会的目的和主题

- 了解宴请对象的选择方法、宴会的规格与方式
- 熟悉宴会菜单拟定及座次确定的方法
- 了解会展宴会接待人员培训的内容

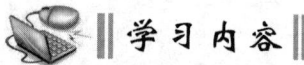学习内容

宴会准备阶段的客户服务是指宴会承办者在安排宴会前应该做好的工作,是为实现宴会目的或效果而做的基础。首先要明确主办单位的邀请目的和主题,掌握宴请对象的基本资料,了解宴请的规格及经费预算、有无音乐或文艺表演等问题等。然后做好预防工作,就宴会名称、性质、举办时间、预定人数、保证人数、宴会标准、菜单内容、酒水供应、餐厅环境布局、台型设计、座次安排、付费方式等事项,与主办者及具体承办的酒店进行全面而细致的沟通。

一、宴会的目的和主题

宴会的目的是举办宴会的核心,是指宴会活动应获得的效果。宴会主题是宴会所有活动所要表达的中心思想,它决定了宴会活动对客户吸引力和宴会目的的实现。宴请的目的多种多样,如对参展各方表示欢迎、答谢,或为参展商合作成功表示祝贺,或为谈判解决问题等。宴会的目的则通过宴会的主题表达来实现。宴会的承办者应知晓宴会主办方的目的和主题,并通过宴会形式、菜谱和食品技术体现宴会的主题。

二、宴请对象的选择

在宴会准备工作中,首先是明确宴会目的,然后确定宴请的范围和对象。目的明确后,就要确定宴请的范围,比如考虑邀请哪方面人士,哪一级别,请多少人,主方请什么人作陪等。选择宴请对象时,应充分考虑到宴请的性质、主宾身份、惯例及经费等多方面因素,邀请与宴会目的地有关的人物参加,既不要遗漏,也不要随便拉人凑数。邀请范围划定后,就可草拟具体邀请的对象名单。确定宴请对象之后,还要选择恰当的宴会时间、地点,然后及时发送请柬。

三、宴会的规格与形式

宴会规格是指出席宴会各方人员的身份、地位,一般以主方的活动性质和主客双方出席者的最高身份、地位来确定。如国宴的出席者是国家元首或政府首脑,因而规格最高。不同规格的宴会有不同的项目接待标准,在台面布置、酒水菜肴、服务员仪表、服务程序、方式、人员配备等方面都有差别。

选择何种宴会形式,主要考虑宴会规格、宴请目的、邀请对象以及经费开支、习惯做法等因素。国际上常见的宴会形式有正式宴会、酒会、冷餐会、茶会等。

(一)正式宴会

这是宴请规格较高的正餐,宾主按身份地位就座、围桌进食,席间安排乐队演奏,服务人员依次上菜,有严格的礼仪程序,讲究排场,分为午宴和晚宴,晚宴更隆重。

(二)酒会

酒会又称鸡尾酒会。以招待酒水为主,略备小吃,由招待员用托盘端送,或部分放置小桌上。酒水品种较多,不一定是鸡尾酒,很少选用烈性酒,配以各种果汁;小吃多为三明

治、面包、小香肠、炸春卷等,以牙签取食。一般情况是客人随意走动取食,自由交谈,到达或退席的时间不受限制,气氛轻松活泼。在酒会上,宾主应简短致辞,但不像正式宴会那么严肃认真。酒会举行的时间亦较灵活,中午、下午或晚上均可。

(三)冷餐会

冷餐会又称自助餐。举行地点在室内或庭院、花园等地,可不设座椅,站立用餐,也可设少量桌椅给需要者。菜肴、酒水、餐具均摆放在大餐桌上,供客人自取。菜肴以冷食为主,也可冷、热兼备,酒水亦可由服务员托盘送上。宾主可多次取食,自由走动,任意就座,也可站着与别人边谈边用餐。举办时间通常在12~14时、17~19时左右。根据就餐者身份,冷餐会的隆重程度可高可低。这种宴会形式适宜招待人数众多的宾客,在现代社交活动中很盛行。

(四)茶会

茶会又称为茶话会,是一种更为简便的招待方式,一般在上午10时或下午16时举行。地点常设在客厅,厅内设茶几、座椅,不排席位,如果是为某贵宾举行的茶会,则应有意识地安排主宾与客人坐在一起,其他出席者随意就座。席间一般只摆放茶点、水果和风味小吃。宾主一边品茶,一边交谈,形式比较随便自由。有时席间还安排一些短小的文艺节目助兴,使气氛更加融洽。茶会对茶叶和茶具的选用应有所讲究,一般用陶瓷器皿,不用玻璃杯,也不用热水瓶代替茶壶。外国人一般用红茶。茶会亦有不用茶而用咖啡者。

在会展期间举办宴会,可根据习惯做法和实际情况进行选择。一般来说,正式宴会规格高,但人数不宜太多。冷餐会与鸡尾酒会则形式简便,人数不限。女士聚会多采用茶会的形式。目前,各个国家礼宾工作都在简化,宴请范围趋向缩小,形式也更为简便,酒会、冷餐会被广泛采用。

四、宴会客户服务的原则及要求

在宴会客户服务中,组织者应当把握两条基本原则:

(一)4M原则

这是在世界各国广泛受到重视的一条宴请原则。"4M"指的是4个以M为首的单词:菜单(Menu)、举止(Manner)、音乐(Music)和气氛(Mood)。也就是说,在安排宴会活动时要讲究精美的菜单、优雅的举止、动听的音乐和热烈的气氛。精美的菜单会给客人带来难忘的就餐经历,优雅的举止会让客人体会到主人的律己敬人和良好修养,动听的音乐和热烈的气氛会为宾主双方营造融洽的谈话氛围。

(二)适量原则

即节约、务实。在宴请活动中,不论活动的规模、参与人数、用餐的档次,还是宴请的具体数量,都要从实际需要和实际能力出发,丰俭适度,量力而行,切忌虚荣好强、铺张浪费。

五、菜单拟定及座次确定

(一)菜单拟定

菜单可以说是一次宴会的核心,在很大程度上决定了宴会成功与否。

一般来说,在拟定宴会菜单的时候,可以根据宴会主题、宴会形式和规格、宴会人数、预算标准来考虑。

首先,宴会菜单要能烘托宴会的主题。不同主题宴会的菜点要有变化,菜肴设计命名也要与宴会主题相结合,这对宴会的气氛有很大影响。1999年,在上海国际会议中心举办《财富》全球论坛会议期间,某次宴请与会各位富豪的菜单为:风传萧寺香(佛跳墙)、云腾双蟠龙(炸明虾)、际天紫气来(烧牛排)、会府年年余(烙鳕鱼)、财运满园春(美点笼)、富岁积珠翠(西米露)、鞠躬庆联袂(冰鲜果)。将每道菜肴第一个字连起来就是"风云际会,财富鞠躬",非常巧妙地暗含了宴会主题。

其次,菜肴的选择以宾客的需求为导向,特别要考虑到主宾的爱好与禁忌。如宗教禁忌、地方禁忌、职业禁忌、个人禁忌等。如果宴会上个别人有特殊要求,也可以单独为其上菜。

第三,菜点的数量种类要安排合理,做到有主有次,有荤有素,有冷有热。既不造成浪费,又不至于短缺。中餐宴会菜点一般包括冷盘、热菜、主菜、点心、汤、水果等。西餐宴会菜点主要由开胃菜、汤、主菜、甜品、咖啡等组成。

第四,宴会菜肴要有独创性且富于变化。主办者可以优先考虑具有本国或本地特色的菜肴、宴会所在酒店的看家菜、主人的拿手菜等,从而令宾客回味无穷。

第五,宴会各项费用不要超过预算标准。

第六,菜单外观要设计精美,字迹清楚,尺寸和形状合适。菜单拟定之后,要征得主管负责人的同意才能印刷。每桌2~3份,也可每人一份,参加宴会的客人可以将其作为纪念品带走。

(二)确定座次

正式宴会一般都要安排席位,也可采取安排部分人的席位,其他人单排桌次或自由入座。宴会的席位排列关系到来宾的身份和主人给予对方的礼遇,所以桌次、席位安排要恰当。一般来说,宴会只有一席时,要安排好座次;宴会有多席时,还应安排相应桌次。将贵宾安排在主桌上,其他各桌也要有主有客,妥善安排。无论哪种做法,都要在入席前通知到每个赴宴者,现场最好还能有人引导。

1. 桌次排列

国际惯例,桌次的高低以离主桌位置远近而定,同时要注意以下四点:

其一,居中为上。即各桌围绕在一起时居于正中央的那张餐桌应为主桌。

其二,以右为上。即面朝正门,主桌右边的桌次高于主桌左边的桌次。

其三,以远为上。即距离宴会厅正门远的桌次高于距正门近的桌次。

其四,临台为上。即临近舞台的桌次高于距离舞台远的桌次。

安排桌次时,所用餐桌的大小、形状要基本一致。除主桌可以略大外,其他餐桌都不要过大或过小,各张宴会桌之间的距离要适当,各个座位之间的距离也要相等,既要突出主桌,又要布局合理。宴会布局合理就是指桌席摆放不但要方便宾主和服务员进出、走动和敬酒,而且要让各个角度的来宾都能看到宴会致辞和舞台演出。

2. 位次排列

排列每张桌子上的具体位次时,也有四个礼仪惯例,它们往往同时发挥作用。

其一，面门为主。指在每张餐桌上，以面对宴会厅正门的居中位置为主位，主位右侧为主宾位。如果主宾身份高于主人，为表示尊重，可以安排主宾坐在主位，而请主人坐在主宾位。如宴会桌是长方形的，主位可安排在长桌一端，副主位在长桌另一端；也可将主位安排在长方桌面向大门的正中，副主位在主位对面。

其二，右高左低。指在每张餐桌上，除主位之外，其余座位位次的高低应以该桌主人面对的方向为准，主人右侧的位次高于左侧的位次。

其三，高近低远。指在每张餐桌上，距离该桌主人近的位次高，远的位次低。

其四，各桌同向。指在举行大型宴会时，其他各桌的主位均应与主桌主位保持同一方向。

为了确保邀请时赴宴者能及时、准确地找到自己所在的桌次，可以在请柬上注明，或在宴会厅入口处悬挂宴会桌次排列示意图，安排接待员引导来宾就座，或者在每张餐桌上摆放桌次牌（用阿拉伯数字书写）。同时，每张宴会桌上还要放置醒目的个人姓名座位卡。举行涉外宴请时，座位卡应以中、英文两种文字书写。我国的惯例是中文在上，英文在下。若有必要，座位卡的两面都书写用餐者的姓名，字迹要清楚。

另外，每张餐桌上所安排的用餐人数应限制在10人以内，最好是双数，如6人、8人、10人。人数如果过多，既不容易照顾周到，也有可能坐不下。

安排席位还要适当考虑某些特殊情况：

（1）身份相同、专业相同的宾客可以排在一起；也可将年龄相同者排在一起。

（2）意见分歧者，有时为方便其相互沟通、改善关系，也可安排他们面对面坐。

（3）有女宾时，我国习惯把女方安排在一起，即主宾坐男主人右侧，主宾夫人坐女主人右侧。如果按照国际惯例，一般不安排夫妇坐在一起，而是主宾排在女主人右侧，主宾夫人排在男主人右侧。

（4）若主宾带夫人前来，而主人的夫人却不能出席，通常可请其他身份相当的女士做第二主人，或把主宾夫妇安排在主人的左右两侧。

（5）议员一般安排在主宾右侧。宴会桌为长方形时，议员也可以考虑安排在主宾对面，便于交谈。

宴会上的气氛是否热烈、融洽，很大程度上与席位安排有关，因此主办方在安排宾客席位时，要考虑多方面的因素。

> **阅读资料**
>
> **宴会排座次**
>
> 按照英国历史上的记载,英国的缔造者亚瑟王(king Arthur)与他手下的十二骑士东征西讨,奠定了大英帝国的基础。当时,人们用的桌子从来没有圆形的。第一个圆桌的发明者就是亚瑟王,他与十二位骑士一起围坐在圆桌旁用餐,他认为:这样坐就没有尊卑之分了。奇怪的是,英国等西方国家并没有把亚瑟王的圆桌精神留下来,他们在宴会时用的多是长方形的桌子并且规则非常复杂。

六、宴会接待人员的礼仪培训

宴会接待人员的工作质量直接关系到宴请活动能否顺利进行。国际上对宴会接待人员的礼节、服务水平乃至服饰的要求都很高,隆重的官方活动要求尤为严格。因此,宴会接待人员在宴会之前要接受相关礼仪培训。

(一)仪容仪表

亲切和蔼,端庄大方,口气清新,精神饱满。男服务员不留长发,侧发不过耳,后发不过领,不留胡子;女服务员化淡妆,发不披肩。不戴手镯、手链、戒指、耳环及夸张的头饰,戴项链不外漏。勤剪指甲,不涂指甲油。服饰整洁、合体,衣袋内不装多余物品。衣服不能敞开,不能将衣袖卷起。女服务员穿裙子时应穿肉色袜子,不可露出袜口。系领带时,要将衣服的下摆扎进裤腰。脚穿黑色皮鞋或布鞋,皮鞋保持光亮,布鞋保持干净。

(二)举止行为

动作优美,行动敏捷,不卑不亢,训练有素。有良好的站姿、坐姿、走姿,手势规范到位。严禁在宾客面前吸烟、吃零食,更不能有掏鼻孔、剔牙齿、挖耳朵、打饱嗝、打哈欠、抓头、搔痒、修指甲、伸懒腰等不雅举动。

(三)语言

谈吐文雅,语言轻柔,语调亲切,简练清晰。掌握基本的服务用语并正确使用,如欢迎语、问候语、告别语、称呼语、祝贺语、道歉语、道谢语、应答语、征询语等。与人说话时距离适当,注视对方双眼与下颚之间形成的脸部三角区,不左顾右盼,语言与表情一致。

此外,接待人员要提前熟悉宴会服务程序。

 **拓展提高**

宴会厅和休息厅的布置

宴会厅和休息厅的布置取决于活动的性质和形式,要体现宴会的性质和档次,营造隆重热烈、美观优雅的就餐环境。

官方正式宴会场所的布置应该严肃、庄重、大方。不用红绿灯、霓虹灯装饰,可以点缀少量鲜花、刻花等。可用圆桌,也可用长桌或方桌。如有乐队演奏席间乐,不要离桌席太近,乐声宜轻。休息厅通常放小茶几或小圆桌,少数人时可按客厅布置。

冷餐会的菜台用长方桌,通常靠四周陈设,也可根据宴会厅情况,摆在房间的中间。如坐下用餐,可摆四五人一桌的方桌或圆桌。

酒会一般摆小圆桌或茶几,以便放花瓶、烟缸、干果、小吃等。也可在四周放些椅子,供女士和年老体弱者就座。

思考练习

一、单项选择题

1. 下列宴会形式中要排座次的是(　　)。
   A. 正式宴会　　　B. 鸡尾酒会　　　C. 冷餐会　　　D. 茶会
2. 主宾位安排在主位的(　　)。
   A. 左侧　　　B. 右侧　　　C. 对面　　　D. 对面的右侧

二、多项选择题

1. 选择何种宴会形式,主要考虑的因素有(　　)。
   A. 宴会规格　　　　　　　B. 宴请目的
   C. 邀请对象　　　　　　　D. 经费开支
   E. 习惯做法
2. 在拟定宴会菜单的时候,可以根据(　　)来考虑。
   A. 宴会主题　　　　　　　B. 宴会形式和规格
   C. 宴会人数　　　　　　　D. 预算标准
3. 宴会菜单的摆放应为(　　)。
   A. 每桌一份　　　　　　　B. 每桌2～3份
   C. 每两人一份　　　　　　D. 每人一份

三、判断题

1. 宴会菜肴的选择应以主人的需求为导向,要考虑到主人的爱好与禁忌。(　　)
2. 如果主宾身份高于主人,为表示尊重,可以安排主宾坐在主位,而请主人坐在主宾位。(　　)

四、简答题

会展宴会客户服务的原则是什么?

五、实训练习

1. 案例分析题

   2001年上海旅游节期间,上海南翔古漪园配合"竹文化节",迎合文化主题,精心设计并推出特色氛围浓郁的"美竹宴"。在宴会的策划方面,他们使用竹制餐具,如竹碗、竹杯、竹筒、竹桶、竹节、竹船、竹片等,并刻上竹的诗文、字画,似一幅幅艺术品,使"竹菜"具有浓浓的文化氛围,给"竹文化节"增添了光彩的一笔。

   请根据材料回答以下问题:

   (1)美竹宴的文化主题是什么?

（2）美竹宴是如何体现主题的？
2. 假定你亲戚的孩子在今年的高考中取得好成绩，为此，该父母打算为他准备一个谢师宴，人员、费用标准已经定好，酒水明确。如果他们委托你来具体负责这次宴会，你打算怎样组织服务人员做好这次宴会服务工作？

学习任务3　宴会进行阶段的客户服务

任务概述

本工作任务主要针对宴会进行阶段的客户服务展开，让读者理解宴会的餐前准备以及迎接客户、酒宴中的服务等内容，阐述了宴会中突发事件的应急工作。

任务目标

- 了解会展宴会的餐前准备工作
- 初步掌握宴会中迎接客户、酒宴服务及席中交谈注意事项等
- 应理解并熟悉宴会中突发事件的应急工作

学习内容

一、宴会运作中的客户服务

在宴会程序运作的过程中，宴会主办方要与承办宴会的饭店宴会部密切配合、相互协调、精心谋划、悉心安排，确保宴会圆满成功。

（一）餐前检查宴会准备工作

主办方工作人员应提前到现场检查宴会厅是否布置到位；座位卡及菜单是否摆放正确；宴会厅的灯光与温度是否合适；服务员的准备是否充分等。如有讲话，要提前准备讲稿；如需翻译，也要提前落实。

（二）迎接客人

宴会主办方领导人排列成行，迎接前来就餐的客人，其位置宜在客人进门存衣以后、进入休息厅之前。客人握手后，由工作人员引进休息厅，相应身份的人员前来照应，服务员送上饮料。如无休息厅，则直接进入宴会厅。主宾达到后，由主人陪同进入休息厅与其他客人见面，稍事叙谈后进入宴会厅，全体出席人员按指定席位入座，宴会开始。如少数客人尚未到齐，可由其他迎宾人员代表主人在门口迎接。休息厅较小或宴会规模较大时，也可以请主桌以外的客人先入席，贵宾最后入席。

(三)酒宴中的服务

宴会开始前要站在宴会厅门口,面朝客人来的方向准备迎宾。客人入席时,要引领客人至正确的座位旁,拉椅让座。

斟倒酒水从主宾开始,顺时针依次斟倒;右手持瓶,在客人右侧进行。先斟葡萄酒,再斟烈性酒,最后倒饮料。一般来说,当客人杯中酒水少于1/3时要及时续斟。

熟悉菜单,掌握上菜顺序和速度。中餐上菜顺序:冷盘(事先摆好)—酒—饮料—热菜—汤—甜食—水果;西餐上菜顺序:汤—主菜—沙拉(可与主菜一起上)—布丁(法国先上奶酪)—奶酪—水果、甜食。分菜时先客人,后主人;先女宾,后男宾;先主要客人,后其他客人。如一人分菜,可以从主宾开始,左手托盘,右手夹菜,按顺时针方向从客人左边送上。

每道菜上完一轮后,待大部分客人吃完,要询问客人是否愿意上第二轮。如不上第二轮,可将余下的菜稍作整理放置桌上,供客人自取,待下道菜上桌时再撤下。上菜与撤盘,宜选在两位主方陪客之间进行,并先打招呼,以免不慎碰洒菜汁。

撤换餐具要及时,使餐厅自始至终保持整洁、美观和舒适。操作时在客人右侧进行。撤前一定要确认客人是否吃完(西餐看客人刀叉是否合拢并放,如八字或交叉摆开,则表示尚未吃完,不能撤)。如无把握,可轻声询问。切勿在客人吃时撤换,这是很不礼貌的。撤换餐具动作要轻,如上面还有其他要用的餐具,可轻轻拿开,再把要撤换的餐具取走。

工作前不吃葱、蒜等气味重的食物。工作时不吃东西,不抽烟,不饮酒。

在一旁侍立时,姿势要端正。走动时脚步要轻快,动作要敏捷。不要歪身倚在墙上或服务台上,更不要互相聊天、谈笑。多人侍立,应排列成行。

正式宴会上主人或客人发表讲话时应肃静,停止上菜、斟酒;如在附近备餐间也要安静,不发出声音。演奏国歌时要肃立,停止走动。

宴会结束、客人起身时,要拉椅送客,并提醒客人带好随身物品,向客人礼貌道别。

另外,对于冷餐会和酒会,应根据参加人数准备充足的点心和饮料,防止出现"供不应求"的情况。同时,要注意食品档次不要相差太远,避免出现"一扫而光"或"无人问津"的情形。

(四)宴会主办方致祝酒辞和敬酒

致祝酒辞一般可安排在刚入席或上热菜之后。祝酒时,主人与宾客先碰杯,人多可同时举杯示意,不一定碰杯。为使气氛更加热烈,主人还要到每一桌向来宾敬酒,碰杯时目视对方示意,注意不要交叉碰杯,切忌喝酒过量、失言失态。

(五)席间交谈

无论是主人、陪客或宾客都应与同桌人交谈,特别是左右邻座。进餐过程中气氛要轻松愉快、热情融洽。主人要时刻掌握进餐过程中的气氛,不时提出一些大家共同感兴趣的话题。一般情况下,工作问题比较严肃,不宜在宴会上说。容易引起争论的问题和琐碎的生活小事也不宜提出谈论。在与女性谈话时,一般不问对方的年龄、结婚状况;与不熟悉的男士交谈,不要直接询问对方的经历、收入、家庭财产、衣饰价格等私人问题。餐桌上比较容易展开的话题有当前局势、气候、市场供应、文体消息、烹饪技巧、社会时尚等。对言语较少的人尤其要多关照,可以"明知故问",让他们有机会开口。

（六）赠送礼品、纪念品

在敬酒后或宴会结束之前,宴会主办方可向出席者赠送礼品或纪念品。宴会结束时主人要招呼客人带上。

二、宴会中突发事件的客户服务

会展宴会进行过程中,若有突发事件发生,要尽快采取各种方法恰当处理,千万不能惊慌,造成不必要的混乱和后果。因此,宴会主办方在应对突发事件时,必须具备沉着稳定的心态、灵活的思维能力、独立的处事能力和较强的应变能力,尽最大努力提高赴宴客人的满意度。在宴会中,一些可能出现的突发事件可参照以下方式进行处理：

（一）宴会开始时一些客人还没到齐

主人可以陪同主宾入席,同时委托其他迎宾人员代表自己在门口等候和迎接迟到的客人。

（二）宴会临时加人

要及时联系饭店宴会营业部,根据增加的人数摆上相应的桌椅餐具。若原宴会厅容纳不下,应立即转到合适的空宴会厅,或征得客人同意,将部分客人安排到饭店其他餐厅比较清静的角落,由专人服务。根据增加的人数调整菜单金额,宴会结束后一并结算。

（三）宴会人数减少

如宴会标准较高,减少的人数较多,应与饭店宴会营业部联系,提出减菜要求,协商退掉多余的菜点。如宴会标准不高,减少的人数不多,可维持原计划不变。

（四）宴会开始后才得知个别客人是宗教信徒

立即要求厨房另外准备一些特别菜式,避免冒犯客人的禁忌；如已给客人带来不快,应向客人诚恳致歉。

（五）有西方客人参加中式宴会时不会使用筷子

如事先邀请了西方客人参加,应提前通知宴会厅准备好西餐餐具；如对方是临时加入,可根据情况询问客人是否需要使用餐刀、餐叉,并及时为其提供方便。

（六）客人不慎将餐具掉落在地

让服务员迅速更换,若餐具损坏,不能责备客人,可在宴会结束后将餐具赔偿价格计入宴会总费用。

（七）客人不慎打翻酒水、汤汁

服务员应马上撤去杯、碗,用干净餐巾临时垫上。如酒水、汤汁溅在客人身上,要协助递送毛巾或餐巾,帮助擦干（如对方是女士,男服务员不要动手帮助擦,递过干净餐巾,请她自己擦干即可）。若污渍面积过大,立即建议宴会厅临时提供干净衣服给客人换上,脏衣服尽快洗烫。

（八）客人醉酒

要婉转地劝阻对方过度饮酒,不再为其加酒。吩咐服务员给醉酒客人拿来热毛巾,并送上一些不含酒精的饮料,如咖啡、热茶、矿泉水等。如有呕吐,服务员要及时清理污物,安排专人将其带离宴会现场,让其休息。

(九)客人用餐时突然感到不舒服

尽量避免打扰其他宾客用餐,迅速委派专人负责照顾,让其在休息厅休息,或陪同客人到饭店医疗室或医院就诊;情况严重时马上叫救护车送医院急救,同时保留客人用过的菜肴酒水,以备检验。

(十)客人之间发生冲突

要迅速了解冲突产生的原因、客人的动机,并善意地加以疏导,劝说客人心平气和地协商解决;或巧妙地转移话题,使矛盾得以化解。必要时可将冲突双方劝离现场进行调节,尽量把事情的不良影响控制在最小范围内。

(十一)客人不慎跌倒

马上扶起客人,安抚其情绪,视情况决定客人是否需要就医。

(十二)客人用餐时突然停电

一般情况下,饭店在停电几秒后就有应急电源供电。在应急电源启动之前,让服务员打开应急照明灯,设法稳定就餐客人情绪,不要惊慌。恢复供电后,宴会厅经理应陪同主人一起巡视宴会厅,向来宾道歉。

(十三)用餐期间出现火情

使用就近的灭火器,及时扑灭初起火势,稳定就餐客人情绪;若火势较大,迅速有序地疏散客人,同时拨打火警电话和饭店总机报告险情。

(十四)用餐时客人发现食物变质或对食物质量不满

首先立即联系饭店厨师长或宴会厅经理,检验食物是否真正变质或不合格。若确实如此,应要求饭店给予补救和赔偿。如并非食物变质或不合格,则要求宴会厅经理出面向就餐客人解释该食品的原料、配料、制作过程和口味特征等。

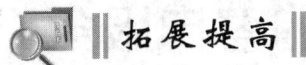

会展宴会中特殊意义的纪念品

2004年,广州市为了争取2010亚运会,举行了一系列的活动。在一次招待亚奥理事会代表团的宴会上,贵宾们对置身于宏伟而尊贵的场面、就座于一张足以容纳50人的巨大圆桌而深感荣耀。宴席间,除了赞赏那些以中西合璧方式烹制的菜式之外,还特别对餐桌上的一个席珍(宴会的餐单牌)爱不释手。该席珍的设计取材于清末民初流行于西关大屋的满洲窗屏,用红木雕刻工艺制作,巧妙地用数码拍摄的技术,将当日的宴会场面和菜式印上去,既富于广州特有传统岭南文化特色,又是一件工艺精致的纪念品。席间贵宾们纷纷表示有意收藏。接待方及时发现,在散席时为每位贵宾准备了一份,包装好作为正式礼品赠送给各位亚奥理事会的官员们。这一插曲令主客双方十分高兴,宴会大获成功。

(资料来源:中国会展网)

思考练习

一、单项选择题

1. 致祝酒辞一般安排在(   )。
   A. 刚入席时   B. 上汤之后
   C. 上热菜之后   D. 上甜点时
2. 在宴会中服务员斟倒酒水应从(   )开始,顺时针依次斟倒。
   A. 主人   B. 主宾   C. 副主人   D. 副主宾

二、多项选择题

当宴会上有客人醉酒时,可以给他拿来(   )饮用。
   A. 酒   B. 咖啡   C. 热茶   D. 矿泉水

三、判断题

1. 若客人不慎将餐具打碎,应由这位客人自己赔偿餐具费用。(   )
2. 在宴会上与女性谈话时,不要询问对方的年龄、结婚状况。(   )
3. 正式宴会上主人或客人发表讲话时应肃静,但服务员可以上菜、斟酒。(   )

四、简答题

会展宴会上应注意预防哪些冲突发生?

学习任务 4 宴会结束阶段的客户服务

 任务概述

本任务主要针对宴会结束后的客户服务,让读者了解宴会结束后的送别礼仪、宴会收尾检查以及客户调查反馈工作。

 任务目标

- 了解会展宴会的送别礼仪
- 熟悉宴席结束后进行清场检查的服务
- 初步掌握宴会结束后进行客户反馈调查的方法

学习内容

一、宴会结束,送别礼仪

吃完水果,主人与主宾起立,表示宴会结束。男宾与男主人告别,女宾与女主人告别,

然后交叉告别,再与其他人告别。主宾告辞,主人应送至门口,主宾离去后,原迎宾人员顺序排列,与其他客人握别。

二、宴后检查

宴会结束后,工作人员和服务员要检查宴会厅和休息室。如果发现有客人不慎遗忘的物品,应予以妥善保管,并多方寻找,设法与失主取得联系,物归原主。

三、拟定调查表,收集客户反馈

拟定表格,征询客人的意见,将有利于加深经营者与客户之间感情,为进一步的合作奠定基础。将需要改进的地方汇总讨论更好的措施,并向客户表达真诚的谢意。

在宴会的全过程中,要充分做好周全准备,恰当处理各环节的事务,尽可能地减少和杜绝不良影响。

 拓展提高

在展后,持续性地跟进与客户回访是能够保持和实现长期合作关系的重要手段。对于参展企业的展后跟进人员而言,对待客户不要一味着眼于生意与工作,从生活等侧面进行切入,也许更加有利于双方的互相信任与接纳。

为获得客户的信赖,在展后与客户建立起牢固的关系,还应注意以下几点:

(1)建立企业的专属网站,注册企业专用的电子信箱。出口企业把自己的电子信箱建立在公共网站上,这也许看来很不严肃,也会由此对出口企业是否真正具备实力产生怀疑。同时,企业要对网站进行必要的维护和定期更新。

(2)要在全球知名的电子商务网站发布企业和产品的相关信息。现今美国进口商越来越倾向于网上谈判,如需从国外进口产品,他们首先会在电子商务网站上发布求购信息,生产商可通过电子商务网站向其报价。

(3)考虑加入相应的产业协会,这是获得供求信息的重要渠道之一。

(4)多参加各种国际性的贸易洽谈会或博览会,成为一个协会的成员,能够直接与了解该行业的人士进行联系,同样出口商的此种行为也是在向进口商表明做生意的态度是认真的,并可得到协会寄发的刊物。

(5)阅读与所从事行业有关的报刊。阅读这些报刊可以了解有关行业的全部信息与技术。

(6)注意产品质量的控制,发货准时。

(资料来源:http://oversea.yiwufair.com/main/showhot.asp?ntc=7&code=8.)

 思考练习

单项选择题

宴会结束时,应由( )先提出告辞。

A. 主人 B. 主宾 C. 副主宾 D. 其他客人

单元要点归纳

【本项目知识框架图】

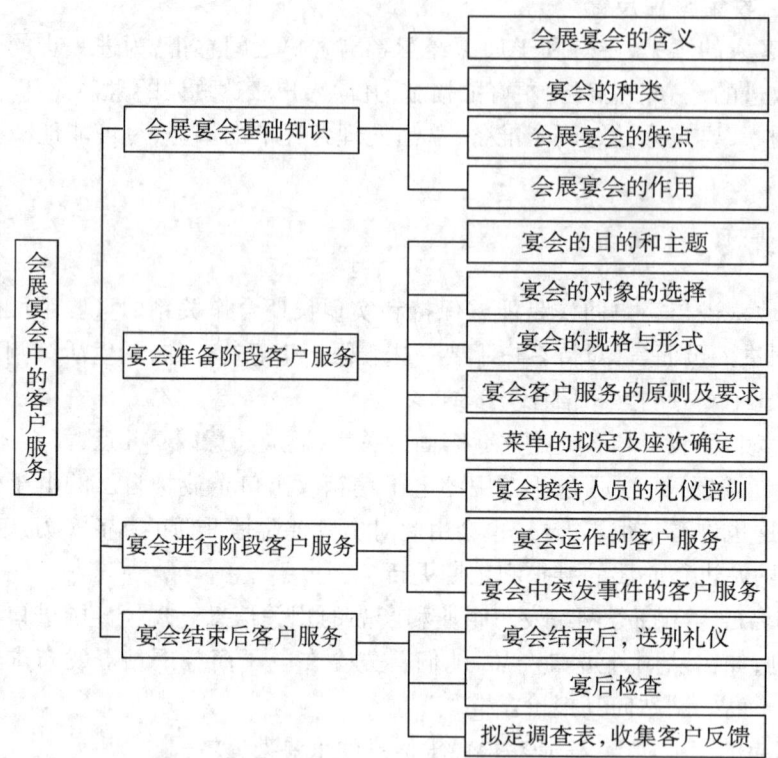

【关键概念】

宴会、宴会客户服务、宴会规格、国宴、正式宴会、家宴

项目五　会展旅游客户服务

单元概述

本项目从会展客户旅游项目的概念和特点入手，介绍了会展旅游项目的确定及会展旅游客户服务的原则和旅游过程中的客户服务质量，讲述了旅游产品营销过程中的客户服务，详细分析了会展旅游中饭店的选择和住宿的基本要求，剖析了会展住宿中的客户服务内容和会展客户安全保障服务。

单元目标

- 认知会展客户旅游的特点
- 了解会展旅游客户服务的原则
- 熟悉旅游产品营销过程中的客户服务及旅游过程中的客户服务质量
- 知道会展旅游中饭店的选择及住宿的基本要求
- 知道奖励旅游的特点及客户服务的基本要求

学习任务 1　会展特色旅游客户服务

 任务概述

　　本任务从会展客户旅游的概念和特点入手,介绍了会展旅游项目的确定及会展旅游客户服务的原则和旅游过程中的客户服务质量,讲述了旅游产品营销过程中的客户服务。

 任务目标

- 理解并掌握会展客户旅游的概念和特点
- 熟悉会展客户旅游的概念和特点
- 初步掌握旅游产品营销服务的方法

 学习内容

　　会展旅游是一种高级的、特殊的旅游活动表现形式,是依托产品展览交易会、文化旅游节、会议、体育赛事等各类会展活动而兴起的一项旅游活动。作为我国一个新兴的旅游项目,会展旅游已成为提高各地旅游产业质量、加快产品结构调整和国际化发展一个新的突破点。

>>> 阅读资料 <<<

会展活动的最大受益者

　　会展活动的最大受益者是旅游公司。举办一次千人以上的国际会议,大多能带动一条集交通、住宿、餐饮、购物于一体的旅游消费链。美国作为世界上最大的国际会议主办国,2000年的大型国际会议达234个,其航空客运量的22.4%和饭店客人的33.8%均来自国际会议和会展旅游或奖励旅游。在会展旅游企业汇集的众多行业中,饭店业受益最大。

　　据麦肯锡统计,2000年全美参展人数为4 122万人,而每个参展人员花在相关展览外活动上的费用平均为1 200美元,住宿要占到46.8%。1999年香港展览业为饭店业带来93.8万个入住单元,占其总入住率的16.5%。

一、会展旅游项目的确定

(一)会展旅游的概念及特点

1. 会展旅游的概念

会展旅游就是指通过举办各种类型的大型国际展览会、博览会、交易会等,吸引大量游客来洽谈贸易,观光旅游,进行技术合作、信息沟通、人员互访和文化交流,以此带动交通、旅游、商业、餐饮等多项相关产业的发展。从旅游需求看,会展旅游是指特定个人和群体参加各类会议、展览、奖励旅游、节事活动等附带的相关参观、游览及考察内容的一种旅游活动形式;从旅游供给看,会展旅游是指特定机构或企业以组织参与各类会展、奖励旅游和节事活动为目的而推出的一种旅游产品。无论从需求角度还是供给角度分析,会展旅游是为各种会展活动而产生的。

正确理解会展旅游的含义需要注意以下两点:

(1)会展旅游并不是特指各种展览或会议过程中增设的观光、游览活动

在各种大型的展览或会议活动中,举办方出于某种特殊考虑,在会间或展间设置适当的观光、游览活动,但会展旅游并不是特指这些活动,它只是会展旅游的一个组成部分。各种会议、展览以及围绕会议展览而开展的考察、观光活动共同构成会展旅游。

(2)会展旅游并不是会展活动与会中或会后旅游观光活动的简单相加

会议、展览活动中设置的旅游往往与会议展览的主题有关,或是围绕会议主题安排的考察活动,并不是简单的游山玩水。

2. 会展旅游的特点

会展旅游是以满足工作需要而进行的特殊旅游,在目的与发生要素上不同于一般的休闲旅游,具有以下特点:

(1)客人消费档次高

首先,大型国际会议、国内高层会议以及知名企业的地区发展年会的参与者多半是国家、政府的要员或企业的中高层管理人员,也可能是某一领域的专家。他们身居要职,具有较高的学历和知识层次,且见多识广,因而他们所处的社会阶层和消费层次比一般普通游客高。其次,会展旅游者的出行多因工作需要,其各项费用开支均由政府、企业、事业或相关的组织支付,标准高。基于以上两个原因,会展旅游者的消费需求和消费模式与休闲旅游有着很大的不同,他们的需求并不会因为航空机票、目的地位置、用餐和其他旅行费用的变动而发生变化,高消费是其显著特点。据统计,参加会展人员的消费水平相当于一般旅游者的4~5倍。据香港旅游协会的统计数据,在港参加展览、会议的商务客人人均消费达1.2万元左右,是普通游客消费的一倍之多。

(2)会展旅游的地点主要集中在大、中城市和经济比较发达的地区

会展业发达的首要条件是稳定的社会环境、活跃的政治活动和繁荣发展的经济,其次还需要交通、住宿、通信等设施及其他金融、货运、保险等一系列配套服务。这些综合设施及配套服务齐全的地方一般都是大、中城市和经济比较发达的地区,所以会展旅游也集中在这些城市和地区。

（3）单团规模大、逗留时间长

会展旅游团的规模是由会展规模决定的，平均在400～500人，甚至更多。参加会展的人员既要参加会议、展览，有时还要参观游览，逗留的时间比一般旅游者要长。因此，会展旅游的时间安排要紧凑、活动节奏快，需要各方提供快速、优质的服务。

（4）主题突出，专业性强

从内容安排上来看，会展旅游项目具有专题性，围绕会议或展会的主题而展开，各种会展旅游项目都是为展会的主题服务。因此，会展旅游与普通旅游相比呈现出鲜明的主题性。此外，从会展旅游依托的资源与环境、客源市场规模与范围、产品经营与管理等方面看，这类产品不同于一般的普通观光旅游产品和度假休闲产品，其专业性很强。因此，会展旅游与滑雪旅游、游船旅游、沙漠旅游、生态旅游、工业旅游、农业旅游等一样，同属于专项旅游产品。

（5）计划性强

会展旅游计划性强，且不受气候和季节的影响。客房一经预订，到客率高，便于饭店经营管理和提前做好接待准备。

（二）会展旅游服务的需求特征

做好会展旅游项目确定的前提和基础，是对客户的需求特点有一个准确的把握。会展旅游者的需求要素可以划分为两个层面，即基本需求要素和边缘需求要素。

1. 会展旅游者的基本需求要素

会展旅游属于商务/公务旅行的范畴，因此，用传统旅游的食、住、行、游、购、娱六要素结构来描述会展旅游（者）的需求要素，就有失准确。通常，会展旅游者最基本而必要的需求集中于以下方面：交通设施、用餐设施、办公设施、住宿设施等。

2. 会展旅游者的边缘需求

与大众观光旅游者不同，对游览、购物、娱乐等服务的需求，在会展旅游者的需求结构中，通常只是处于边缘位置，属于"边缘需求"。

在大多数会展活动中，观光、休闲性质的旅游项目一般是作为会展的辅助活动进行的，主要在于加深会展旅游者对目的地的社会、文化和经济状况的印象。而与一般的旅游活动相比，此类旅游除在接待标准和规格上有较高要求之外，通常并无其他的差别。

（三）会展客户旅游项目的确定

一个优秀的会展旅游项目，不仅仅可以带动更多的相关消费，更重要的是可以增强会展活动的效果。会展与旅游的深层联系，决定了会展旅游项目策划与设计应兼具会展活动与旅游活动的主要内容，在结构上应主次明确且相互协调。一个成功的会展旅游项目策划，是会展与旅游充分结合，促使会展旅游者的满意度达到最佳的基础。与传统旅游项目相比，会展旅游项目的策划表现出一定的特性：

首先，从时间管理上看，会展旅游项目具有区间性，起始时间相当明确，各项活动的安排都有具体的日程。

其次，从内容安排上来看，会展旅游项目具有专题性，围绕会议或展会的主题而展开，各种会展旅游项目都是为展会的主题服务。

再次,从目标市场的划分来看,会展旅游者一般由两部分构成,即以实现一定经济目的而参展、参观的专业人士,以及出于兴趣、偏好等原因而参与其中的群体。通常,两类旅游者的活动内容不尽相同。

因此,会展旅游者参加旅游活动,通常有很强的独立性,游览一般发生在参展之后,多数是就近或顺便游览,这就对服务人员提出了更高的要求。

二、会展旅游客户服务的原则

（一）全面性原则

全面掌握客户在生活中对于各种产品的需求强度和满足状况。全面了解客户生活中的需要且根据客户的全面需求分析其生活习惯、消费偏好、购买能力等相关因素,更为重要的是这种"以全概偏"的了解往往会迷惑客户,刻画服务人员关心客户、爱护客户的经典形象。

（二）突出性原则

要突出产品和客户需求的结合点,必要的时候要让客户对本产品的需求形成一个"独特的名称"。如"提高生活舒适度需求"等。

（三）深入性原则

只有深入地了解客户的生活、工作、交往的各个环节,才会发现他的真正需求。也就是说,要满足客户的需求,事前工作的深入性是必不可少的。

（四）广泛性原则

广泛性原则不是对某一个特定客户需求的要求,而是要求服务人员在与客户沟通时要了解所有接触客户的需求状况,学会对比分析,差异化地准备自己的相关工具和说服方法。

（五）体验性原则

体验性原则,就是以消费者为中心,通过对事件和情景的安排和特定体验过程的设计,让客户在沉浸于体验过程中,引爆他们心中的欲望,产生美妙而深刻的印象,并获得最大程度上的精神满足的过程。如强调亲身体验的旅游特性,使用高科技手段造就的各种主题乐园,以及新兴的旅游形态,如亲自动手之休闲农场、SPA、度假村等。

三、旅游产品营销的客户服务

（一）注重服务产品的整合

会展旅游服务产品包含的内容很多,旅游者不会也不可能全部消费,而是根据自己的需要选择其中的一部分进行消费。因此,旅游企业应针对不同客户群的需要,考虑服务产品的整合方式,最大限度满足客户要求。

旅游消费涉及食、住、行、游、娱、购等服务产品,其中每一类服务产品又包括许多子项的内容,如娱乐服务产品包括舞厅、健身房、网球、保龄球、桑拿浴等;餐饮服务产品包括咖啡厅、主题餐厅、自助餐厅、各式特色餐厅等。每一类服务产品的长度(每一项分类服务产品可以提供多少种不同项目的服务)和深度(每一服务项目可以提供的品种),将决定最终组合的数量,组合的数量越多,旅游者选择的余地就越大,产品的销售也就越好。

（二）推动各种会展旅游中介机构的发展

推动各种会展旅游中介机构的发展,完善会展旅游市场开发的商业化招徕机制,形成符合国际惯例的会展旅游运作模式,有利于会展旅游市场的培育,有利于独立营销系统的构建。

会展旅游中介机构的业务不能仅限于组织会后旅游,而应该配合会展主办者,介入会前策划和会中服务的全程运作,只有这样,才称得上介入会展旅游的业务,才能把握会后旅游的组织与销售。

(三)与会展部门协作,开展联合促销

会展旅游部门要以本部门的资质和信誉,取得会展活动主办者的信任和支持,获取进入会展场馆销售或者共同销售会展旅游产品的权利。在此基础上,针对与会者(参展商)、采购商的不同需求,促销相关产品。例如对参展商应主要销售与会展活动相关的住房、交通、旅游景区、纪念品、客商谈判所需的"商务套餐"(如谈判间、休息间、点心式工作餐、美容或娱乐项目等),以及客商联谊活动需要的产品等。而对采购商来说,需要的是提供前往欲购产品的企业、欲投资地区环境等考察活动的服务。

旅游企业要为产品的宣传大造声势,要把宣传工作渗透入会展的每一个阶段,充分利用各种新闻媒体和手段,强化商务旅游意识,最终达到销售产品的目的。

(四)采用忠诚营销的策略

在市场竞争日益激烈的情况下,为了吸引各种类会展举办者和策划者,会展旅游企业往往采取各种措施,提高会展举办者和策划者对旅游企业的忠诚度。其中满意度、信任感和服务承诺,则是影响会展策划者、举办者忠诚度的几个重要因素。

客户满意度是衡量旅游服务质量的客观标准。随着消费者自主意识的增强,企业间竞争的加剧,企业经营管理理念的变化,越来越多的企业感到只有以客户为中心,持续地令他们满意,才能与他们建立长期的关系,企业才能获得可持续发展,而那些忽略客户需求的企业,注定要在竞争中失败。

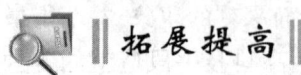
拓展提高

北京第十届国际室内空气品质大会的旅游活动

第十届国际室内空气品质大会于 2005 年 9 月在北京举办。会议组织者充分认识到旅游的重要性,在会议期间精心策划了会议的各种旅游,取得了很好的效果。

一、旅游活动的策划

会议组织者为该会议安排了 5 种旅游活动:

1. **全体会议代表登八达岭长城。**"登八达岭长城"是所有旅游活动中最重要的,这是因为在第九届国际室内空气品质大会上,我国申办了第十届大会,为了能引起各国代表的兴趣,我国使出了"杀手锏",免费让全体会议代表"登八达岭长城"。为了兑现承诺,登长城的活动就成为会议的重要活动。

2. **专业参观活动。**专业参观作为该系列性国际会议的重要活动,分别安排参观了国家大剧院和清华大学的节能楼。其他会议活动也安排得妥妥当当。

3. 陪同人员活动。
4. 晚间活动。
5. 会前和会后的旅游活动。

二、旅游活动的主要内容

1. 陪同人员的活动安排了3条路线,全天的活动有十三陵和颐和园、故宫和天坛,半天的活动就是胡同旅游。

2. 晚间也安排了3个活动供会议代表任意选择,京剧、杂技和什刹海游船。陪同人员和代表可以根据他们的时间来任意选择。

3. 会议还安排了会前和会后的旅游活动。根据对会议人数的预测,参加本次会议的国外代表约在800人,按8%的人数计算,参加会前、会后旅游的人数应该在60人左右。因此,旅游线路不宜安排得过多,会议只安排了一条会前旅游路线,即上海入境后,途经桂林和西安,会议注册日抵达北京,虽然时间只有短短的5天,但是这条路线是近几年来最受国际会议代表欢迎的"黄金路线"。

三、旅游活动的实施

会议旅游预订结束后,立即转入旅游的实施。首先为会前和会后旅游预订航班。会议组织者充分利用有利条件,选择合适的航班和优惠的价格。当所有的航班和饭店都预订好之后,就将这些信息全部放在会议网站上提供给参加旅游的会议代表,使他们做到心中有数。

思考:

1. 旅游项目的策划是怎样围绕会议主题进行的?哪些活动与会议主题更紧密?
2. 会议组织者在策划旅游项目时遵循什么原则?

 思考练习

一、单项选择题

(　　)产品是旅游吸引物及其供应链共同作用的复合体,包含实现一次全程旅游活动所需要的条件服务组合。

A. 旅游　　　　B. 休闲　　　　C. 度假　　　　D. 生产

二、多项选择题

会展旅游客户服务的作用有(　　)。

A. 全面性原则　　B. 突出性原则　　C. 深入性原则　　D. 广泛性原则

三、判断题

1. 做好会展旅游项目确定的前提和基础,能对客户的需求特点有一个准确的把握。(　　)
2. 一个优秀的会展旅游项目,不仅仅可以带动更多的相关消费,更重要的是可以增强会展活动的效果。(　　)

四、简答题
1. 简述与传统旅游项目相比,会展旅游项目的策划表现出的特性。
2. 奖励旅游客户对客户服务的基本要求有哪些?
3. 在会展旅游服务过程中服务人员应遵守哪些原则?

学习任务 2　会展旅游过程中的客户服务

任务概述

本任务介绍了为会展旅游者选择适宜饭店和酒店的方法以及旅游中的餐饮服务,阐明会展旅游过程中的会议安全服务、住宿地安全、文化娱乐安全及卫生安全防疫等服务,讲述了会展旅游产品的评价标准和提高客户服务质量的方法。

任务目标

- 了解为会展旅游者选择适宜饭店和酒店的方法
- 熟悉会展旅游中的餐饮服务特点
- 初步掌握会展旅游过程中的会议安全服务和卫生安全防疫等服务内容
- 了解会展旅游产品的评价标准和提高客户服务质量的方法

学习内容

由于会展旅游者身份的特殊性,在会展旅游过程中尤其应注意满足参展客商或参会客商在住宿、餐饮、交通方面的需要,并做好相应安全保障措施。

一、选择适宜饭店和酒店

饭店在会展旅游中扮演的角色非常重要,饭店是开展会展活动不可缺少的组成成分。第一,饭店为会展提供了基础要素条件。第二,饭店为会展提供了第二会场。第三,饭店延伸了会展活动。第四,饭店促进了会展的经营和发展。第五,饭店细分了会展客源。如接待 2001 年上海 APEC 会议的 26 家指定的星级饭店就有明确的接待分工。这种接待分工不仅有利于会展举办单位组织专项商务活动,而且为参会人员的沟通和交流提供了方便。

(一)饭店的类型

1. 根据饭店市场及宾客特点分类

(1)商务型饭店

商务型饭店又称赞助性饭店,以接待商务客为主,且散客居多。为适应和满足商务客这一特定市场的需求,商务型饭店不但要讲求外观高雅,而且内部设施也必须豪华、舒适、富丽堂皇。它的客房应是一流水平的,并配置有从事商务活动所必需的种类服务项目和设备设施,如国际直拨电话、传真、互联网、计算机、业务洽谈室、商务中心、会议室、产品展销厅、宴会厅、康乐中心、游泳池等。除高标准的硬件外,软件方面的要求也相当高。它要求服务员必须十分熟练、准确地掌握各项服务程序及服务技能,外语流利,语言交际、礼貌礼节方面应表现出高度的修养。我国目前商务型饭店在旅游饭店中所占的比重还不是很大,但总的趋势是在向这方面发展。国内一些较有名的大型高档饭店,如北京香格里拉饭店、长城饭店,广州的中国大酒店、白天鹅宾馆,上海的花园饭店,金茂君悦大酒店等都属于这一类型。

(2) 长住型饭店

这类饭店主要接待居住、逗留期较长的客人。它要求客人先与饭店签订一项居住协议书或合同,具体写明居住的时间和要求提供的服务项目,因此在客人与饭店之间存在着一种法律关系。长住型饭店主要为商务客和一般性度假游客提供公寓生活服务,故又称为公寓生活中心。

(3) 度假型饭店

一般以接待游乐、度假的宾客为主。这类饭店大多位于海滨、山区、森林等自然环境优美的旅游胜地和风景区。为招徕、吸引宾客,这类饭店都设有各种娱乐服务项目,如高尔夫球、台球、网球、划船、滑雪、狩猎等。这些服务项目的质量如何,水平高低,有没有特色,往往是一家度假型饭店经营成功与否的关键。

(4) 会议型饭店

会议型饭店除应具备相应的住宿和餐饮设施外,还必须配备能满足各种类型会议需要的大小不等的会议室、讲播厅,以及各种会议设备(如先进的通信、视听设备,同声传译装置等)。会议型饭店的主要接待对象是各种会议团体。饭店一般都配备有工作人员帮助会议组织者协调会议各项事务,提供高效率的接待服务。

2. 饭店等级划分与饭店的组织结构

饭店等级针对的是一家饭店的豪华程度、设备设施水平、服务范围和服务质量等。对客人来说,饭店分等级可以使他们了解饭店的设施与服务情况,以便有目的地选择适合自己要求的饭店。

目前世界上有80多种等级制,有的是各地饭店协会制定,有的是各国政府部门制定。由于各国、各地区饭店业发展程度和出发点的不同,各种等级制度所采用的标准也不尽相同。法国的饭店分为"1~5星"五级;意大利的饭店采用"豪华、1~4级"制;瑞士的饭店分为"1~5级";奥地利的饭店使用"A1、A、B、C、D"五级;有的国家和地区采用"豪华、舒适、现代"等分级制,可谓形形色色。

现在国际上比较通用的是五星等级划分标准,即一星级、二星级、三星级、四星级、五星级。星级越高,表明饭店档次越高,设施和服务越好。星级的划分是以饭店的建筑、装饰、设施设备及管理服务水平为依据。我国星级饭店的具体评定办法按照国家旅游局颁布的设施设备、设施设备的维修保养、清洁卫生、服务质量、宾客意见五项评定标准来执行。国家旅游局设立有专职星级评定机构,负责饭店星级评定的组织和实施工作。

一般三星级以上的饭店都设有除商务中心以外的12个部门,它们的商务中心隶属前厅部。由于现代资讯的发达,为满足大量国际商务会议、会展、博览的特殊要求,不少五星级和超五星级的饭店已专设商务中心部。

(二)会展客户住宿的基本要求

客房是客人在饭店中停留时间最长的地方,客人对客房更有"家"的感觉。因此,客房是否清洁卫生,装饰布置是否美观,设备与物品是否齐全,服务人员的服务态度是否热情、周到,服务项目是否周全丰富等,对客人有着直接的影响,是客人衡量"价"与"值"是否相符的主要依据。

1. 客房类型

饭店客房大致分为单间客房和套房两种类型。

(1)单间客房

由一间客房所构成的"客房出租单元",称为单间客房。根据客房内床的配置情况,又可细分为单人间(配备一张单人床)、大床间(配备一张双人床)、双床间(配备两张单人床)、三人间(配备三张单人床)。

(2)套房

由两间或两间以上客房所构成的"客房出租单元",称为套房。根据其使用功能和室内装饰标准又可细分为下列几种:

①普通套间。一般为两套间,一间为卧室,配有一张大床,并与卫生间相连。另一间为起居室,设有盥洗室。

②商务套间。此类套房是专为从事商务活动的客人而设计布置的。一间为起居与办公室,另一间为卧室。

③双层套间。也称立体套间,其布置为起居室在下,卧室在上,两者用室内楼梯连接。

④连接套间。也称组合套间,是一种根据经营需要专门设计的两间相连的客房,由安装门锁的两扇门连接,并都配有卫生间。需要时,既可以作为两间独立的客房出租,也可作为套间出租,灵活性大。

⑤豪华套间。该套间可以为两套间布置,也可以为三套间布置。三套间中除起居室、卧室外,还有一间餐室会议室,卧室中配备大号双人床。豪华套间的特点在于注重客房装饰布置、房间氛围及用品配备,以体现豪华气派。

⑥总统套间。又称特套间,一般由五间以上的房间组成,包括男主人房、女主人房、会客室、书房、餐室、起居室、随从房等。装饰布置极为讲究,造价昂贵,通常在豪华饭店才设置此类套间。

2. 客房服务

饭店在设立客房服务项目时,要考虑饭店的档次,突出饭店的风格,体现"物有所值"的经营理念。饭店档次不同,房价不同,反映在客房服务项目上也有多寡,在客户规格上也有高低。但是,不管服务项目、服务规格有多大差异,客人对客房服务的基本要求还是一致的。

(1)求整洁

力求做到客房内外整齐清洁是客房服务的首要任务。它能使客人在生理上有一种安全感,从心理上产生舒适感。对饭店来讲,清洁卫生是构成客房商品质量的重要组成部分。

(2)求宁静

客房是客人的主要休息场所,宁静的环境是保证客人休息不受干扰的重要因素。从心理角度来看,宁静的环境能使客人感到平和、舒适,减轻疲劳并起到催眠作用。

(3)求安全

客人的人身、财产安全能否在住店期间得到保障,是客人选择一家饭店的重要因素。这主要体现在对客房设施设备的安全、防火、防盗、卫生标准等方面的要求。

(4)求方便

客人在选择饭店时,除要求饭店的位置、交通等外部条件方便外,对饭店内部尤其是客房内的方便程度同样有较高要求。如房内设备的操作是否简便易行,有无一目了然的使用说明,房内物品的摆放是否既美观又使客人拿取方便等,均是客房服务工作不可忽视的问题。

(5)求尊重

最大限度地满足客人各方面需求,是尊重客人的一种表现。除此之外,在服务工作中给客人留出更多的私密空间,不过多地打扰客人,根据客人的需求为其提供服务,站在客人的立场上提供服务,这种更深层次上尊重客人的观念,应在服务工作中得到充分体现。

除客人的上述基本要求外,商务散客(国际的、国内的)、团体旅游观光客、会议客人、政府官员、休闲度假客人、体育代表团、新闻记者等不同类型的客人均有不同的特殊需求,而且客人的需求呈现出更复杂化、多样化的趋势。饭店从业人员只有真正站在客人立场上准确把握客人需求,才能有更多更好的创意,为客人提供更完美的服务。

二、会展旅游中餐饮服务

餐饮部分是一家会展旅游中必不可少的组成部分,也是参展或参会的客商所居住饭店社交活动的主要区域。

餐饮服务是餐饮部员工为就餐客人提供菜肴、饮品等的全过程。餐饮服务可分为直接对客的前台服务和间接对客的后台服务。前台服务是指餐厅、宴会厅、酒吧等营业场所面对面为宾客提供的服务;后台服务则是在客人视线不能及的地方,如厨房、管理部等为生产、服务进行的工作。后台服务是前台服务的基础,前台服务是后台服务的继续和完善,两者相辅相成。只有高质量的菜肴,没有良好的服务不行;只有良好的服务,没有高质量的菜点也不行。

同其他任何一种服务一样,餐饮服务不能够量化。无形的餐饮服务只能在就餐客人购买并享用了餐饮产品后,凭生理和心理的满足程度来评估和衡量其质量的优劣。

(一)餐厅类别

饭店内的餐厅是多种多样的,常见的餐厅种类有:

1. 咖啡厅

饭店中营业时间最长(高星级的饭店24小时营业)、供应中西餐及本地小吃为主的餐厅。

2. 中餐厅

从餐厅供应的食品、餐厅的装潢到餐厅的服务,都具有中国特色。各饭店的中餐厅,因提供中国国内不同的菜系而风格各异。

3. 法式餐厅

以供应法式菜为主,属高档西餐厅,多在高星级饭店设置。此类餐厅多用法式服务,餐厅布置豪华、优雅,富有浪漫情调,相当一部分菜肴需在客前方面烹制。

4. 多功能厅

用以举行各种宴会、酒会、自助餐和其他各种会议等活动的场所,通常具有可分割成大小厅的功能。

5. 风味特色餐厅

为供应本地或本饭店特色菜肴的餐厅。如海鲜厅、野味厅或意大利厅、日本厅、韩国厅等。

6. 其他种类的餐厅

包括旋转餐厅、屋顶餐厅、花园餐厅等表现形式各异的餐厅。

(二)餐饮服务方式

餐饮服务方式是一个地区、一个民族在长期的餐饮发展过程中逐步形成的饮食习惯,并作为约定俗成的相对固定的形式得到人们的普遍承认。西餐的服务方式是西方文明发展进程中的产物,它反映了西餐进食的要求与特点,要求在服务过程中对服务对象倾注更多的个人照顾与关怀;中餐服务方式主要建立在中菜发展的基础之上,它与传统的中国家庭用餐方式即有联系,又有区别。近年来,中餐服务借鉴了西餐服务的许多做法,更趋向于科学化和规格化。

餐厅的工种很多,各岗位的服务内容和操作要点都不相同。为了检查和控制服务质量,餐厅必须分别对零点、团队餐和宴会以及咖啡厅、酒吧等的服务过程制定出迎宾、引座、点菜、走菜、酒水服务等全套的服务程序。

根据餐饮服务的三个阶段(准备阶段、执行阶段和结果阶段),餐饮服务质量可相应地分为预先控制、现场控制和反馈控制。预告控制的目的是防止开餐服务中所使用的各种资源在质和量上产生的偏差。所谓现场控制,是指现场监督在进行的餐饮服务,使其规范化、程序化,并迅速妥善地处理意外事件。为了不断提高服务质量,还必须建立和健全两个信息反馈系统,即信息来自员工的内部系统和来自宾客的外部系统,进行反馈控制,及时发现与找出服务工作在准备阶段和执行阶段的不足,以便采取措施加强预先控制和现场控制。

三、会展客户的安全保障服务

(一)会议安全服务

大型的和重要的会展都涉及治安、政保、防爆、消防、警卫、交通、通信等内容,其中以防火、防破坏、防爆、防倒塌、防意外灾害等为主。

1. 会场安全服务

(1)安全服务部门和服务人员要严格做好会议前的会场安全检查工作,尤其是一些重要会议,根据需要可提前封闭场地。

（2）大型的和重要的会议,安全服务部门要严密控制会场附近制高点和应急通道,划定出核心场地的警戒区域。

（3）做好进出会场区域人员的验证工作和安全检查工作,做到凭证出入,认证不认人,防止非与会者和非会务人员入内。

（4）对临时搭建的会议和活动场所,一定要严格验收,要使其安全性达到有关的安全标准。

2. 住宿地安全服务

（1）会议住宿地人多且杂,与会者之间不完全熟悉,随时串门互访又是常事,这使不法分子有了可乘之机,使防盗、防抢任务较为艰巨,楼层服务人员必须加倍警惕,加强监视力度,将安全隐患消灭在萌芽状态。

（2）与会人员所携带的贵重物品、文件和大宗款项等,会议保卫部门应提供代管代存服务,防止发生丢失。

（3）住宿地要以消除火灾隐患为首要任务。客房中应该有可以使用的烟雾探测器和消防喷嘴,客房应明确地张贴疏散指示,住地服务人员要接受防火和灭火安全教育与技能培训,房间内都要有紧急通道和示意图。

（4）房门内电器设备要全面检修,防止电器设备失灵或使用不当而伤人。

（5）酒店入口的安全。考虑酒店入口的安全,一共有多少个入口,是不是所有的门在晚上都是上锁的,上锁的门有没有安保措施,如果使用的是闭路电视监视系统,它们是不是连续运作的。

3. 文化娱乐安全服务

任何一个成功的会议都要适当安排休闲活动。确保休闲活动的安全,需要对休闲活动进行精心组织,对休闲活动场所进行安全检查。

（1）对会议住地配套的文娱场所(卡拉OK厅、舞厅、保龄球馆等),要按国家有关规定进行检查和管理,重点是消防监督检查。其中,排查火灾隐患特别重要,是工作的重中之重。

（2）涉及水的活动项目要配备救生员以及医务人员,防止运动伤亡事故的发生。

（3）组织出外旅游,要充分考虑与会者的年龄特征与健康状况,不宜舍近求远长途奔波,不宜跋山涉水。要配备医生随从,加强保健指导。

（4）对外出参观、旅游活动使用的车辆,要进行安全性能检查;对驾驶员进行安全教育,增强驾驶员遵守交通秩序的自觉性。如果有两辆车以上的车分别去不同地点,应事先将乘车地点和时间分别通知与会者,并在集会地点放置明显的标志,还要安排服务人员协助与会者有秩序地上下车,保证行车的方便与安全。

（二）会议的卫生安全防疫服务

会议卫生防疫工作重点是对食品、饮用水、公共场所卫生以及除"四害"(蚊、鼠、苍蝇、蟑螂)工作进行有效的监督、检测,确保会议期间的饮食、住宿等方面不卫生问题。万一有问题发生,也能及时采取措施控制在最小范围内,严防急性传染病的暴发和蔓延。

卫生防疫人员要加强对与会人员使用的床上用品（被褥）、卫生间用品等进行卫生检查；对房间内杯具、浴缸、马桶坐垫等消费卫生检查要到位；房间内空气细菌总数、新鲜空气量、空调风量和噪音等要符合国家有关规定。

大型的重要的宴请活动，所有拟用食品都要求达到或符合国家的有关规定，卫生防疫人员要对食品进行卫生监督，必要时可对食品采取抽样检查或全部检查，杜绝食物中毒和饮水污染事故。

要加强对水产品、熟食（冷盘类）、烧烤类等食品的监测工作，须经卫生防疫人员检查（抽查）合格后，方可让与会人员食用。

卫生防疫人员要对会议场地的公共场所卫生标准予以监控，要经有关部门对环境卫生检查合格后，方可让与会人员进驻使用。

四、旅游过程中客户服务质量的管理

旅游产品是旅游吸引物及其供应链共同作用的复合体，包含实现一次全程旅游活动所需要的各种服务组合。旅游产品质量的好坏源于整个旅游过程，旅游过程中各个环节的质量都非常重要。由于服务具有不同性质，旅游产品质量不单依靠产品本身，只有一部分可由供应者自主评定，其余部分必须由旅游者亲身实践并依据自身感受来评价其质量和价值。因此，游客的感受和评判标准非常重要，也就是说旅游企业以满足游客的需求为第一要务。

（一）客户对旅游产品的评价标准

一般来讲，旅游者对服务产品的评价主要通过直观体验和接受服务后进行横向比较得出，根据差距分析理论，游客对服务的评价取决于对所接受服务的感受于事先期望之间的比较，当游客对服务的告知等于或超过了对服务的预期时，就会感到满足；如果低于预期，就会认为是低质量的。导致这种差异的因素主要来源于以下三个方面：

1. 游客对服务的期望与企业对这些期望的诠释存在差异

旅游管理研究表明，旅游活动包含许多相互管理的行为，旅游营销中最重要的是让旅游者到来之后所感受到的比其预期的要好，这样不但使旅游者对消费感到满意，还会向家人及朋友推荐，从而扩大企业的良好口碑。在旅游接待过程中，企业应该找出人们最看重的那些东西并狠下功夫，使消费者期望得到很好的满足，从而使企业形象得到提升。

2. 企业提供的服务未能达到其制定的服务质量标准，与游客期望存在差距

一些企业虽然能够准确理解游客需求，并制定了相应的详细服务标准，但在服务过程中，由于企业能力所限或为降低成本，无法提供或不完全提供游客期望的内容。

3. 企业的对外宣传与实际内容不符

一些新开发景区在宣传促销中经常夸大其词，声称是"绝品""极品"等，但实际仅是一些具有地域特色的景点，游客来后大失所望；还有的景区号称"世外桃源"，但是景点内外环境较差，烟蒂、碎纸、饮料瓶等垃圾遍地，与景致形成极大反差。

（二）不断提高服务人员的服务意识和服务技能

1. 树立"服务第一、宾客至上"的思想

将旅游者放在第一的位置，关心旅游者，尊重客户，勤勤恳恳地做好服务工作，全心全

意地为客户服务，尽力满足旅游者的合理需求。在处理问题时，要以游客的利益为重，不能以个人的困难、情绪对待或左右顾客。在国际旅游界，人们通常将服务标准确定为：热情友好、效率卓越、安全可靠、灵活方便和设身处地。

2. 执行 AIDA 准则

AIDA 准则是旅游服务人员，特别是导游服务人员应该坚持的重要行为规则。运用这一原则，激发旅游者的游兴、推销附加旅游产品，处理旅游活动中出现的问题，有助于建立组织者与旅游者的良好关系，创设友好气氛。

阅读资料

AIDA 准则

A 表示 Attention，以生动有趣的方式，尽可能具体、形象地引起谈话，吸引谈话，吸引注意力；I 表示 Interest，通过进一步展开已经引起对方注意的谈话，激起谈话对象的兴趣；D 表示 Desire to act，激起谈话对象希望进一步了解情况的心理，得到启示，加深双方关系，尤其是激起对方的占有愿望；A 表示 Action，努力使对方采取占有行动。

3. 坚持合法、合理、可能的原则

游客在旅游中会有求全、要求高的心理，有时会提出一些苛刻无理的要求，这时旅游服务就应坚持这一原则来处理旅游者的要求和问题。当游客提出过高的要求时，服务人员应该认真仔细倾听，然后冷静分析这些意见是否合理，有无实现的可能。对于其合理的要求给予肯定并设法去办理，对于不合理的要求给予耐心解释，尽力合情合理使旅游者欣然接受。"合理而可能"的原则是处理旅游者各种问题和要求的标准。

4. 规范化服务与个性化服务相结合

旅游和导游服务都有明确的国家标准和国家旅游局的行业标准，而这两个标准进行服务只是最基本的服务要求。向旅游者提供优质服务，应将规范化服务与个性化服务结合起来。

随着旅游者市场日趋成熟，消费经验日益丰富，消费预期相应提高，一些具有新型消费需求的旅游者不断出现，促使旅游企业一方面加速提升设施设备，一方面努力提高服务质量标准以满足游客要求。与此同时，来自消费者协会组织和媒体等第三方机构对旅游企业包括景点、住宿、交通等在内的服务质量监督，也相应提高了对旅游产品质量的要求，促使旅游企业日益重视产品服务质量。

拓展提高

"十年磨一剑"的澳大利亚

澳大利亚旅游局长肯·邦迪介绍说，他们培育会展旅游这个"金娃娃"已下了10年的功夫。其主要经验是：

1. 会展旅游搞得好不好,关键是看产品和服务

会展旅游成熟市场在欧美,澳大利亚可谓是后起之秀。与会展旅游相适应的配套设施,如现代化的展馆、便捷的交通和通信、咨询、安全等服务设施,以及高素质的服务人才等,澳大利亚10年来在这些方面做了很大的努力。会前会后旅游是会展产品的重要内容。澳大利亚是个四面环海的国度,夏无酷暑,冬无严寒,海洋性气候温暖宜人,空气和海水十分洁净,自然山水、风土民情、文化古迹别具特色。悉尼、道格拉斯港、凯恩斯(大堡礁)、黄金海岸和乌鲁鲁是最受欢迎的旅游目的地。这些景区景点的星级酒店和训练有素的接待队伍使客人感到很方便。

2. 有了好的产品,抓好促销是关键环节

澳大利亚的会展旅游促销办法很多：

(1)开专业展销会,提供产销双方见面的机会；

(2)印刷专题宣传品和会展旅游宣传手册；

(3)在因特网上增加相应的专题网页；

(4)开展路演活动。

悉尼奥运会后,澳大利亚旅游局和悉尼会展旅游局在美国、欧洲、亚洲发起路演攻势,促销自己的产品。比如,在美国的路演活动中,与10个城市60家会展旅游公司进行接触、洽谈业务,与柯达公司、大通曼哈顿银行、会计公司、普华永道签订了合同。在欧洲路演,他们发现欧洲人更关心健康,由于宣传的及时,本来有大批去英国的客人因口蹄疫而改道去了悉尼。在亚洲路演活动中,向80家客户介绍了产品。除了与一大批客户签订合同外,许多大公司的决策者纷纷飞来悉尼,考察产品,并决定把澳大利亚作为会展旅游的首选之地。答疑解惑是他们路演的一个重要任务。比如,澳洲到欧、美、亚距离较远,这是竞争中的一个劣势。他们在路演中实事求是地解释说,澳大利亚商品尽管不算便宜,但优惠和折扣比较多,总的来说是物有所值。最近,权威的英国《经济学家》杂志就旅游价格问题作了调查,指出：悉尼是全世界最便宜的旅游城市之一,其观光消费水平居于世界第72位,接近巴拿马城,比危地马拉便宜,更比中国香港便宜100%。

3. 注重主题宣传,打造产品品牌

澳大利亚从1992年至今,"梦幻时光(dream time)"主题促销活动开展了10年,已成功地举行了六届展销会,取得了极佳效果,使澳大利亚成为全球排名第四、亚洲和南太地区排名第一的会展旅游目的地。去年7月举办了第六届dreamtime展销会,给悉尼带来5 000万美元的收入。会后,来自世界各地的会展旅游团源源不断地涌向澳洲。

 思考练习

一、单项选择题

1. 一般来讲,旅游者对服务产品的评判主要通过直观体验和(　　)后进行横向比较得出。

A. 接受服务　　　　　　　　　　　B. 小道消息

C. 媒体宣传　　　　　　　　　　D. 主观判定
　2. 会展旅游服务部门为旅客选择饭店应(　　　)。
　　A. 从客户需求出发　　　　　　　B. 选择较高档次的饭店
　　C. 选择自然景观较集中处　　　　D. 其他
　3. (　　　)其布置为起居室在下,卧室在上,两者用室内楼梯连接。
　　A. 普通套间　　B. 商务套间　　C. 双层套间　　D. 豪华套间

二、多项选择题
　1. 会展旅游者最基本而必要的需求集中于(　　　)方面等。
　　A. 交通设施　　B. 用餐设施　　C. 办公设施　　D. 住宿设施
　2. 根据饭店市场及宾客特点分类,可分为(　　　)饭店。
　　A. 商务型　　　B. 长住型　　　C. 度假型　　　D. 会议型
　3. 根据餐饮服务的三个阶段,餐饮服务质量可相应地分为(　　　)。
　　A. 预先控制　　B. 现场控制　　C. 反馈控制　　D. 其他控制

三、判断题
　1. 星级划分不是以饭店的建筑、装饰、设施设备及管理服务水平为依据。(　　　)
　2. 餐饮服务是餐饮部员工为就餐客人提供菜肴。(　　　)
　3. 饭店为会展提供了第二会场。(　　　)

四、简答题
　简述会展旅游产品营销过程中的客户服务。

学习任务 3　奖励旅游的客户服务

本任务从奖励旅游的概念着手,介绍了奖励旅游的特点,简单讲述了奖励旅游的服务机构和奖励旅游客户服务的经营方法。

- 了解并掌握奖励旅游的概念和特点
- 了解奖励旅游服务机构及奖励旅游客户服务的经营方法

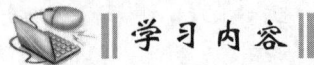
学习内容

奖励旅游在经济和社会发展中扮演着越来越重要的角色,市场潜力巨大。

一、奖励旅游的含义与特点

(一)奖励旅游的含义

国际奖励旅游协会的定义:奖励旅游是一种现代的管理工具,目的在于协助企业达到特定的企业目标,并对目标的参与人员给予一个非比寻常的假期,以作为鼓励,同时也是大公司安排的以旅游为一种诱因,以开放市场为最终目的的客户邀请团。

奖励旅游是现代企业管理的一个重要项目,是为了对优良工作业绩的员工以及相关客户进行奖励,增强员工的荣誉感,加强单位的团队建设,密切客户关系,以公费的形式组织员工和客户进行的旅游,已经成为企业促进业务发展、塑造企业文化的重要手段。

可以从以下几方面来理解和把握奖励旅游的含义:

(1)参加奖励旅游的对象应包含企业员工、企业产品经销商、企业品牌的忠实消费者,他们构成了参与的主体。

(2)奖励旅游作为一种现代的管理工具,是企业管理多样性的一种体现,其本质更可视为是对企业自身的一种奖励,而不仅仅是员工和客户,其真正的目的是树立企业形象、宣扬企业理念,并求最终达到提高企业的业绩,促进企业的发展。

(3)奖励旅游是现代旅游的一个重要项目,一般由专业机构承担全过程服务。提供奖励旅游服务的专业机构,有旅行社、旅游公司等,它们是奖励旅游具体活动的组织、安排与实施者。

(二)奖励旅游的特征

奖励旅游一般包含会议、旅游、颁奖典礼、主题晚宴或晚会等方面。在组织实施的活动中一般企业的高层都会出面作陪,和受奖者共商企业发展大计。并有可能是融入企业文化的主题晚会,增强员工荣誉感,加强企业团队建设。重要的是,通过连续开展奖励旅游促使员工积极性,刺激其业绩,从而形成良性的激励机制。奖励旅游除了具有普通会展旅游的特点之外,还具有以下特征:

1. 奖励旅游客户要求服务的档次、标准高

有能力进行奖励旅游的企业一般是实力较强、效益较好的企业。因此为了更好激励其员工参与项目,开展奖励旅游活动常常会以较高的标准来安排预算。不但在交通工具、住宿、餐饮等方面体现高档次,比如豪华饭店、大型晚宴、特殊的旅游线路等,而且在旅游活动内容、组织安排以及接待服务方面要求尽善尽美。奖励旅游通常是专业的旅游公司为企业"量身定制",使奖励旅游活动的计划与内容要与企业的经营理念和宗旨相融合,并随着旅游活动的开展逐渐体现出来。因此,对奖励旅游产品和设计公司都提出了较高的要求。

2. 奖励旅游活动集奖励员工和宣传企业形象于一身

奖励旅游中的一系列活动,如颁奖典礼、主题晚宴、企业会议、赠送贴心小礼物等,将企业文化、理念有机地融于奖励旅游活动中。

(1)奖励旅游是刺激员工积极性行之有效的方式

在奖励旅游的活动中,企业的高层人物出面参与,对于参加者既是一种殊荣,也将达到"寓教于游"的与众不同的效果,同时可以有效地调整企业上下层、企业与客户之间的关系,使受奖者有一种新的荣誉感,增强对企业的认同感、激励其更好地为企业服务。

(2)奖励旅游为企业与员工、企业与客户、员工与员工、客户与客户之间创造了一个比较特别的接触机会

参与者在旅游这种比较放松的情境中以朋友交流的方式相处,员工与客户不但可借此了解到企业与企业管理者富有人情味的一面,而且员工之间、客户之间也能加强彼此间的沟通有利于在客户中树立良好的形象,为今后开展工作和业务交流提供便利。

(3)奖励旅游本身就是企业实力的展示

一次较大规模的奖励旅游可视为企业的一次市场宣传活动。当奖励旅游的酒店大厅以醒目的企业标志,但凡进入酒店的客人将首先瞩目的是举办奖励旅游的企业,为奖励业绩优秀的员工,无形中展示了企业的实力和良好企业管理机制。

3.受季节性影响较小,利润较高

一些奖励旅游团在季节上一般都错开了旅游的旺季,填补了旅游公司、旅行社的淡季业务空白,有利于旅游公司人、财、物的平衡利用。由于奖励旅游团的档次高、消费能力较强,因而它带来的利润也比其他普通的旅游团高,目前已越来越受到旅游公司、旅行社的关注。

奖励旅游和员工旅游最大的不同是旅游花费来自企业利润。奖励旅游是激励员工工作热情的"维生素",旅途中穿插的主题晚宴及其他文化创意活动,传达着企业对员工或经销商的感谢与关怀,让每一位参与者都享受到贵宾礼遇,成为其生命中的经典之旅。

二、奖励旅游活动的客户服务

奖励旅游的客户服务除了适用一般旅游客户服务原则、遵守一般旅游客户服务要求之外,还有自身独特的客户服务经营之道。

(一)奖励旅游的经营机构

奖励旅游的经营机构包括专门经营奖励旅游的机构和航空公司的专门机构中,一般有三种经营奖励旅游的机构:全方位的旅游公司;单纯安排旅游的奖励旅游公司;旅行社的奖励旅游部。

(二)奖励旅游产品或客户服务活动的经营之道

1.从事奖励旅游服务要特别注重创新能力的提高

(1)奖励旅游产品项目的特点决定了创新的必要

奖励旅游之所以是高级旅游市场的重要组成部分,其与一般旅游活动的最大区别在于它针对企业"量身定制"和对受奖者提供"无限惊喜"。如果仅仅将奖励旅游设计成物质待遇的豪华,则无异于豪华旅游。它的特殊之处在于将企业文化有机地融于旅游活动中,要使参与者感受到奖励旅游不仅仅是一次旅游,更是一次荣誉至上的集团活动,这需要专业公司来精心设计和包装,对于主题选择、活动的安排都别出心裁,并从场地、节目的编排、现场气氛营造、餐饮服务等细节上让参与者感受到与众不同,留下难以忘怀的印象。

(2) 根据与客户保持长期合作关系的需要决定

企业安排奖励旅游不是一次性的活动,具有经常性和连续性,有实力的企业往往每年都有奖励旅游的计划。奖励旅游服务应基于与客户企业保持长期合作关系而展开。因此毫无新意的奖励旅游项目会使客户失去兴趣。

这些均需要旅游服务机构或服务工作人员具备独特的创新能力,以设计开发有亮点的奖励旅游项目。

2. 从事奖励旅游服务要注重知识化、专业化人才队伍的建设

奖励旅游服务需要独特的创新能力,而创新能力提高依赖于人才队伍的建设。奖励旅游业属于专业性、知识性很强的行业,因而人力资源是首位。由于奖励旅游的重点不仅在于接待,更在于"创意"。这种创意是要设计满足企业诉求的旅游产品,且在服务的过程中还需要根据参与者的特性进行二次"创作"。这要求奖励旅游专业服务人员不仅具备举办各种专业会议的知识和技能,而且还要懂得企业管理和企业文化。

3. 从事奖励旅游服务要注重适应市场变化,有效控制成本

奖励旅游是旅游业的一种特殊分支,更易受到外部经济、政治环境等因素的影响。例如,国际燃油价格的提高,航空票价上涨,国家经济政策的变化等,奖励旅游服务应根据环境的变化进行调整,采取措施使不利影响降低;根据顾客的个性化特征,加大旅游产品的开发,努力创造产品和服务的个性化风格。

另一方面,应该意识到有利润就会有竞争者存在,奖励旅游的综合效益高,客人的档次高,因而奖励旅游业内的竞争非常激烈,就要求在服务的各个环节都要注意成本的控制,加强经济核算。

4. 奖励旅游服务机构要与星级酒店、航空公司以及高铁票务代理商等建立良好稳定的合作关系

奖励旅游的服务除了旅游服务的专业公司之外,星级酒店、航空公司以及高铁票务代理商也是奖励旅游活动的主要载体,它们提供服务的质量影响着整个奖励旅游服务的质量。因此,和相关合作者建立稳定的长期关系非常重要。

拓展提高

美国企业奖励旅游经典案例:30 名葡萄酒行家沉醉意大利

企业:美国 Harris Teeter 公司
时间:2007 年 4 月 13 日~23 日
奖励旅游内容:意大利北部和中部葡萄酒乡旅游
奖励人数:30 人
委托旅游公司:梦幻意大利旅游公司【Dream Italy——一家意大利旅游公司(编者注)】

简介

美国 Harris Teeter 公司是一家拥有 155 家大型零售商店、18 000 名员工的、美国东部最大的高端食品连锁集团。公司每年的葡萄酒业务都超过了 16 亿美元。为褒奖葡萄酒部门最优秀的雇员,HT公司安排了一次特殊的奖励旅游——意大利葡萄酒之旅,同时也为葡萄酒部门寻找新的合作伙伴。

HT公司原本准备的奖励旅行是500人,但如此大规模的团队很难真正体验葡萄酒之旅的美妙,难以针对受奖励员工做到量身设计的特殊旅行,不能让每一位团员的体验终生难忘。酒庄体验、城堡入住和私人晚宴等活动的安排,都必须要求是小规模团体,才能让参与者感到尊贵感。

梦幻意大利旅游公司在接到客户意向后,进行估量商议,最后拒绝了大团队订单,劝说HT老板从原有500人的团队中精选出30名最优秀者,参加这次深度的醉酒之旅。此次活动的整个行程,是旅游公司在对HT公司的了解下,根据HT公司性质和奖励旅游目的而设计的,真正做到了量身定制。

10天的行程中,旅游公司为团员精心挑选了城堡酒庄,每个酒庄都以不同的葡萄酒、酿造工艺和建筑特色闻名。此外,还安排了两晚市中心的酒店间差其中,为的是让团员对于城堡的住宿更加印象深刻。每餐的菜式与葡萄酒都是精心搭配。除了大型酒庄,还安排了小村庄里的特色餐厅,他们都有自家酿造的葡萄酒,别有风味。

为了给所有团员一次铭记一生的旅游体验,旅游公司安排了一场属于HT的私人城堡酒会,并用直升机将所有的团员运送至酒会举办地:Castello Banfi(班菲城堡)。

行程安排

奖励团成员从美国费城出发到达米兰国际机场,令所有人吃惊的是,在机场迎接他们的不是导游,而是旅游公司的CEO。作为葡萄酒领域的资深专家,他一路为成员解释意大利的葡萄酒文化,豪华奔驰大巴车身上是葡萄、水晶杯、城堡酒庄的图案和HT公司的标志,在所有人的注视中开往Verona(维罗纳)——罗密欧与朱丽叶的故乡以及意大利最重要规模最大的国际葡萄酒与烈酒展Vinitaly的举办地。两者加在一起造就了Verona醉人而浪漫的魅力。

成员受到Andrea Sardori——Sardori酒庄庄园主的热情拥抱,Parmigiano工厂主人的热情款待,还有Gabbiano城堡、利奥那多·达·芬奇酒窖、Monterutoli酒庄……。

组织方为团员安排了浪漫的Verona之旅,在朱丽叶的窗下品尝葡萄酒;充满艺术气息的佛罗伦萨之旅,在米开朗琪罗的大卫雕像前驻足惊叹;感受历史沉淀的罗马之旅,卡拉卡拉浴场、古罗马竞技场、数之不尽的古迹,做客美国大使馆;以及托斯卡纳静谧安详的美丽小镇,尝试最传统的托斯卡纳美食,品尝家酿的葡萄酒。

团员体验的声音

意大利这个国家,从北到南,从丘陵到山区,甚至在那些特别小的海岛上,葡萄树就是特有的一道风景,葡萄酒是意大利每处阳光和土壤赐予他们的琼浆,让我们艳羡不已。

在整个行程中,组织者的安排无可挑剔。出发前我们每人收到来自梦幻意大利的CEO,Giorgio Dell'Artino的邮件,告诉我们应该准备的衣服,并注明男士带上一套西服,女士需要一套晚礼服,告知我们每个住宿城堡和酒店的设施。并附上一份无比精美详尽的10天行程,里面甚至有所有地点的联系方式。在米兰机场,一个高大英俊的意大利男人展开双臂迎接我们,诧异半天,才知道是Giorgio本人。

10 天的葡萄酒旅,让所有人都沉浸在醉人的气息中,而最让我们难忘的便是班菲城堡的特殊安排。清晨我们在托斯卡纳醉人的空气中醒来,一杯卡布吉诺和美味的牛角面包后我们开往 Montalcino 镇。在专业品酒师的陪同下,我们步行参观了班菲独特的酒杯、酒瓶博物馆、酒窖、品酒屋,然后,私人直升机将我们送上天空,以最为完美的方式俯瞰班菲近 3 000 公顷的葡萄庄园。灰品乐(Pinot Grigio)、霞多丽(Chardonnay)、常相思(Sauvignon Blanc)、赤霞珠(Cabernet Sauvignon)、美乐(Merlot)、西拉(Syrah),这些国际知名的葡萄品种在这儿应有尽有。天空暗淡成琥珀色,行程在我们的惊呼中结束。螺旋桨产生的风让所有女士裙脚飞扬,缓缓走下直升机,沿着红地毯走向班菲城堡,我们的私人晚宴正式开始。历史古堡,微微清风,美酒醇香,音乐奏响,所有人都沉醉在这场迷人的晚宴中忘乎了自我。

旅程结束后,我们在订单中除了对 Banfi、Gallo、Palm Bay 的继续,还增加了新的进口品牌 Fosters。

评价

HT 公司 HR 经理评价说:"此次行程设计非常独特,每位团员都有着深切的体验,而且整个过程没有任何担忧和劳累,组织方已经为我们做好了所有详尽的安排。从行程结束的那天,我们就开始期待着下次旅行。"

梦幻意大利旅游公司的 CEO Giorgio 也说道:"行程的每个细节我们都经过深思熟虑,力求带给客人最完美的尊贵感。当客人告诉我这是他们此生体验过的最难忘的旅行,尤其是古堡晚宴和直升机酒庄体验,我们觉得一切努力都是值得的。"

思考练习

单项选择题

一般情况下,参加奖励旅游的对象除了企业员工和部分经销商外,还有(　　)。

A. 企业品牌的忠实消费者　　　　B. 媒体记者
C. 主管部门代表　　　　　　　　D. 一般消费者

单元要点归纳

【本项目知识框架图】

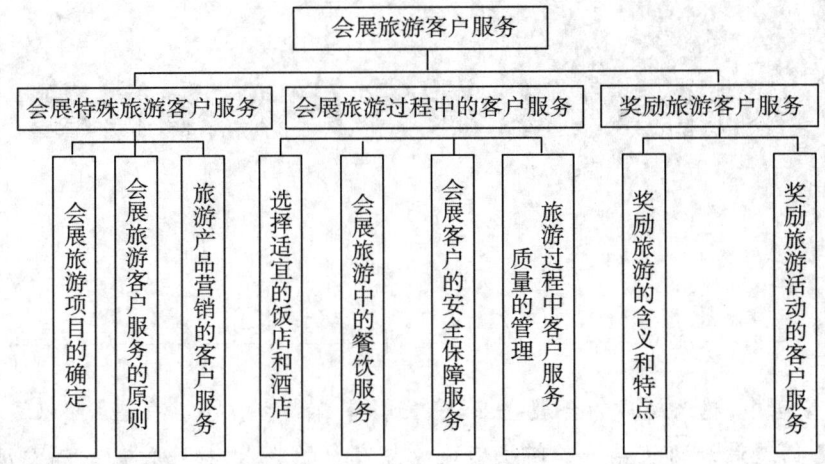

【关键概念】

奖励旅游、旅游产品、会展旅游服务原则、饭店服务

项目六　会展客户关系管理

单元概述

在市场竞争中,越来越多的会展企业认识到,完善的客户关系管理,可以极大地吸引客户,为自己创造最好的效益。如何快速地响应客户的要求,提高他们的满意度;如何留住老客户,与其建立长久、紧密的相互关系;如何吸引新客户、潜在客户,使他们转变为老客户。本项目单元从客户关系管理的概念和特点入手,介绍什么是客户关系管理,会展客户关系管理的内容以及会展企业运用CRM的步骤,同时介绍会展客户服务人员工作描述等,这些是现代会展企业进行科学、有效的会展服务的重要内容。

单元目标

- 了解客户关系管理系统的概念,理解会展旅游客户关系的内容
- 熟悉会展客户信息的收集与整理
- 掌握会展客户的分类管理方法
- 认识会展服务咨询中心的作用
- 了解会展增值服务的内容

学习任务 1　客户关系管理概述

本任务从客户关系管理的概念着手,介绍了客户关系管理系统包括的企业组织分析、客户分析和信息交流等内容。

- 了解并掌握客户关系管理的概念
- 理解客户关系管理系统的概念
- 初步掌握客户关系管理的内容

一、客户关系管理的含义

早在20世纪50年代,随着营销观念的引入和消费者心理学的研究,"一切为了客户,让客户满意"就已成为欧美大型企业经营的基本观念之一。在这一时期,对客户关系的重视只是企业经营的一种指导思想、经验观念。企业仍然将管理的重心放在对利润的追求上,企业的生产经营基本上是围绕产品的制造、销售、质量、成本而展开,这是一种以产品为中心的"内视型"的管理模式。

从20世纪80年代到90年代初,随着科学技术的飞速发展和市场竞争的日益激烈,欧美发达市场上产品之间的差异越来越小,仅靠产品差异已不足以获得足够的竞争优势,如何获取新的竞争优势,成为每个管理者都在思考的问题。在产品的质量、价格、成本无潜力可挖时,企业想到了客户,认识到客户是企业的宝贵资源,如何赢得客户开始称为他们关注的焦点。管理学者也在研究中发现了客户关系的重要性,提出了客户关系管理,并将其用于指导企业的经营管理。在此期间,客户关系管理理论得到不断丰富和发展。

在残酷的市场竞争中,一些企业深刻地认识到客户对企业生存、发展的重要性,开始将关注的焦点从内部——产品,转移到外部——客户上,逐渐形成了以客户为中心的"外视型"的管理模式。

对比两种管理模式可以看到,以产品为中心的管理模式强调4P要素:产品(Product)、促销(Promotion)、分销渠道(Place)、价格(Price);而以客户为中心的管理模式强调

4C要素：重视消费者的需求和欲望（Customers needs and wants），与消费者沟通（Communication with customer），方便消费者购买（Convenience to buy），价格和价值能满足消费者的需求和欲望（Cost and Value to satisfy customer's needs and wants）。在业务流程方面，以产品为中心的管理模式是以生产推动销售的过程，即根据企业的生产工艺条件生产产品，再将其销售给客户。而以客户为中心的管理模式则是由客户的消费偏好拉动生产的过程，即根据客户的消费偏好，设计出客户喜欢的产品，再将其投入生产，进行销售。简而言之，以客户为中心的管理模式是这样的：企业的产品设计、生产、销售、服务都围绕客户的需求进行，企业的各种经营活动都是为了提高客户满意度、忠诚度。

以客户为中心的管理模式在20世纪90年代初得到企业广泛认可。人们在认识到它的重要性的同时，在实践中也逐渐发现一些难以解决的问题阻碍着以客户为中心的管理模式的进一步发展。比如，营销、销售人员无法跟踪众多复杂的客户；销售人员、营销人员、服务人员拥有的关于客户的资料常常不一致；企业缺乏与客户进行及时的双向沟通的渠道；销售经理不知道下面的销售人员都给客户承诺过什么；其他推广或售后服务人员无法获得某个客户的购买爱好；发生数据丢失，等等。这些问题一直困扰着那些坚持以客户为中心的管理者，他们希望能寻找到问题的突破口。而20世纪90年代的计算机、网络、通信技术的发展为上述问题提供了解决的最好途径——基于信息技术的客户关系管理（Customer Relationship Management，CRM）。

尽管不同时期、不同角度上的CRM的表述上各有不同，但其共性内容可以归纳为：CRM（Customer Relationship Management）是以客户为中心，以先进的管理理念及信息技术、网络技术为手段，通过优化与客户相关的业务流程，实现电子化、自动化运营目标，从而不断提升客户满意度和提高企业效率、效益的现代经营管理理念和经营方法。它不仅是一种具有可操作性的管理方法和管理技能，更是一种企业管理理念，同时也是一种以信息技术为手段，有效地提高企业收益、客户满意度、雇员生产力的管理软件。它要求以客户为中心的商业哲学和企业文化来支持有效的市场营销、销售与服务流程，为企业实现有效的客户关系管理。现在，CRM正日益成为国际市场新宠。

二、客户关系管理系统

（一）客户关系管理系统的含义

客户关系管理系统的含义是指："企业通过与顾客充分的交流来了解及影响顾客的行为，以提升顾客的获取率、顾客的留住率、顾客的忠诚度以及顾客的获利率的一种经营模式"；"CRM是企业从各种不同的角度来了解及区别顾客，以开发出适应顾客个别需要的产品和服务的一种企业程序与信息科技的组合模式，其目的在于管理与老顾客的关系，以使他们达到最高的忠诚度、留住率与利润贡献率，并同时有效地吸引新顾客"。这个定义包含了如下三层含义：

第一，CRM体现为新态企业管理的指导思想和理念。企业将在CRM理念指导下，创新并建设以客户为中心的商业模式，通过整合企业内外资源，集成并应用CRM管理系统，确保企业利润增长和客户满意的实现

第二，CRM是创新的企业管理模式和运营机制，它旨在通过改善与客户的关系，提高

企业营销、销售、服务等与客户密切相关业务的效率和效益。企业建立和应用客户关系管理系统,在动态运营中就可以及时识别发生于企业产品、服务与客户间的交互关系,使营销、销售以及决策等诸多业务领域形成彼此协调、互为支持的全新局面。

第三,CRM是企业管理中信息技术、软硬件系统集成的管理方法和应用解决方案的总和,它既是帮助企业组织管理客户关系的一系列信息技术、方法和手段,又是运用信息技术对企业涉及销售、营销等业务流程自动化的软件乃至硬件系统。

事实上,客户关系管理并不是全新的概念,在计算机、网络技术发展的今天,它被赋予新的内涵,客户关系管理的核心仍是以客户为中心的管理模式。

(二)客户关系管理系统的内容

1. 企业组织分析

通过行业与企业组织分析,明确企业在行业中的地位,企业有什么样的资源可以利用,能够向客户提供什么样的产品和服务。在整个企业组织范围内建立以客户为中心的企业文化,在产品与服务质量功能上满足客户的需要,使得客户在购买任何产品和服务时,减少风险;在产品与服务的快递上、售后服务与技术支持上,以至于经济利益、社会和心理方面充分考虑客户的实际要求,实实在在追求客户满意度。总而言之,通过企业组织的分析,找到自己的长处,通过企业内部以及客户关系的管理,从理念上以及实际流程中建立与完善各项功能。

2. 客户分析

该项工作主要分析谁是企业的客户,这些客户的基本类型,个体消费者、中间商和制造商客户的不同需求特征和购买行为,并在此基础上分析顾客差异对企业利润的影响等问题。在对客户群体分析的基础之上,找到企业组织的目标客户。

3. 信息交流

它是一种企业与客户双向的信息交流,其主要功能是实现双方的互相联系、互相影响。从实质上说,客户关系管理过程就是客户交流信息的过程,实现有效的信息交流是建立和保持企业与客户良好关系的途径。一方面,企业组织通过现代技术手段,及时将企业产品与服务信息提供给客户,给客户以技术支持与良好的售后服务,另一方面从客户那里收集到重要的信息。客户反馈是一种重要的信息交流,客户反馈对衡量企业承诺目标实现的程度、及时发现在为客户服务过程中的问题等方面具有重要的作用。投诉是客户反馈的主要途径,如何正确处理客户的意见和投诉,对于消除客户不满,维护客户利益,赢得客户的信任都是十分重要的。

4. 建立良好的客户关系,保留与吸引客户

企业组织提供多种营销与销售渠道来满足客户对自己的要求,同时企业组织通过多种渠道,识别客户行为的变化及其特征,并经常进行客户关系情况分析,评价关系的质量,采取有效措施;还可以通过建立客户组织等途径,保持企业与客户的长期友好关系。客户关系管理是一个循环的过程,在这个循环过程中,第一,企业组织可以给客户留下长期的良好影响,巩固与客户的关系;第二,企业组织根据环境的变化,及时调整公司的营销战略;第三,建立高质量的客户知识库。

拓展提高

实施 CRM 的六条忠告

忠告之一:CRM 不是技术,仅靠计算机、硬件解决不了企业的客户关系问题,与客户打交道还是要靠人。

忠告之二:CRM 需要软件商和应用企业的共同参与,才能解决客户关系管理问题。

忠告之三:派一个掌握公司全局情况的人参与实施 CRM。

忠告之四:实施 CRM 不仅仅是销售或售后服务部门的事,而应该站在企业全局的角度对待。

忠告之五:实施 CRM 不会是一劳永逸,要为未来的应用拓展留有余地。

忠告之六:实施 CRM 宜早不宜晚。

思考练习

一、单项选择题

从 20 世纪 90 年代开始,企业开始将关注的焦点从内部——产品转移到外部——客户上,逐渐形成了以(　　)为中心的"外视型"的管理模式。

A. 产品　　　　　B. 客户　　　　　C. 服务　　　　　D. 质量

二、多项选择题

1. 客户关系管理包括以下哪些内容?(　　)

　A. 企业组织分析　　　　　B. 客户分析
　C. 信息交流　　　　　　　D. 保留与吸引客户

2. 进入 21 世纪后,我国(　　)等行业,率先导入 CRM。

　A. 电信　　　　　B. 会展　　　　　C. 银行　　　　　D. 保险

三、简答题

什么是会展企业客户关系管理?

学习任务 2　会展客户关系管理

 任务概述

本任务从会展客户关系管理的概念着手,介绍了会展客户关系管理的目标和作用,讲述了会展客户关系管理系统的构成,简略介绍会展企业客户关系管理设计方法。

**任务目标**

- 了解并掌握会展客户关系管理的概念
- 理解会展客户关系管理的目标和作用
- 熟悉会展客户关系管理系统的构成
- 了解会展企业客户关系管理设计思路和方法

学习内容

一、会展客户关系管理的含义

进入21世纪后,我国银行、保险、电信、电脑、旅游、民航等行业率先导入CRM,利用专业化的Call Center(语音服务中心)为客户提供免费咨询,以此提高企业的客户服务质量,强化专业化的售后与咨询服务,吸引和留住客户,提升客户对品牌的忠诚度。在会展业方面,会展客户关系管理就是在全面了解客户的基础上,通过办展机构内部的资源整合和对客户提供创新服务,与客户建立互利、互信和合作双赢的关系来促进展会长期稳定发展,科学制定改善客户关系管理的方法,将会直接体现在展会较高的赢利机会上。

随着会展业市场竞争越来越激烈,人们越来越意识到与客户建立和保持长期良好和稳固的合作关系的重要性。会展业所实施的管理链中,客户管理是至关重要的一环。当前,国内会展业逐渐同质化,竞争日趋白热化,大部分展会每年都有平均高达25%(有些展会更高)的客户流失。这不仅由于现阶段我国会展企业客户关系管理混乱,还在于业界尚未充分重视客户流失的影响,导致一些成功的展会逐渐失去了竞争优势。

会展业有两大特点,一是中小型企业占主体(以展览公司或场馆的员工组织规模);二是对客户(参展商与贸易商)的服务面广。当一个展会项目规模不大时,会展企业面对的客户群很有限,企业可以对客户的个性化要求全力满足。然而随着客户数量的增加,简单的记忆和初级客户资料会透支企业的处理能力,每个业务人员无法有效地分享客户的信息与资源和准确地把握每一个客户的需求,会展企业管理能力的削弱无疑将导致企业失败出局,会展业重新洗牌将在所难免。因此,会展企业要通过对客户进行有效管理,与他们建立良好的关系,将老客户变成企业的忠实客户,将潜在客户变成企业的真正客户,促进会展的发展。应用CRM的意义不仅是实现管理水平的质变,更重要的是,它赋予企业把握稍纵即逝的市场机会的能力,而这将成为未来左右会展企业成败的力量。

会展客户关系管理是为会展组织者提供全方位的客户视角,赋予它更完善的客户交流能力和最大化的客户收益率所采用的方法。

> 小贴士
>
> 当客户保有量从75%提高到80%,或者从85%提高到90%时,企业的赢利能力将会有20%~25%不同比例的提高。
>
> ——佩因《CRM:不是一个项目,而是一项策略》

可以通过以下两个角度来理解会展客户关系的概念:

1. 会展客户关系管理是以客户为资产的管理理念

普通意义上的资产是指厂房、设备、现金、股票、债券、技术、人才等,然而这种划分资产的理念是闭环式的,而非开放式的。因为这些都只是产品价值得以实现的部分条件,而非完全条件,其中缺少的部分就是产品价值实现的最后阶段也是最重要的阶段,这个阶段的主导者是客户。会展企业作为非物质性生产型的服务型企业,更需要客户为企业资产进行管理。

2. 会展客户关系管理是以更广泛内容为对象的营销整合

会展企业面对的客户不再是用实物产品就能满足的客户,而是那些想通过展会提供的服务获得更多市场份额的参展商和贸易商。会展企业满足客户期望的难度更大,因而,从营销的角度来看,会展客户关系管理打破了西方传统的以4Ps为核心的营销方式,将营销重点从客户需求进一步转移到客户保持上,保证会展企业把有限的时间、资金和管理资源直接集中在这个关键任务上,实现了对客户的整合。

二、会展客户关系管理的内容

(一)会展客户关系管理的目标和作用

1. 会展客户关系管理的目标

会展客户关系管理的目标是实现展会与客户之间合作共赢的基础。展览的客户关系管理和观众信息管理是展览行业目前越来越重视的问题。客户关系管理贯穿于招展、展中现场、展后服务全过程。展前的观众组织要利用行业数据库。展中则利用数据库对参展商现场合同及收费管理,并进行展览观众信息登记,要利用最新的OCR(Optical Character Recognition)识别技术和PDA(Personal Digital Assistant)等技术为展览观众登记提供最准确的服务,观众数据的质量是数据能否实用的根本。展会的观众和参展商回访和反馈、分析也是非常重要的,利用数据库对观众分类,挖掘潜在参展商。

2. 会展客户关系管理的作用

会展客户关系管理的作用主要体现在两方面。一方面,对办展机构来说,实施会展客户关系管理不仅可以为展会赢取新客户,赢返流失的客户和识别出新的群体,从而增加展会拥有的客户数量;而且可以通过培育客户对展会的忠诚度,挽留和发展有价值的客户并减少客户流失,发展与客户的长期合作关系,为展会赢得更多的长期稳定客户;还可以通过有针对性的个性化服务来提高现有客户的购买数量,扩大展会的展位销售和增加观众。另一方面,对于客户来说,展会的各种个性化服务手段可以满足自己的特殊需求,增加自己的参展效果,实现自己贸易成交、收集信息、产品发布或产品展示等具体目标。只有实

现展会与客户的合作共赢,会展企业与客户的关系才会牢固,展会才能长盛不衰。

（二）会展企业客户关系管理(CRM)系统的功能构成

一套 CRM 系统大都具备市场管理、销售管理、销售支持与服务和竞争对象记录与分析的功能。

1. 会展企业市场管理
- 现有客户数据的分析;
- 提供个性化的市场信息;
- 提供销售预测功能。

2. 会展企业销售管理
- 提供有效、快速而安全的交易方式;
- 提供订单与合同的管理。

3. 会展企业销售支持与服务
- 呼叫中心服务(Call Center Service);
- 订单与合同的处理状态及执行情况跟踪;
- 实时的发票处理;
- 提供产品的保修与维修处理;
- 记录产品的索赔及退货。

4. 会展企业竞争者分析
- 记录主要竞争对手;
- 记录主要竞争产品。

一套 CRM 集成系统的功能构成与企业后段的供应链管理紧密相关,正如图 6-1 所示。只有这样才能保证 CRM 系统中每一张订单能够在保证利润的前提下有效及时地得到确认并确保执行。

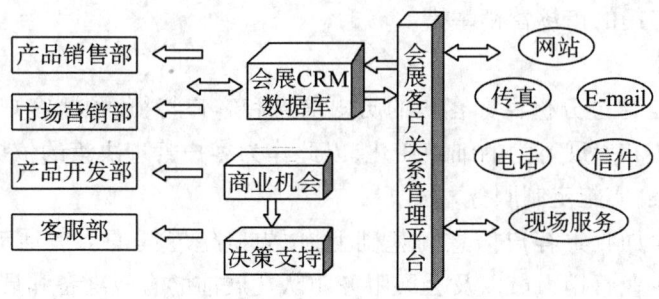

图 6-1　会展 CRM 功能结构图

（三）会展企业 CRM 流程设计

CRM 是一个通过积极使用和不断从信息中学习,从而将客户信息转化为客户关系的循环过程。这一流程的实施从建立客户知识开始,直到形成高影响的客户互动。其间需要会展企业采用各种策略,建立并保持与客户的关系,进而形成客户忠诚。会展企业的 CRM 流程如图 6-2 所示,主要包括以下环节:收集客户信息,制定客户方案,实现客户互动和分析客户反映,然后进入下一循环。

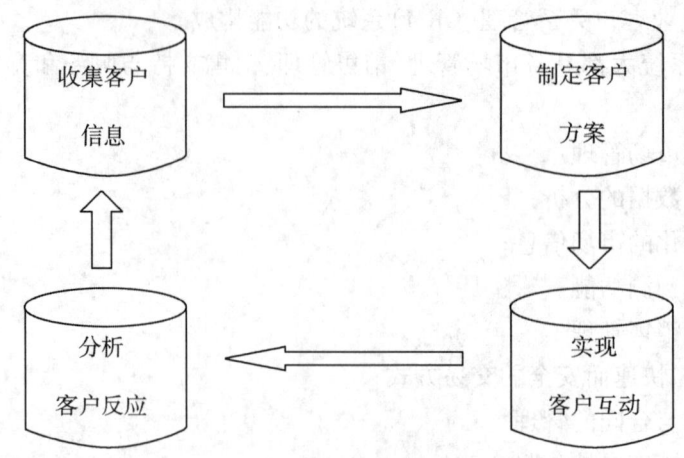

图6-2 会展企业 CRM 流程示意图

1. 收集客户信息,发现市场机遇

会展企业客户关系管理流程的第一步是分析会展市场信息以识别市场机遇和制定投资策略。它通过客户识别、客户细分和客户预测来完成。

(1)客户识别

会展客户识别即在广泛的客户群体中,通过从各种客户互动途径包括因特网途径、客户跟踪系统、呼叫中心档案等收集详尽的数据,并把它们转化成为管理层和计划人员可以使用的知识和信息,使其从中识别出有参展需求的客户。

(2)客户细分

通过集中有参展需求的客户信息,会展企业可以对所有不同需求信息之间的复杂关系进行分析,按照需求差异进行客户市场的细分,根据展会的主题定位,从中选择某单一客户需求群体进行专门的市场营销举措。

(3)客户预测

会展客户预测是通过分析目标客户的历史信息和客户特征,预测客户在本次会展活动中可能的服务期望和参展行为的细微变化,以此作为客户管理决策的依据。

2. 制定客户方案,实施定制服务

这一流程是在全面收集客户信息的基础上,预先确定专门的会展活动,制订服务计划。从而加强会展企业营销人员以及会展服务团队在展前的有效准备和展中的针对性服务,提高会展企业在客户互动中的投资机会。在这一过程中会展企业通常要使用营销宣传策略,向目标客户输送展会各项服务的信息,以吸引客户的注意力。

3. 实现客户互动,追踪需求变化

这是会展企业借助及时地信息提供来执行和管理客户关系的关键性阶段,要使用各种各样的互动渠道和前端办公应用系统,包括客户跟踪、销售应用、客户互动、客户接触应用等部分。通过与客户有效地沟通联系,掌握参展商的需求变化以及展后的感受评价,从而不断完善客户方案。

案例分析

展品错运目的地后

应古巴商会主席卡洛斯·玛纳斯先生的邀请,由上海某展览公司承办,组织上海轻工文教用品、纺织服装、食品等企业参加了于1997年6月23日至29日在古巴圣地亚哥举办的"第六届古巴加勒比国际博览会",上海作为中国的代表第一次参加该博览会。上海的床上用品、服装、食品、抽纱制品、轻工文教用品、长毛绒玩具等展品在古巴亮相,受到古巴当地官员和市民的青睐。古巴外交部长、圣地亚哥省委第一书记、古巴商会主席、圣地亚哥省长等专程到上海展位参观,对上海产品的款式新颖、布展精细赞不绝口。古巴东部五省省长联名在上海展位的留言簿题字"中国展品给展览会增色不少,感谢你们给古巴带来了精美展品"。在本次参展取得重大成功的背后,发生了不少事情,其中展品错运尤其让人觉得惊心动魄。

"兵马未到,粮草先行",这是办展、参展的惯例。根据航程,上海至古巴圣地亚哥港需要两个月时间。为确保展品的安全到达,承办单位位于1997年3月中旬将装有展品和特装的20呎集装箱从上海港起运,两个半月过去了,对方尚未见到集装箱到达。由于时差,承办单位派专人连续一个多星期在晚上上班跟踪,直至6月初即出运两个半月后,才得悉该集装箱由于唛头书写不清被错运到了智利的圣地亚哥。

在上海展品面临不能如期到达的危机时,承办方上海某展览公司立即成立危机处理小组,并制订了一系列方案。目标是必须在6月23日前将展品运送到位。按照这个目标,对以下三个方案进行了可行性研究:

第一方案:考虑将已停留在智利圣地亚哥港的集装箱继续转托到古巴圣地亚哥。经与当地航运部门联系,尽管古巴与智利同在南美地区,但根据当时两地航线情况,半个月完成转运工作把握性不大。

第二方案:在上海重新组织展品,由展团人员随机托运。但随机托运的重量航空公司有控制,随机托运的展品只能撑展台门面,体现不出上海产品的水平,且停留在智利的展品会浪费。因此该方案可行,但不能满足展览会要求,且会发生原展品损失的危险。

第三方案:将停留在智利的集装箱化整为零,展品作为零担托运,特装用的灯箱等大件布展用品留在智利,待后处理。

经过对上述三个方案综合比较分析,认为第三方案较为合理,且较易操作,在经济损失方面也是最小的。方案确定后,上海某展览公司采取以下三个方面的应急措施:必须寻找到中国在智利熟悉航运的机构,经努力联系,找到了上海某某公司在智利的代表处,并授权委托该代表处开启集装箱,将展品作为零担托运到古巴圣地亚哥,大灯箱等特装设备不能零担的由代表处保管;取消原设计方案,选用灵活轻便的桶式便携展具代替特装展;为保险起见,提前一周派先遣队,并将特装用的桶式便携展具随机托运。

由于应急措施的成功,上海展团准时参展,并取得预想的效果。

思考:

1.根据资料,请分析在本次出展运输工作中,从承办方身上我们能得到什么经验教训?

2.展览行业的业务运营有什么特点?当危机出现时,上海展览公司采取了什么措施应对?

4.分析客户反应,改善客户关系

通过与客户的互动,会展企业通过收集和分析数据,理解客户对企业各项措施所产生的反应,为改善下一个CRM流程提供依据,从而不断改善会展企业与客户之间的关系。

 拓展提高

香港贸易发展局建立厂商资料库

香港贸易发展局通过建立一流的厂商资料库,根据不同专业将厂商分类,平时不定期沟通,及时获取客户需要的新资讯。举办会展时,向相关厂商及时传送信息,并发出邀请,送获邀厂商条码磁卡,凭卡入场。既保持了与客户的联系,又提高了参展者的质量。同时在展会结束时,会展企业还根据客户档案与客户沟通,请专业人士对参展的观众进行分析,并把专业信息数据传达给参展商,并不断根据客商反馈提高质量。

资料来源:孟凡胜《会展客户关系管理》

 思考练习

一、单项选择题

1.会展业有两大特点,一是( );二是对客户(参展商与贸易商)的服务面广。

A.许多小客户　　　　　　B.许多大客户

C.中小型企业占主体　　　D.客户群很有限

2.只有实现展会与客户之间的( ),会展企业与客户的关系才会牢固。

A.赢取新客户　　　　　　B.赢返流失的客户策划依据

C.识别出新的群体　　　　D.合作共赢

二、多项选择题

1.一套CRM系统一般具备( )等功能。

A.市场管理　　　　　　　B.销售管理

C.销售支持与服务　　　　D.竞争对象记录与分析

2.会展企业的CRM流程包括以下哪些环节?( )

A.收集客户信息　　　　　B.制定客户方案

C. 实现客户互动　　　　　　　　D. 分析客户反应

三、判断题

1. CRM 只是一种以信息技术为手段,有效提高企业收益、客户满意度、雇员生产力的管理软件。(　　)
2. 应用 CRM 的意义,更重要的在于实现管理水平的质变。(　　)
3. 会展企业是会展客户关系管理的目的,是实现展会与客户之间合作共赢的基础。(　　)

四、简答题

简述会展企业 CRM 流程设计内容。

学习任务 3　会展 CRM 的实施

任务概述

本工作任务介绍了会展客户信息收集、整理和分析的方法,以及旅游中的餐饮服务,讲述了如何建立会展客户关系管理信息系统的主要功能模块,最后初步介绍了针对会展客户关系管理信息系统的绩效评价方式、方法。

任务目标

- 熟悉会展客户信息收集、整理和分析的方法
- 了解会展客户关系管理信息系统的主要功能模块
- 初步了解会展客户关系管理信息系统的绩效评价方法

学习内容

一、会展客户信息的收集

（一）会展客户信息收集的方式

企业收集信息的方法很多,常用的信息收集方法如表 6-1 所示。企业可自行收集客户信息,也可从公共渠道取得客户信息,还可委托专业资信调查机构收集客户信息。

1. 自行收集客户的信息

大多来源于客户自身或者自己推荐的机构和人员。由于客户倾向于提供对自身有利的信息而回避对自身的不利信息,加上企业本身的客户资信调查人员并非专业人士,造成收集的信息客观性相对较差。但是这种信息来源渠道的好处是不必花费额外的费用,信

息收集工作在日常接触过程中就可以顺便进行。

2.通过公共信息渠道收集客户信息

以下一些渠道有可能提供获得最初步的客户信息：
- 上届展览会的会刊
- 展会专设网站
- 行业资讯媒体
- 正在服务客户的参展商手册和平面图

3.通过专业机构收集客户信息

(1)数据公司

数据公司专门收集、整合和分析各类客户的数据和客户属性。专门从事这一领域的数据公司往往与政府及拥有大量数据的相关行业和机构有着良好而密切的合作关系。一般情况下，这类公司都可以为营销行业提供成千上万的客户数据列表。在北京、上海、广州、深圳等国内大城市，这类公司发展非常迅速，已经开始成为数据营销领域的重要角色。

(2)目录营销与直复营销组织

这类组织直接给消费者打电话或邮寄产品目录。只要有合适的价格或目的安排，许多这样的公司都愿意分享他们的数据列表。

(3)信用卡公司

信用卡公司保存有大量的客户交易历史记录，这类数据的质量非常高。

(4)信用调查公司

在国外有专门从事客户信用调查的公司，而且这类公司一般愿意出售这些客户的数据。

(5)专业调查公司

在消费品行业、服务行业及其他一些行业中，有许多专注于产品调查的公司。这些公司通过长期的积累和合作，通常积累了大量的客户数据。

(6)相关服务行业

可以通过与相关行业有大量客户数据的公司进行合作或交换的方式获取客户数据。这类行业包括：通信公司、航空公司、金融机构、旅行社等。

(7)政府机构

官方人口普查数据，结合政府资助的调查和消费者研究信息都有助于丰富客户数据列表。政府的行政机关和研究机构往往也有大量的客户数据，如公安户政部门的户政数据、税务机关的纳税信息、社保部门的社会保险信息等。

尽管国内数据营销的社会基础并不十分完善，但仍有很多的机会找到并获取相关的客户数据。这些数据一般都要通过购买、租用或是合作的方式来获取。

表 6-1　　　　　　　　　　　常用信息收集方法一览表

信息收集方法	特征
统计资料法	主要方法,借助各种原始记录收集资料,资料分散,需汇总整理
观察法	由营销人员实地观察取得,信息来源直接,无主观色彩
会议现场收集法	通过学术报告会、经验交流会等会议现场收集
阅读法	通过阅读报刊、图书等信息传播媒介收集信息
视听法	通过电视、广播等信息传播媒体收集信息
多项沟通法	通过建立信息联络网,在相关单位或部门间互通情报的信息交流方法
聘请法	聘请企业外部人员为企业收集信息
购买法	向信息中介公司有偿取得资料的方法
加工法	按需要汇总基础数据加工形成有用信息的方法

二、会展客户信息的整理与分析

（一）会展客户信息的整理

当会展企业已掌握了大量的客户信息以后,就必须从中发现对销售活动有价值的信息,然后对发现的信息进行加工、分析,并将其有效地运用到销售活动中。这种信息收集和分析处理的方法就是信息的整理。

1. 会展客户信息的人工整理方式

客户信息整理标的内容各式各样,以下仅简单介绍常用表格。

（1）反映客户基本情况的整理表

反映客户基本情况的整理表一般有客户等级分类表、客户分布表、客户构成分析表等。这些表格主要用来反映客户的地区分布、等级和对企业营业额的贡献,是企业细分市场的最直接依据。表 6-2 是按客户销售额资料分类的客户分布状况表,反映不同销售额的客户在地区上的分布状况,是企业确定推销策略的基础。

表 6-2　　　　　　　　　　　客户分布状况一览表

年度	地区	客户数量	销售量		备注
			金额	比重	

（2）反映客户特征的整理表

反映客户内部组织机构、相关管理制度和管理层员工情况的表格,如客户情况报告书、客户经营分析表等。表 6-3 是反映客户法人代表能力、经验和性格的整理表,它对企业开拓市场、接近客户起着指导作用。

表 6-3　　　　　　　　　　　　　客户经营者分析表

客户名称		法人代表	
法人代表经验	主要经历		
	办事风格		
	主要业绩		
法人代表能力	行销能力		
	管理能力		
	金融能力		
法人代表性格	直观感觉		
	他人反映		

（3）反映客户业务状况的整理表

反映客户业务状况的整理表是反映客户营销状况，与其相关客户往来情况的整理表。常用的有：客户经营状况分析表、客户营销状态分析表等。表 6-4 是对客户经营规模、经营成果、与其往来客户或银行关系情况等的综合反映。

表 6-4　　　　　　　　　　　　　客户经营状况分析表

客户名称		地址/电话	
法人代表		地址/电话	
经营情况			
与往来客户的关系			
支付情况			
与往来银行的关系和评价			
业绩状况			

（4）反映客户财务、信用状况的整理表

分析、揭示客户信用状况是客户管理不可忽视的内容，它直接影响会展企业的成本水平，是企业选择客户、发展客户的依据。反映客户信用状况的整理表格通常有：客户信用度评估表、客户信用状况变化分析表、客户绩效管理表格等。表 6-5 是从客户管理人员的能力、客户管理人员的配备等人力资源的角度分析客户信用度情况的表格。

表6-5　　　　　　　　　　　　　　　　客户信用评估表

评价要素	评价标准	评分标准	备注
经营者事业心			
经营者策划能力			
经营者健康状况			
管理人才			
…			
分数	备注		

(5) 反映客户行为的整理表

反映客户投诉情况的整理分析活动是会展客户管理的重要内容,它对企业加强管理,提高服务质量,赢得更多的回头客,有着重要的意义。常用的反映会展客户投诉情况的整理表格有:客户投诉处理总结表(表6-6)、客户投诉案件统计表等。

表6-6　　　　　　　　　　　　　　　客户投诉处理总结表

投诉次数		每天次数	
已解决的投诉次数		解决比例	
涉及产品质量的次数			
主要质量问题			
涉及人员服务的次数			
主要服务问题			
具体对策			
其他			

2. 会展客户信息的电脑整理方式

随着电脑的日益普及,出口商在企业内部就可以建立一个客户资源数据库或客户关系管理系统。最简单的方法是,在现有的电脑上使用 ACCESS 程序就可以做出自己需要的客户资源数据库,也可以购买现成的客户资源管理软件或一套外贸业务管理软件,来实施客户信息整理。例如,目前市场上流行的 CRM 软件系统给企业提供了了解客户和掌握客户资料的条件,主要是使用 IT 和互联网技术实现对客户的统一管理,建立客户的档案,做到对客户的情况了然于心,并为其提供完善的服务,这样才能留住客户。

(二) 对客户信息的分析

客户信息分析的内容取决于客户服务政策的需要,在不同的企业、不同的时期这种需要是不同的,所以进行客户信息分析利用的内容也是不同的,有三种常用的客户信息分析的内容和方法。

1. 构成分析

利用客户信息分析客户构成是一种最普遍、最简单的信息分析方法,这里又包括销售构成分析和地区构成分析。客户构成分析有利于企业的销售部门及时了解每个客户在企业总销售中所占的比例,以及客户的分布,并从中发现客户服务存在的问题,以便于采取不同的对策。

地区构成分析是对企业客户总量中各地区客户的分散程度、分布地区和各地区市场对企业的重要程度分析,是设计、调整服务和分销网络的重要依据。这种分析要根据一定的时间序列,以及利用至少五年以上的资料,这样才能客观地反映出客户构成的变动趋势。

2. 客户信用分析

利用客户档案能详细、动态地反映客户行为及状况的优势,还可以进行客户信用情况分析,用以确定对不同客户的付款条件、信用额度和优惠政策等。

对于信用分析中信用登记高的客户,可以作为业务发展的重点对象,给予一定鼓励或优惠,这对于加速企业资金周转和利用,防止出现坏账和呆账非常有效。对于信用分析中信用等级很低的客户,就要密切注意其经营状况,避免因为关注不够而给企业带来相关的损失。

3. 客户对企业的利润贡献分析

该方法是从每个客户的毛利中减去直接客户成本,包括销售费用、服务费用和送货费用等,而不考虑企业的研发成本、设备应用等费用,求出一个客户的资产回报率。不同客户的资产回报率差距很大,所以通过资产回报率分析,还可以了解到产生这种差距的原因。

除了以上可以从信息分析中获得的有利情报外,在实际经营中有的企业还会利用客户信息分析进行客户占有率分析、客户与竞争对手关系分析、开发新客户与损失客户分析、合同履行情况、企业营销努力效果分析,等等。

基于客户信息在企业的各方面工作中都有着重要的作用,应不断改进客户信息的管理,以及不断地开发、利用信息,从而更好地为企业、为客户服务。

三、建立会展客户关系管理信息系统

由于中国的会展业发展较晚,很多国内的会展企业还没有基本的管理信息系统,这种现实与欧美会展企业在信息化和自动化程度上有很大的差距,因而我国会展企业需要的CRM产品显然不能简单把西方的CRM拿来简单汉化。目前我国的会展企业所需的CRE还处于操作和分析层次,就技术上来说主要有以下几个模块。

(一)数据集成与数据挖掘功能模块

收集客户的信息是客户关系管理的第一步,零乱或不完整的客户信息才有使用价值。首先,建立完善和高效率的客户采集系统,提供能够与客户畅通无阻沟通的CRM平台。在与会展客户多种方式的接触过程中,大量关于客户、合作单位、参展商、贸易商的记录和商业机会的信息资料分散于各部门或岗位员工的私人邮件、文本文档、传真件、工作簿中,这就要求建立起完善的客户信息入库登记制度。其次,通过科学手段对客户信息进行去

伪存真,精心提炼出客户相关信息,使其具备利用价值。借助数据仓库的数据对会展业务和行业进行分析预测,对原有和潜在客户的消费行为进行分析,提供报告和预测未来发展的模型。

(二)客户价值评估功能模块

客户价值的评估是筛选客户的基础。客户价值评估用于进行客户利润贡献度和客户生命周期价值评估,客户价值的判别标准是客户在全价值生涯中给企业带来的利益(即全生命周期利润,CLP),而非与客户的交易额。基于对 CLP 的预测,选择客户的当前价值、客户的增值潜力两个维度指标对客户进行组合排列;同时,还可以建立潜在客户价值评价模型及其应用策略,潜在客户各种转化形态的实现条件、机理以及转化策略。CRM 系统非常关注客户价值,并且应具备为 CRM 其他功能模块(特别是呼叫中心和门户网站)提供实时支持的能力,应该将企业资源(推广的经费及与客户保持联系交流等)放在汇报较高的客户群上。

(三)客户分类管理功能模块

客户的分类管理是实现优质服务的前提。客户分类管理主要包括以下内容:

一是确定细分会展客户群的标准,包括参展商的个性化资料、参展支付费用及频率、参展方式、地理区位、客户的关系网等。

二是对会展客户群信息进一步分析,以便识别不同价值的客户或客户群。

三是对不同客户群的管理,会展企业确定不同客户群对企业的价值、重要程度,并针对不同客户群的消费行为、期望值等制定不同的销售服务策略,虽然淘汰不良客户资料可能在短时期内对会展影响不好,但从长期看,健康的客户渠道才能造就健康的品牌展会。通过对客户信息的分类管理有助于提升管理和信息的功能。

(四)客户与市场信息互动处理功能模块

客户与市场信息的互动处理是维持良好的客户关系的根本保障和措施。随着 Internet、移动通信互联网的发展,越来越多的会展客户习惯于通过 Web、E-mail、WAP、智能手机、微信等方式与会展企业交流沟通。电子商务和呼叫中心的建立及不断完善大大提高了企业客户信息的处理效率,系统能够自动为客户提供客户信息查询、历史交易查询等,还可以为客户提供多样化、个性化的服务,及时反馈客户的需求信息,实时调整服务的内容和策略,最终真正最大限度地发挥信息对营销和竞争的作用。

会展客户管理信息系统模型如图 6-3 所示。从我国会展业的发展现状来看,目前国内多数企业组织规模比较小,企业的资本、人力与技术资源还比较局限,应先建立以参展商和观众为主体的客户关系管理信息系统,然后逐步建立较为完善的 CRM 系统。

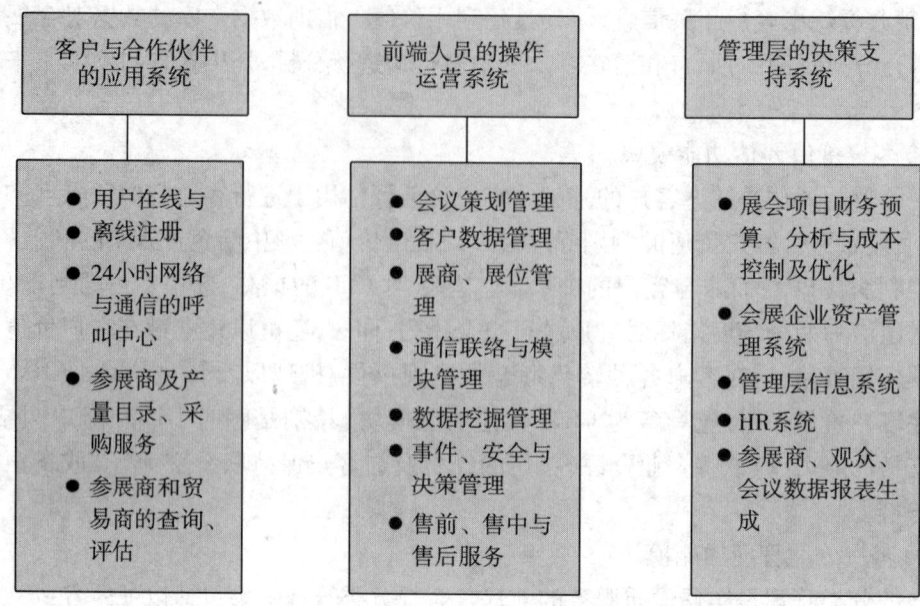

图 6-3 会展客户关系管理信息系统模型

四、会展 CRM 综合测评

一个会展公司怎样才能知道已经成功地实施了 CRM？怎样使 CRM 系统发挥更大的效益？这些问题实际上涉及对 CRM 系统测评的重要指标。目前采用的方法是首先建立会展 CRM 的测评指标，其次依据实施情况进行测评。

（一）会展 CRM 的关键测评指标

1. 顾客满意度增加

依据经营管理的"二八原则"，一般而言 20% 的客户创造了企业 80% 的利润。因此，对于会展企业来说，客户的忠诚度非常重要。公司获得一个新客户所投入的资金要比保持现有顾客所投入的资金多五倍以上，因此，保持客户的满意度已成为 CRM 实施的关键指标。但顾客满意度包含了各种不同的因素，如产品的质量、服务的质量、交易过程、与消费相关的舒适水平、与客户交往中所耗费的时间与努力等方面，因此增加顾客满意度不是一个部门的任务，而是整个公司的任务。由于多数情况下，客户往往是通过呼叫中心、项目销售部进行交涉，对展会项目进行整体设计细化，可以增加客户的满意度，从而保留住更多的老客户，吸引更多的新客户。

2. 与客户交涉的操作成本减少

会展公司财务支出一定比例是与客户的联系。由于会展行业的特殊性，任何一位客户都需要多次或经常与其联系沟通。会展企业的呼叫中心的建设及良好运作，能够减少相关操作（交易）费用。另外，呼叫中心系统中电子邮件发送系统包含客户的电子邮件、邮件列表和 Web 站点等都能有效减少交易成本。

3. 宣传推广及有效的市场运作

以呼叫中心为纽带，把客户的信息与项目组和企业 BI（商务智能）部对接，对客户进行分层次、按类别、划区域,从而确定客户需求的展位或服务类型、交易习惯,从而增加销售成效。同时根据客户的文化差异、公司实力和偏好开展有效的宣传促销活动,提高展会的市场影响力,增加展商和观众的满意度,为会展产业的发展创造良好的市场环境。

4.增加整个组织的效率

首先,通过商业过程流线化,为员工提供合适的工具,从而提供员工的效率;其次,提供现代信息技术为客户提供自动化服务。

(二)重要的 CRM 测评手段

企业基于前期在未建立 CRM 系统的历史资料,通过比较实施前后结果,可以评估企业哪些方面得到了改善,哪些方面还有提高的空间。其重要的测评手段主要体现以下方面:

1.客户调查

企业可以使用客户调查的手段来测试客户需求的成效、客户满意度和展会的运行情况。可通过展会现场调查、在线调查或者展商微信问卷调研就是较好的方法。

2.呼叫中心性能指示器

标准的呼叫中心性能指示器是包含顾客满意度的参数,例如客户需要解决参展或参会的一个问题需要联系公司的次数。除了常规的测量,还需要利用 Web 和电子邮件进行其他额外的测量,例如,对电子邮件成功分类的百分数、Web 站点上经常被问的问题的频度、从 Web 转变为电子邮件和电话交流的数目等。这些参数有助于判断整个组织效率以及员工效率的增长。

3.交易指示器分析

公司的平衡表可以判断出操作费用是否降低,同时评测公司收入和利润的增加是对 CRM 效用进行测评的关键。

4.交易评测

比较有代表性的评测手段是在给定的时间段展位的订单数目增加的比例、和往年同期相比较订单数目的增加和销售机会转变成为订单的数目等,这些交易测评对 CRM 成功实施的评价有很大的影响。

拓展提高

优品会展管理软件概述

会展客户关系管理系统是利用信息科学技术,实现市场营销、销售、服务等活动自动化,使企业能更高效地为客户提供满意、周到的服务,以提高客户满意度、忠诚度为目的的一种管理经营方式。客户关系管理既是一种管理理念,又是一种软件技术。以客户为中心的管理理念是 CRM 实施的基础。会展 CRM 管理系统软件比较多,我们以优品会展 CRM 管理系统软件为例,说明会展 CRM 管理系统的相关问题。

一、优品会展管理软件概述

优品会展信息管理软件是海优品科技有限公司自主研发的、针对会展行业的数据库应用软件系统解决方案,作为会展产业信息化管理的平台级产品,集成了展览会管理、商务会议管理、政府会展节事活动组织协调管理、会展中心运营管理、会展实验室(实训室)教学模拟等主要应用领域,在每个细分领域内,方案都能全面覆盖。优品会展信息管理软件英文名为 Events Information Manager,简称 EIM,其软件系统解决方案的核心产品即会展业务管理软件系统。

(一)优品会展企业信息化管理系统的构成

1. 展览管理软件

该软件整合了 CRM 模块的展览会管理软件,协助企业和展览会品牌取得持续增长。该软件解决方案高度贴合企业的预算和业务需求,实施快捷、套作友好、快速获益。

2. 出国参展组织管理软件系统

满足出国参展组织者需求的优品出国展览组织管理软件解决方案,集成会展 CRM 模块、集成通信手段,为快速实现销售增长提供管理利器。

3. 商务会议管理软件

商务会议管理软件集成会展 CRM 管理模块,从登记到现场接待,协助企业实现商务会议的有序组织与细致分工,实现观众参与体验。

4. 会议展览中心管理软件

会展中心管理软件协助企业将租售效益最大化和更有序写作,集成 CRM 管理模块、租售排期、展会排期、现场服务等关键模块,适合不同规模的会展中心的业务需求。

5. 政府主导的会展节事

集成 CRM 管理模块的会展软件帮助组办者将庞杂的运营协调工作进行有效的工作分解,统筹协调、精细执行,达到高效严密组织、所有参与者满意的效果。

6. 现场服务管理

涵盖展览会现场管理、商务会议现场管理两大部分,核心目标是提升参与者的现场体验,并帮助组办者有效处理事务、收集整理信息,取得最佳的现场效果与效益。

7. 会展在线登记管理软件

为提升会展的服务水平,提供全天候地域的在线登记服务势在必行,本软件鼓励会展参与者自助在线完成大量的登记工作,将现场的工作压力分解到日常登记工作中,达到将更好的服务传递给参与会展的客户,提升客户满意度的目的。

(二)软件特点与功能

1. 会展信息管理系统的系统特点

(1)帮助企业实现体制创新

作为先进管理思想和手段的载体,会展管理解决方案(以下称"方案")所改变的不仅仅是某个人的个人行为或表层上的一个组织动作,更是从思想上剔除管理者的旧观念,注入新观念。新的管理机制必须能迅速提高工作效率,节约劳动成本。方案帮助企业实现体制创新的意义在于,它能够帮助企业建立一种新的管理体制,其特点在于能实现企业内部的相互学习和相互促进,并保证每个员工都自觉发挥最大的潜能去工作,使每个员工的报酬与其劳动成果紧密相连,管理机制阳光化。

(2)"以人为本"的竞争机制

方案的管理思想认为,"以人为本"的前提是必须在企业内部建立一种竞争机制,在此基础上,给每个岗位制定一个工作评价标准,并以此作为最员工的奖励标准,使每个员工都必须达到这个标准,并不断超越这个标准,而且越远越好。随着标准不断提高,生产效率也必然跟着提高。这样"以人为本"的管理方法就能真正付诸实践。

(3)把组织看作一个社会系统

软件要求组织内成员之间的协作,结合通信技术和网络技术,在组织内部建立起上下畅通的有效信息交流、沟通系统,这一系统能保证上级及时掌握情况,获得作为决策基础的准确信息,又能保证指令的顺利下达和执行。这种信息交流系统的建立和维护,是一个组织存在与发展的首要条件,是保证组织有效性和高效率的基础。

(4)以客户关系管理为前台重要支撑

软件在以服务供应链为核心的管理基础上,增加了客户关系管理,这将着重解决企业业务活动的自动化和流程改进,尤其是在销售、市场营销、客户服务和支持等与客户直接打交道的前台领域。客户关系管理能帮助企业最大限度地利用以客户为中心的资源(包括人力资源、有形和无形资产),并将这些资源集中应用于现有客户和潜在客户。

(5)以服务供应链管理为核心

软件帮助企业把参展商、专业观众的需求和企业内部的业务活动以及供应商的资源整合在一起,形成一个完整的服务供应链(SCM),并对供应链上的所有环节进行有效管理,从而形成了以服务供应链为核心的方案。供应链跨越了部门与企业,形成了以产品和服务为核心的业务流程。

以服务供应链管理为核心的方案,从整个市场竞争与社会需求出发,实现了社会资源的重组与业务的重组,大大改善了社会经济活动中物流与信息流运转的效率和有效性,消除了中间冗余环节,减少了浪费,避免了延误。

(6)实现电子商务,全面整合企业内外资源

企业信息化解决方案支持电子商务时代的敏捷化运行,通过计算机网络将企业、客户、供应商及其他商贸伙伴集成起来,完成信息流、业务流和资金流的有效转移与优化。充分利用Internet技术及信息集成技术,将服务供应链管理、客户关系管理、企业办公自动化等功能全面集成优化,以支持产品协同商务等企业经营管理模式。

(7)数据接口

数据接口为本系统与其他功能软件的沟通提供可能,软件提供了丰富的数据导入和导出功能,以及数据群搜集处理功能,如展商、观众和展品等数据的导入、导出,软件为邮件群发提供邮件地址搜集,为传真群发提供传真号码搜集,为短信群发提供移动通信工具号码搜集等。

2. 会展 CRM 软件功能模块

(1)展商管理

全部展商清单/本年未签约展商/潜在展商/未审核展商/展商回收站/邮编为空的展商清单/联系人为空的展商清单/打印展商信封/批量展商分配/未分配展商清单/组团设

置/从汉王名片通导入展商资料/展位数量排序表/展商经营产品项目统计表/展商投入金额排序表/展商地区统计表/海外展商统计表/展商款项情况表/展商广告款项情况表/展商活动款项情况表/展商运输款项情况表/展商租赁款型情况表。

(2) 专业观众管理

观众清单/本届预登记观众/未审核观众/观众回收站/错误列表/重复记录列表条形码重复观众/地址为空观众/邮编为空观众/城市错误观众/国家错误观众清单/姓名地址重复观众/打印观众信封/成批设置观众条形码/成批删除未参展观众/观众查看/观众查询统计/观众职业统计表/观众企业性质统计表/观众经营产品项目统计表/观众地区统计表/海外观众统计表/观众入场情况统计/观众来源统计/从网上导入观众数据/标准观众数据导入。

(3) 供应商管理

展馆管理/酒店管理/租车公司管理/鲜花供应商/公关公司/运输公司/展示设计公司/广告公司。

(4) 合作伙伴管理

主办单位管理/协办单位管理/支持单位管理/开幕嘉宾管理/媒体管理。

(5) 内部员工管理

人事管理（隶属 OA 模块，内部员工是系统的用户，其中设计权限管理）/业务流程中的绩效考核。

3. 其他辅助功能

(1) 文件

修改密码/修改监督密码/选择展会/注销。

(2) 系统

数据备份/账号及权限管理/待审核观众/待审核展商/合同变更记录/系统日志。

二、优品会展管理软件

优品会展企业管理软件解决方案面向会展企业的核心业务，全面管理和协调企业会展业务与商务，实现战略转型，让企业因信息化更为安全，高度关注客户，并有效加强协作，提升员工团队意识，敏捷商务让企业从容应对变化，为会展企业积蓄核心竞争力。

(一) 商务会议管理软件

1. 适用对象

该软件适用于各种规模的商务会议、研讨会、学术大会、企业年会、新品发布会等；各种规模会议的组织者、组办（主办）者、承办者、政府会议机构。

2. 商务会议管理软件系统概述

越来越多的参与者在抱怨参加会议时没有得到满意的接待，以及会议内容吸引力不够。这就要求商务会议的组织者必须拿出整改的解决方案。商务会议接待是个庞杂的工作，需要组织者有训练有素的人手积极参与，并借助强大的管理工具，以从容应对这些汹涌而来的接待工作；而会议内容的设计，又促使组织者必须改善产品设计，抓住趋势，迎合市场需求。

优品商务会议软件系统解决方案悉心研究会议企业业务价值链的每个环节,主张借助优品商务会议软件系统解决方案,将庞杂的工作分类、分解,明晰分工,辅以清晰的操作流程,忙而有序地将接待工作圆满完成。通过优品商务会议软件系统解决方案设计好会议内容,引导会议。组织者应高度关注客户需求,完善客户数据,精确做好客户调研工作,精确研判趋势,设计出市场欢迎和认可的会议内容。

(二)会展中心管理软件

1. 适用对象

该软件适用于各种规模的展览、展示,商务会议用途的场馆设施:会展中心、会议中心、博览中心、展览中心、大会堂、展览馆、大礼堂、文化宫、大剧院、体育馆等。

2. 会展中心管理系统概述

针对各种规模的会展中心,优品提供全面适用的软件解决方案,帮助管理运营的方方面面。优品会展中心管理软件解决方案是一个端对端的软件解决方案,借助它可以实现从客户关系管理到销售管理,以及设备设施管理、派工单管理等各个细节的管理。优品为会展中心提供可在应用中迅速获益的集成解决方案,即使运用的环境比较复杂,会展中心运营管理解决方案所具备的高度集成性与灵活性完全能够应对应对自如。

思考练习

一、单项选择题

(　　)是会展企业客户关系管理流程的第一步。

A. 收集客户信息　　　　　　　　B. 制订客户方案

C. 实现客户互动　　　　　　　　D. 以上均不是

二、多项选择题

(　　)构成 CRM 成功实施的三个要素。

A. 技术因素　　　　　　　　　　B. 经济因素

C. 人的因素　　　　　　　　　　D. 实施过程的管理

三、简答题

会展客户信息收集的方式有哪些?

单元要点归纳

【本项目知识框架图】

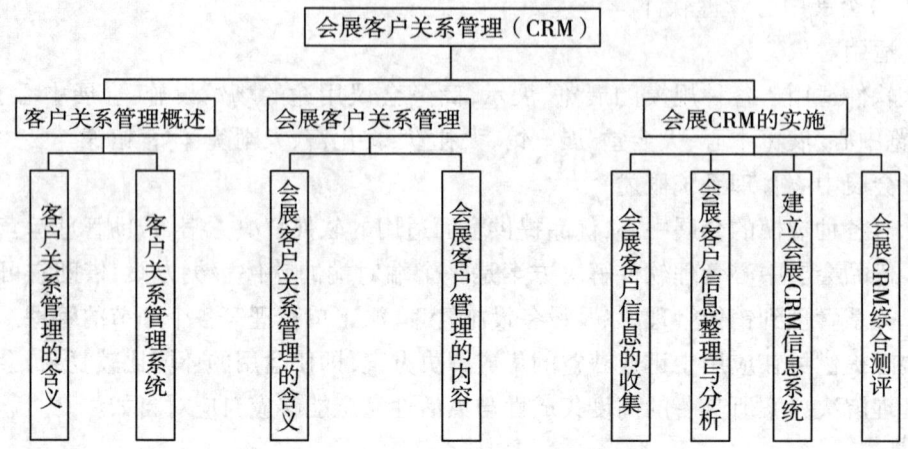

【关键概念】

会展客户关系管理、CRM、客户分析、客户互动

项目七 会展客户价值评价与客户管理

单元概述

企业的收益来源客户,而企业稳定的价值来源是与企业建立长期合作关系的客户。本项目单元从客户价值的概念入手,诠释了客户价值的具体表现以及会展企业的客户价值指标体系,分类说明了不同客户群体的特点,并提出针对不同客户进行管理的策略,最后介绍了拓展客户的方式方法。

单元目标

- 理解客户价值的含义,了解客户价值的表现形式
- 了解客户价值评价指标体系及其含义
- 了解会展客户分类的方法,熟悉企业实施客户服务管理的策略

学习任务1 会展客户价值评价

任务概述

本任务从客户价值的含义着手,介绍了客户价值的主要内容,初步讲述了会展客户价值指标体系的评价方法。

任务目标

- 了解并掌握客户价值的含义
- 熟悉客户价值的主要内容
- 初步了解会展客户价值指标体系的评价方法

学习内容

一、客户价值的含义

客户价值是指企业从与其保持长期稳定关系的并愿意为企业提供的产品和服务承担合适价格的客户中获得的利润,也即是顾客为企业的利润贡献。这里"长期稳定关系"表现为客户的时间性,也可以说是企业客户的生命周期。一个偶尔与企业接触的客户和一个经常与企业保持接触的客户对于企业来说,显然具有不同的客户的价值。

二、客户价值的体现

客户价值主要体现在以下五个方面:

（一）客户购买价值

客户购买价值是指由于客户直接购买为企业提供的价值贡献的总和。客户购买价值受客户消费能力、客户钱包份额、单位边际利润影响。客户购买价值直接体现为客户的当前价值。客户购买价值的计算公式为：

客户购买价值 = 客户消费能力 × 客户钱包份额 × 单位边际利润

（二）客户口碑价值

客户口碑价值的大小与客户自身的影响力有关。客户影响力越大,在信息传递过程中的"可信度"越强,信息接收者学习与采取行动的倾向性越强,这种影响是有双向影响的,即正影响力和负影响力。此外,客户口碑价值还与影响范围有关,即客户口碑传播的范围越广,可能受到影响的人群越多。客户口碑价值最终是需要体现在受影响人群为企业带来直接收入的大小上。

(三)客户信息价值

客户信息价值是客户为企业提供的基本信息的价值,这些信息包括两类:一是企业在建立客户档案时,由客户无偿提供的那部分信息;二是企业与客户进行双向互动沟通的过程中,由客户以各种方式(抱怨、建议、要求等)向企业提供的各类信息,包括客户需求信息、竞争对手信息、客户满意度信息等。这些信息不仅为企业节省了信息收集费用,而且对企业制定营销策略提供了较为真实准确的一手资料。

(四)客户知识价值

客户知识有三方面的含义:一是客户的知识,如谁是企业的客户,他们需要什么;二是关于客户的知识,如客户的特征、困难、观点、交易历史以及再次光顾本企业的可能性;三是有关客户环境的知识与观点以及客户的关系网。客户知识是绝大多数企业市场开拓和创新所需要的最重要的知识,它最有可能为企业带来直接的经济回报。企业同客户建立密切的知识交流与共享机制,能及时了解客户的情况及客户所掌握的知识,无疑会使企业更紧密地贴近市场,大大提高企业决策的准确性和市场的竞争力。

(五)客户交易价值

客户交易价值是企业在获取客户品牌信赖与忠诚的基础上,通过联合销售、提供市场准入、专卖等方式与其他市场合作获得的直接或间接收益。客户交易价值受产品关联度、品牌联想度、客户忠诚度、客户购买力以及交易双方讨价还价能力等因素的影响。

三、会展客户价值指标体系

客户价值评价体系包含客户当前价值和潜在价值两个方面。企业在评价客户是否有价值时,不仅要参照该客户当前的价值表现,更重要的是依据对该客户未来潜在价值的预测加以判断。客户当前价值决定了企业当前的赢利水平,是企业感知客户价值的一个重要方面;客户潜在价值关系到企业的长远利润,直接影响到企业在剩余客户生命周期上对于该客户价值的主观感受和评判,是影响企业是否继续投资于该客户关系的一个重要因素。

如图7-1所示,客户当前价值以企业净利润指标体现,可通过企业利润、购买量和服务成本三个指标加以核算。而企业潜在价值可从直接和间接两个方面得到:直接计算的话,客户潜在价值为客户在剩余生命周期中所产生的净现金流的大小;从间接的角度考虑,客户关系的一些特征描述变量,如满意度、忠诚度、信任度等,能在一定程度上预测客户今后一段时间内潜在价值的变化。

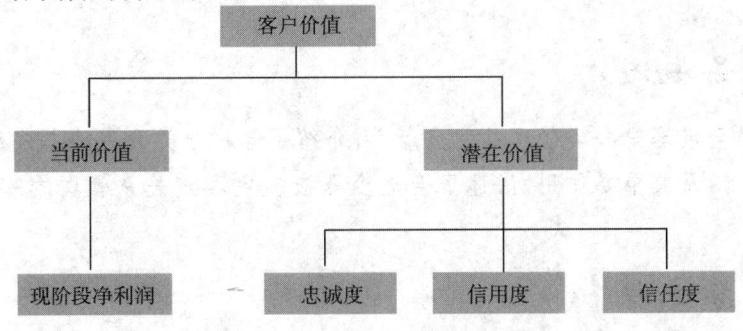

图7-1 客户价值评价指标体系

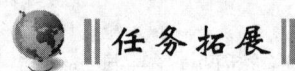 任务拓展

IBM 的客户细分及管理

	客户关系	客户价值	提供的服务
钻石级 集团副总裁	集团客户关系总监	营业额50% 利润65%	个性化咨询 IT 规划 完整的方式设计
黄金级	区域总裁 集团客户关系总监	营业额25% 利润15%	咨询 个性化方案设计
白金级	大客户经理	营业额20% 利润13%	标准方案 价格优惠政策
其他		营业额5% 利润7%	标准方案或产品

资料来源：IBM 商业价值研究

 思考练习

简答题

1. 客户价值从哪些方面加以体现？
2. 如何理解会展客户价值？

学习任务2 会展客户分类管理与服务

 任务概述

本任务从会展客户分类管理的意义着手，介绍了客户分类管理的方法及策略，阐明建立会展服务中心及其重要作用，讲述了会展企业应提供客户关系管理的基础服务和增值服务内容。

 任务目标

- 理解会展客户分类管理的意义

- 熟悉客户分类管理的方法及策略
- 初步了解会展服务中心的建立及其重要作用
- 了解会展企业应提供客户关系管理的基础服务和增值服务内容

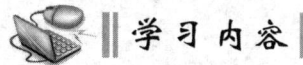学习内容

一、会展客户的分类管理

(一)客户分类管理的意义

意大利经济学家及社会学家维尔弗雷多·帕拉多创立的"80/20原则",阐述的中心思想是80%的结果来自于20%的原因。据统计,现代企业57%的销售额是来自12%的重要客户,他们是企业的最佳客户,带来的赢利率是最高的,对于这些客户,企业应该提供特别的服务、折扣或奖励,并要保持足够的警惕,因为竞争对手也是瞄准这些客户发动竞争攻击的。而其余88%中的大部分客户对企业是微利的。因此,企业要想获得最大程度的收益,就必须对自己拥有的客户进行有效的差异分析,并根据这种差异来区分不同价值的客户,指导企业更合理地配置有限的市场销售、服务和管理资源,确保企业的投入和付出都用在"刀刃"上,实现客户资源价值和企业投入回报的同步最大化。

(二)客户分类管理的方法

1. 按照时间序列分类的方法

客户与我们的交易关系存在着时间顺序,据此我们可以将客户分为老客户、新客户和潜在客户等。

(1)老客户

广义上的老客户是指曾经或正在与我们保持交易关系的客户,老客户具体包括以下两种类型:

①长期客户:狭义的老客户,是指与我们保持较长时间交易关系的客户。

②过去交易现在中断交易的客户。

(2)新客户

是指刚刚与我们发生交易关系的客户。

(3)潜在客户

是指有可能与我们发生交易关系的客户。

2. 客户ABC分类法

按客户购买产品金额分类。在客户管理中,就是把公司全部客户按购买金额的多少,划分为ABC三类。

A类,大客户,购买金额大,客户数量少;C类,小客户,购买金额少,客户数量多;B类,一般客户,A、C类之间。管理的重点是抓好A类客户,照顾B类客户。

其中按照客户价值分类,找到最有价值的客户,才是企业最重要的工作,ABC客户分类法是一种比较实用的客户分类方法。

(三)客户ABC分类法

客户金字塔是以消费额或利润贡献等重要指标为基准确定客户类别的,它把客户群分为

VIP(A 类客户)、主要客户(B 类客户)、普通客户(C 类客户)、小客户(D 类客户)四个类别。

在会展企业所拥有的各类客户中,突出的特点是参展商和观众数量庞大,来源复杂,中小企业占多数,小客户所占比例较大,约占总数的 90% 左右。A,B,C,D 四类客户大致如图 7-2 所示。

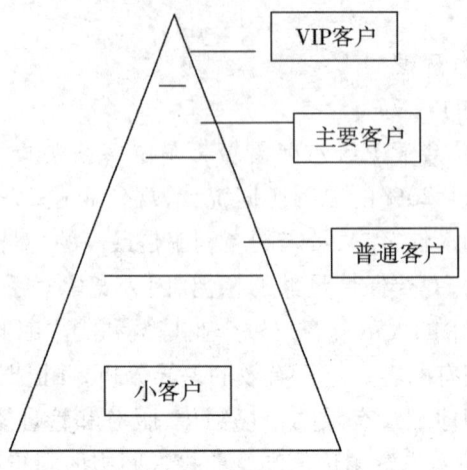

图 7-2　客户金字塔

1. VIP 客户(A 类客户)

VIP 客户是金字塔中最上层的金牌客户,是在过去特定时间内消费额最多的前 0.1% 客户。如某公司目前客户总数为 5 万户,则 VIP 客户一般多指的是花钱最多的前 50 位客户。大客户是企业销售的主要目标,是企业生存的资金源泉所在。大客户及时偿付货款,企业就能顺利运转并不断地扩大规模,而一旦大客户不能及时足额支付应收账款,企业就可能面临灭顶之灾。正是因为大客户关系到企业的生存状况,企业应该尽力对大客户经营状况和财务状况进行详尽了解。

2. 主要客户(B 类客户)

它是指在客户金字塔中,在特定时间内消费额最多的前 1% 客户中,扣除 VIP 客户后的客户。当客户总数为 5 万户,则主要客户多指扣除 VIP 客户外,花钱最多的 450 位客户。B 类客户的交易金额占企业交易总额的 10%~20%,对企业有一定程度的影响,而且这类客户往往容易转变为企业的忠诚客户,因此对他们应该多花一些时间和金钱提供更好的服务,加强他们与企业之间的密切关系。

3. 普通客户(C 类客户)

它是指购买额最多的 10% 客户中,扣除 VIP 客户与主要客户之外的客户。当客户总数为 5 万户,则普通客户是扣除 VIP 客户与主要客户之外,花钱最多的 4 500 位客户。这些公司在激烈的市场竞争中会朝着两个方向发展,一部分可能规模不断扩大,而另外一些则在经营中陷入经营危机或财务危机,这对会展企业的影响要比小客户大的多,所以企业应该对中等客户有足够的重视程度。正是因为中等客户有可能朝这两个相反的方向发展,所以管理部门应该比较注重对他们的信息做收集工作,除了考虑信息的收集成本和时效性以外,更要考虑信息的质量、准确性和及时性。如果条件允许,还可以订购信用评估机构的信用报告。

4. 小客户（D类客户）

它是指除了上述三种客户外,剩下的90%客户。小客户与企业达成的交易合同的金额不大,但是数目却占企业客户总数的大部分。个别小客户发生坏账,给企业带来的损失也不会特别大。对小客户选择的信息来源主要有:小客户提供的商业资信证明书,一线销售人员的内部评价报告,以及和客户交易的经验。如果在拖欠的客户名单中很快就出现了某个被授予信用的小客户,应立即追回欠款,并不再考虑给该客户提供赊销。

二、对不同客户群的管理策略

(一)VIP客户(A类客户)管理

这类客户是公司的优质核心客户群,他们多为大型企业,经营稳健,做事规矩,信誉度好,对会展企业的贡献最大,能给公司带来长期稳定的收入,值得公司花费大量时间和精力来提高该类客户的满意度。对这类客户的管理应:

(1)指派专门的营销人员(或客户代表)经常联络,定期走访,为他们提供最快捷、周到的服务,享受最大的实惠;公司领导也应定期去拜访他们。

(2)密切注意该类客户所处的行业趋势、企业人事变动等其他异常动向。

(3)应优先处理该类客户的抱怨和投诉。

阅读资料

德国麦德龙集团(METRO)是当今欧洲第三、世界第五的贸易和零售集团,拥有六大独立销售业态,其中,麦德龙现购自运制公司最具竞争力和特色,其销售额约占集团销售的50%,居全球各大现购自运制商业集团之首,拥有绝对优势。麦德龙集团在中国投资建成的锦江麦德龙,现购自运有限公司已经在中国开设了26家现购自运制商场,进入中国短短十年时间,吸纳会员300余万,并日益庞大。

麦德龙面对的消费群不是个人和家庭,而是通过会员制的形式,锁定具有批量购买能力的终端零售商和机关事业单位。基于会员制的现购自运制成功的关键因素之一在于其强大的客户关系管理系统,扎实到位的数据分析技术大大领先于本土竞争对手。GMS客户管理和商品查询系统领先同行。全球所有的麦德龙现购自运商场均采用向ORACALE公司订制的并行系统,GMS客户管理和商品查询系统,由计算机对客户数据和商品销售情况及库存数据进行管理和控制,能根据历史资料自动预测销售、制订采购计划,产生订单,功能强大,在全球零售贸易集团中仅次于沃尔玛的决策支持系统,为开展全面的客户关系管理提供了强有力的信息支持。各个商场都设置了EDP电脑部门,负责对GMS系统进行日常维护。研究报表是各级管理阶层主要的日常工作由GMS系统生成的各种年度、季度、月度、周、日销售报表,包括库存报表、各时期销售总计报表、各时期分类销售统计报表、各年同期各类商品销售对比报表、各年同期分类客户数和账单数对比报表、各时区横向和纵向销售对比报表、修正报表、商品修改列表等,从多角度将数据整合成为有用的信息,是商场及总部预测需求、适应变化、为客户提供及时应变商品和服务的重要依据。

(二)主要客户(B类客户)管理

这类客户一般来说是公司的大客户,但不属于优质客户。由于他们数量较多但稳定性较差,对会展企业经济指标完成的好坏构成直接影响,不容忽视,公司应花上相当的时间和精力关注这类客户的生产经营状况并有针对性地提供服务。对这类客户的管理应:

(1)指派专门的营销人员(或客户代表)经常联络,定期走访,为他们提供服务的同时更多的是关注;营销主管也应定期去拜访他们。

(2)密切注意该类客户的产品销售、资金支付能力、人事变动、重组等异常动向,以避免倒账的风险。

(三)普通客户(C类客户)管理

此类客户付出不多,对公司完成经济指标贡献甚微,公司应大幅度减少在这方面的服务投入。其中销售量小但对企业忠诚的客户是可以培养的"明日之星",会展企业可以将精力放在发掘有潜力的客户上,对此类客户,企业要多扶持、培养,努力使其成为一个好的客户,尽早升为B类客户。公司营销人员应保持与这些客户的联系,并让他们知道当他们需要帮助的时候,公司总会伸出援助之手。

(四)小客户(D类客户)管理

此类客户主要是由观众和小企业构成。由于他们数量众多,影响较大,具有"点滴汇集成大海"的增长潜力,对公司经济指标的完成具有一定的影响,公司应按照"方便、及时"的原则,为他们提供大众化的基础性服务。其中,销售量小、对企业也不忠诚的客户是没有价值的客户,企业对待此类客户的对策就是该出手时就出手,该淘汰的就淘汰。没有对差客户的淘汰,就不能培养出一批好客户。

三、建立会展服务咨询中心

目前的会展服务咨询中心,有些企业称之为客户呼叫中心(Call Center),与过去传统的服务咨询中心只是当场咨询或只与电话网络连接不同,新型的会展服务咨询中心集通信技术、计算机技术、声讯技术、因特网技术和视频技术于一体,是一个能够处理呼入/呼出电话、E-mail、Web等多种信息的综合性客户交流枢纽。一个完整的服务咨询中心,大致可以分为系统前段和系统后段两大部分。前段部分一般由自动呼叫分配器、交互式语音应答、计算机通信综合应用等组成。计算机通信综合应用系统是核心部分的,它全面控制电话、呼叫、分组、引导和中继线。会展服务咨询中心主要有以下作用:

(一)增加与客户沟通

除了现场回答观众和客户的咨询、投诉以外,还提供电话、传真、邮件等传统沟通方式,同时还提供E-mail、网页互动、推送网页等功能,提高了客户沟通的有效性。

(二)增加市场营销

通过网络等各种方式,会展服务咨询中心可以主动地为客户提供服务,向客户宣传、推荐新产品、新服务,并进行各种市场调研。通过这种主动的服务,最终为企业带来无可估量的利润。

(三)数据同步显示

客户咨询时,计算机同步将该客户各种有关数据显示在屏幕上,使值班人员在了解客户信息的基础上能提供个性化、周到的服务。客户也避免了每次打进电话都被重复介绍一些基础信息,比如,购买产品的时间、产品配置、过去发生的故障等。这缩短了服务时间,也提高了服务质量和效率。

（四）规范业务操作,节省培训时间,提高培训效率

提供针对不同情况而设计的多种标准应答模式,调入系统,供服务人员随时调阅、参考。这既让服务人员执行业务时做到一致性的答复,营造出企业的专业形象,同时,也降低了培训的成本,并提高服务人员的工作效率。

（五）降低工作负荷,节约人力资源

并非所有的问题都需要业务人员回答,比如客户仅是查询账单,或查询产品的使用方法。可以由系统提供预先录制的语音信息会比人工回答的效果更好,同时,也节省了宝贵的人力资源。先进的交互式语音应答系统具有这部分功能。

（六）平衡工作负荷,合理配置人力资源,提高服务质量

先进的会展服务咨询中心系统可以自动平衡工作负荷,将来电分配给"最空闲的业务代表"。也可以根据不同的客户类别、产品、促销方案或使用语言等,设计不同的语言引导回路,将不同的来电直接引至对应的业务人员机台。比如可以让重要客户比较容易进线,并排除其等候的时间,或指定某些业务人员专门服务这些重要客户,或查询促销方案的客户来电可以直接连接至该促销方案推广人员的机台,或使客户与同一座席进行多次沟通,确保交流的同一性和连续性。

总之,可以看出,会展服务咨询中心的客户服务从企业与客户的第一次接触就开始,从潜在客户的询问到购买,再到产品的使用、维修、升级,企业提供全过程的客户服务,随时接收客户的疑问、质疑或投诉,主动开展客户服务,解决客户的问题和产品的缺陷,尽力化解客户可能产生的不满和失望,通过不断地相互交流,增进与客户的关系,创造客户对企业的忠诚和对新产品的期望。另外,会展服务咨询中心还通过对服务进行分析和优化,设计出规范的服务程序和方法,并且通过信息技术为现场服务人员提供技术支持和帮助,以保证客户服务质量的一致性。

四、会展企业的客户服务工作

（一）基础会展客户服务工作

作为会展企业的客户服务人员,主要应该做以下工作:

1. 了解展览会情况,随时回答他人咨询

会展服务人员应该了解展览会的整体情况,以便随时向参展商和观众介绍展览会的情况,并回答他们的咨询。内容包括展会的名称、地点、展出日期、开馆时间、场地平面、展馆位置、出入口、办公室、餐厅、厕所位置等。

2. 熟悉展台情况,热情为观众服务,使参展商取得最好的参展效果

熟悉展出意图、展出目的、目标观众、展台位置、展台序号、展台布局、展出工作的整体安排等工作,要详细介绍每一项展品,其性能、数据、用法、用途等,以及销售规模、销售渠道、规章制度、特点习惯和销售价格等,以便详细地向观众介绍展台、展品的情况,吸引观众关注和购买参展商的产品。虽然主要对观众的服务,但是观众的满意也会间接影响到

参展商的满意度,因为只有观众满意了,参展商才会给展会主办者满意的评价,成为稳定、长期的老客户。

3.其他接待活动

客户服务人员除了现场服务以外,还有其他的服务工作,包括记者招待会、开幕仪式、馆日活动、贵宾接待活动等。

4.处理客户投诉

在服务台专门设立"服务中心",专人负责接待工作。接受顾客投诉的范围有:第一,对商品质量的投诉。包括商品质量上的缺陷,规格不符,技术规格超出允许范畴,出现故障等。第二,对服务质量的投诉。包括对本商场工作人员的服务态度、服务方式、服务技巧等提出的批评意见。第三,对其他工作提出的建议与意见。据调查,95%的客户都会在产生的问题被快速圆满解决好后,仍然与该公司合作。

5.高级服务人员的安排布置工作

级别较高的服务人员,负有管理其他管理服务人员的工作。例如,向展台人员布置展台工作,并提出要求和标准,必须使展台上的每一个人知道、理解展出目的;布置展台工作,包括观众接待、贸易洽谈、资料散发、公关工作、新闻工作以及后续工作等,进行分工,提出要求;管理安排,包括工作时间、轮班安排、每日展台会议、记录管理等;行政安排,包括展台人员的宿、膳、行、日程等安排。展会主要是为了成交,展台工作准备就是围绕此开展,包括市场调研、准备货源、准备产品资料、准备贸易条款等。

6.帮助发现额外的机会

客户服务人员还应时刻想到为公司留住更多的老客户,发展更多的新客户。在为现有客户服务的同时,注意发掘潜在的客户,扩展自己的联系,及时发现潜在客户。

(二)会展增值服务

增值服务是相对于常规服务而言的。常规服务一般是指提供会展的基本服务,包括展前服务、展中服务和展后服务,大的方面可以分为展览服务、信息服务和商旅服务,涉及展馆、交通、宾馆、饭店、保险、文化娱乐、媒体、广告、装饰、视听设备、翻译和旅游等许多行业。但随着我国会展业的竞争日趋激烈,对依靠服务制胜的会展企业来说,超越传统的会展服务,为客户提供越来越多的增值服务,已成为竞争激烈的会展企业的共识。

增值服务是指企业提供的一套产品或服务的额外补充部分,其作用是帮助企业获得顾客,赢得顾客忠诚和实现管理,为客户提供超出常规的服务。创新、超常规、满足客户个性化需要是会展增值服务的本质特征。在信息主导商业发展的今天,增值服务主要是借助完善的信息系统和网络,通过先进的CRM计算机软件系统,为参展商提供比现场展览会更长期和详尽的网上展会服务,增强对参展商的宣传。

会展增值服务主要有以下方面:

1.展前的增值服务

可以对供应商和买家进行专业化细分,并且根据供求双方不同的需求和相应的级别进行各种宣传,包括网络宣传、报纸电视等媒体广告;事先帮助买卖双方进行书面的沟通,为买卖双方牵线搭桥,吸引更多的观众参加展会,为参展企业增加知名度。

2. 在开展期间客户接待工作中的增值服务

服务人员除了常规的会展服务外,还应该进行其他的增值服务。增值服务方面可以很广泛,例如,有些业务人员在现场帮助客户做接待工作,外语水平好的可以充当翻译服务人员,甚至可以帮助客户发送资料,安排客户间见面等。还可以在会展期间举行"买家高峰会议",让具备基础条件的买卖双方"相亲",从而让买卖双方的贸易成功率大大提升。

3. 展会会刊、广告中的增值服务

例如,免费提供商务洽谈区,洽谈区配有英文翻译,以供参展商翻译不足时提供帮助;参展商可以享受专刊及会刊报道,以及免费提供给每个参展商英文会刊广告;免费加入由办展企业组织的专业俱乐部,专门组织参展商与买家的活动,组织参展商国外参展、考察等。

4. 网络技术提供的增值服务

现代展会上大量应用网络信息技术,利用数字化、信息化建设的成果拓展服务内涵,向那些不能参加会展的观众提供展会信息,弥补传统会展的定期性,成就了"永不落幕的展览交易",为那些没有能够参展的中小企业创造额外的交易机会,从而延长展会的寿命。网络能带给参展商的增值服务也是会展企业提供增值服务的重要方面。如在一定时期内免费为参会企业提供自助建站,并定期在首页黄金位置推荐,二级页面常年推荐;在网上及时发布会展活动或活动重要成员单位的行业消息;为企业提供投资信息、行业动态分析报告、新产品推广服务、定期客户联谊活动等网上服务。因为消费者不愿意一个个地浏览企业的网站,在会展网站中建立统一的网页,有利于企业和产品的宣传。

5. 展会后的增值服务

实际上,展会的后续服务都可以看做是展会的增值服务,因为展会已经结束,常规服务也结束了,但是会展企业都认识到,作好后续服务是赢得回头客的重要手段。如果展会一结束就中短了与客户的联系,那么,客户是很容易被他人挖走的。

所谓的展览后续增值服务其实很广泛,比如公司可以把在展览现场的照片打印或冲洗一份给客户(包括客户本身的和其他公司的),帮助客户整理展会的会后总结,协助供应商总结并提炼自身的卖点,收集该行业的今后会展信息,提供客户选择下次参展等。

案例分析

必胜客老总告诉他的员工,不要看到一对夫妻带着一个小孩子走进必胜客,就以为他们打算来消费 200 元、400 元的人民币。一对夫妻带着小孩子走进必胜客,你的内心就要高喊一句话:"7 万人民币来了!"为什么是 7 万人民币?根据必胜客的调查,如果一个小孩子每次吃比萨的时候都去必胜客,他从 1 岁半到 77 岁,一生中总共要吃掉价值 7 万人民币,这 7 万人民币就是这位顾客的终身价值。

想一想:一个稳定的客户会给企业带来怎样的价值?应该怎样进行客户价值评价以及如何进行相应客户管理?

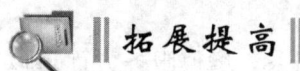

会展企业客户服务人员描述

根据会展组织和服务活动对具体知识的要求和一般专业知识结构的差异,会展企业人员大体可以分为:进行会展活动总体策划与市场推广的项目经营人员,为会展活动提供专项服务的专业服务人员和会展场馆建设与营运的场馆管理人员。不同类型的会展人才在会展活动中承担的角色不一,各自担负的职责不同,所需的知识结构亦有较大的差异。其中,会展客户服务人员是其中非常重要的部分。

会展客户服务人员需要为会展参与者提供餐饮食宿、旅游交通等方面的生活服务,需要为会展参加者提供展台设计搭建、展览物资运输、海关通关等方面的服务。不同服务内容决定了对不同服务提供者的知识结构要求和专业背景要求:餐饮食宿安排需要旅游专业的知识,物资运输、海关通关需要物流专业的知识,会展现场设计和资料印刷装潢需要工艺美术方面的知识,而现场搭建则需要工程设计与施工方面的知识。

这里所说的客户服务人员是指直接为客户服务的现场的展台服务人员和其他人员。会展服务人员发挥的舞台不再是"盘杯碗",而是承接着展会现场各种智慧的碰撞交流,掌控现场秩序与效果,体现展会文化层次的优秀服务人才。一般要求酒店管理、外语外贸专业或有一定专业技术背景的大学毕业生,需要具备较好外语沟通和对展会主题的领悟能力,具备现场组织协调能力。

关于客户服务人员,有很多不同的看法。在一些公司里,客户服务人员被视为业务人员的跟班,在另外有些公司里,客户服务人员则被要求完成生产计划人员的职责,如操作施工、调度等工作。在会展企业中,客户服务人员是非常重要的工作,应该设立专职人员,他们的专职工作就是为客户服务,尤其是参展商服务,使参展商满意,使参展的观众满意。

 思考练习

一、单项选择题

1. 企业构建转移壁垒,使客户感到(　　),这样可以加强客户的忠诚度。
   A. 情感维系　　　　　　　　B. 巩固客户的忠诚度
   C. 提高满意度　　　　　　　D. 转移成本太高

2. (　　)弥补传统会展的定期性,成就了"永不落幕的展览交易"。
   A. 会展服务　　B. 网络技术　　C. 增值服务　　D. 客户服务

3. (　　)是公司的优质核心客户群。
   A. A类客户　　B. B类客户　　C. C类客户　　D. 以上均不是

二、多项选择题

1. 客户关系管理包括以下哪些内容(　　)。
   A. 企业组织分析　　　　　　B. 客户分析
   C. 信息交流　　　　　　　　D. 保留与吸引客户

2. 客户与我们的交易关系存在着时间顺序,据此我们可以将客户分为(　　)。
   A. 老客户　　　B. 新客户　　　C. 潜在客户　　　D. 负担顾客
3. 会展增值服务主要有(　　)。
   A. 在开展期间的增值服务　　　B. 展会会刊、广告中的增值服务
   C. 网络技术提供的增值服务　　　D. 展会后的增值服务

三、简答题
   1. 会展服务咨询中心的主要作用是什么?
   2. 会展企业的客户服务人员主要应该做的工作是什么?

单元要点归纳

【本项目知识框架图】

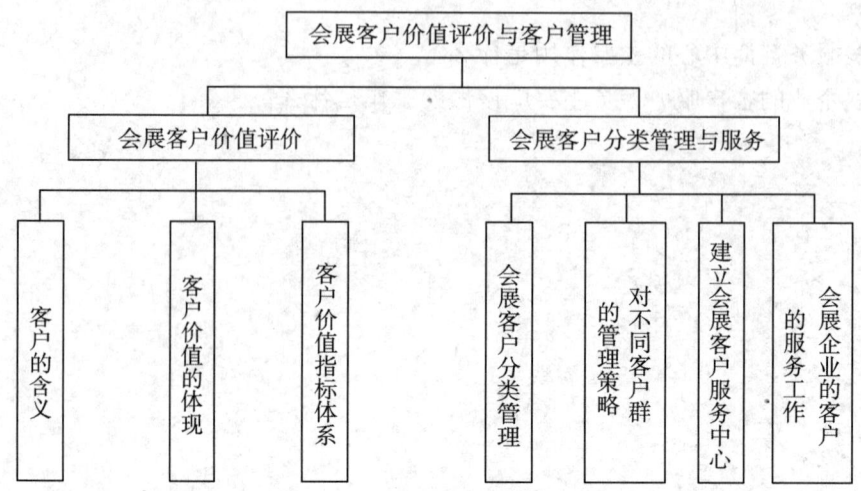

【关键概念】

客户价值、会展服务咨询中心、增值服务

项目八　会展客户满意度管理

单元概述

客户满意度反映客户对产品或服务的满意程度。客户是否愿意与企业建立关系，很大程度上取决于客户的满意程度。保持客户的长期满意度有助于客户关系的建立，并最终提高企业的长期赢利能力。会展企业竞争激烈，提供比竞争对手更好的服务是会展企业占领市场的关键。本项目单元从会展客户满意度问题入手，介绍会展客户满意度分析、提高会展客户满意度方法和会展满意度评价，最后还介绍了会展客户服务质量管理的有关问题，包括会展客户质量分析、会展客户服务标准和会展客户服务质量管理体系等。

单元目标

- 理解客户满意度的含义，熟悉提高会展客户满意度的方法
- 了解客户满意度评价的方法
- 了解巩固与开拓会展客户的方法
- 了解会展企业进行质量管理的方法

学习任务1 会展客户满意度

任务概述

本任务以客户满意度的问题入手,诠释了客户满意度的含义,介绍了客户满意度的分析方法及关注要点,讲述了会展企业提高客户满意度的途径及进行客户满意度评价意义及评价体系。

任务目标

- 理解客户满意度的含义
- 熟悉客户满意度的分析方法及注意要点
- 了解会展企业提高客户满意度的途径
- 理解会展企业提高客户满意度的意义并了解评价体系客户满意度评价体系建立原则及步骤

学习内容

一、会展客户满意度概述

据美国《财富》杂志对"全球500强企业"的跟踪调查,企业的客户满意度指数同"经济增值"和"市场增值"呈明显的正比关系。企业的客户满意度指数每年提升一个点,则5年后该企业的平均资产收益率将提高11.33%。对企业而言,"满足客户的要求和期望"将取代"追求质量合格或服务达标"成为企业所追求的最高目标。

(一)客户满意度的含义

客户满意度是指客户通过一个产品或服务的可感知效果与期望值相比较后所形成的愉悦或失望的感觉状态。满意度是顾客满足情况的反馈,它是对产品、服务性能及服务本身的评价,是一种心理体验。可以这样理解客户满意度:

(1)客户满意度是一个相对的概念,是客户期望值与最终获得值之间的匹配程度。

(2)客户的期望值与其付出的成本相关,付出的成本越高,期望值越高。

(3)客户参与程度越高,付出的努力越多,客户满意度越高。所谓越难得到的便会越珍惜。

客户满意度是一个变动的目标,能够使一个顾客满意的东西,未必会使另外一个顾客满意,能使得顾客在一种情况下满意,而在另一种情况下未必能使其满意。只有对不同的顾客群体的满意度影响因素非常了解,才有可能让顾客百分之百满意。保持顾客的长期满意度有助于客户关系的建立,并最终提高企业的长期赢利能力。因此取得最高程度的顾客满意度是营销的最终目标。

(二)客户满意度分析

客户满意度是可感知效果和期望值之间的关系。如果可感知效果低于期望值,客户就会不满意;如果可感知效果与期望值相匹配的话,客户就满意;如果可感知效果超过期望,客户就会高度满意。客户满意度的计算公式为:

客户满意度 = 客户体验 – 客户期望值

客户还会将购买的产品和服务实际评价与自己的标准进行比较,以此判断自己的满意程度。

如果结果为正数,即客户体验超过客户期望,是满意的,这个正数数值越大,客户满意度越高。相反,当差值为负数时,即客户体验低于客户期望值,数值越大,客户满意度也越低。

(1)事前期待小于实际评价时

产品和服务的品质超过了原先的期待时,客户会感到喜悦与满意。经过多次这种情况的反复后,客户就会成为提供产品和服务的忠诚者,而且还能带来新客户。这时,企业应通过良好的服务巩固新老客户。

(2)事前期待等于实际评价时

期待等于实际时,一旦出现有力的竞争者,客户就会出现背离。这种情况不能完全保证客户的稳定,唯有"物超所值",才能真正抓住客户。

(3)事前期待大于实际评价时

如果客户期待过高,往往会对产品或服务感到失望,客户会因此流失。此时,企业要重新获得客户的信任,然后再接受商品。

客户的购买行为日趋复杂,要确实掌握不是简单的事,尤其是"事前的期待",随着资讯的扩散和客户需求的迅速变化,期待也随时改变,而且,即使同样的商品,所期待的内容也会因人而异。因此,要超越事前的期待并不是容易的事情,企业要随时调整自身的经营策略。

(三)分析客户满意度应注意的因素

1. 客户需求

如果我们不了解客户需求就不可能得到客户满意度方面的真实情况数据。而且我们知道:

事先期望 > 事后获得,客户感到不满,抱怨产生了,继而转移阵地;

事先期望 = 事后获得,客户感觉平平,作为一种经验累积,如果没有更好的产品/品牌,会持续下去,但关系难以持久;

事先期望 < 事后获得,客户感到满意,形成良好口碑,形成忠诚客户。

2. 消费行为方面

根据社会营销观念,我们知道,不是所有消费者的需求都能得到满足和有必要得到满足,因此,了解消费行为能为我们有利地区分哪些消费者需求是必须满足,哪些消费者需求在现阶段是不必去满足的。消费行为研究主要包括以下两方面的内容:

(1)消费者的购买行为

主要包括:

- 消费者购买决策行为如何？谁是购买者，谁是影响者，谁是决策者？
- 消费者在何时、何地购买？
- 消费者购买行为特征，指定购买，随机购买。

（2）影响消费者购买行为因素

主要包括：影响消费者购买的因素及最主要的影响因素。

3. 顾客的评价

通过顾客对研究对象的评价，找到研究对象的顾客满意度水平，并且通过与行业内的主要竞争对手在各细分指标上的比较，得到研究对象在行业内的顾客满意度水平，同时找到与竞争对手的比较优势与短板，为企业的下一步工作提供决策基础。

二、提高会展客户满意度的方法

客户满意度是衡量客户满意程度的量化指标，由该指标可以直接了解企业、产品或服务在客户心目中的满意度级别。对于企业而言客户满意度是至关重要的，只有让客户满意，他们才有可能持续地使用企业的产品和服务，进而成为忠诚的客户。有效地提高及改善客户满意度水平的方法包括以下几方面：

（一）提高员工素质

企业最重要的人不是老板，不是经理，而是任何一位有机会与客户接触的人，所以，对员工进行 CS 培训及建立标准化的服务流程至关重要，即服务企业必须进行服务标准化流程的建设。企业要培养员工认真负责、十分投入的服务理念，塑造具有强大驱动力的共同目标，激发员工的工作热情和创造力。使大家充分认识到，客户是企业最宝贵的资源，是决定企业生死存亡的关键。据美国学者调查表明，服务员工每怠慢一名顾客，会影响 40 名潜在的顾客。

服务人员应该学会换位思考，要做到这一点，就必须对客户真心实意，设身处地为客户着想，以诚心诚意、无微不至的关怀打动客户，使客户得到精神上的愉悦。在与客户交流的良好互动关系中培养客户的信任感，从而赢得客户的友谊。让客户从内心感受到你是他们的朋友，真正体会到公司与客户之间的互利、共赢的合作伙伴关系。

（二）提供个性化服务

客户的不满意往往是实际与期望差异较大所造成的。如果仅仅依靠某一项或几项服务项目"取悦"客户，不如依靠客户的需求有针对性地制作产品或设计包装，进而提供服务（即所谓的个性化服务）产生的效果好。服务人员应该做到替客户想客户没有想到的，替客户做客户不能做到的，这样才能做到让客户满意，并在适当的时候多了解客户的潜在欲望需求。其实当我们为客户提供了他意料不到的服务时，客户的那种惊喜将是溢于言表的，这可谓事半功倍。这样才能相对提高客户的满意度。

服务人员还必须了解客户的真正需求，面对面地了解客户的真实想法，根据客户的需求意向预测产品和服务。还可以让客户参与产品的设计过程，参与产品的规划和设计，使客户感到产品其为他量身定做的，还要进行敏捷化的生产，使客户时刻感到个性化的享受。

（三）注意每一个细节

客户的要求其实很简单：有竞争的价格、高质量的产品、快速的反应、诚信的程度。

1. 价格是客户的基本要求

如果你的价格没有竞争力,那么如何竞争。同时,价格没有竞争力,也就是我们的管理及成本概念不到位,如此服务质量也同样会存在问题。

2. 高质量的产品

这是客户下单后最关心的问题。作为一个业务员,应尽可能抽出时间来做一下调查,做到心中有底,否则,宣传的时候是一种质量,实际又是一种质量,客户肯定不会满意。

3. 做好客户的反馈信息

客户的反馈信息是整改我们整个服务质量的关键所在,如果我们根本不知道客户对我们的评价是怎么样的,那我们又如何去进一步开展好我们的工作呢?无论在何时,应对客户告知事实真相,不要瞒着不说。在任何时期,还要有快速的反应。如果有不明白的地方,或者有更好的建议,应及时反馈给客户,客户可以从这里感受到我们的服务和专业化。

(四)沟通是提高客户满意度的桥梁

1. 沟通好产品的卖点

产品的质量是客户满意的基础,离开质量谈服务,显得有点轻重不分,现在的消费者大多数是理智型的消费,没有优质的产品就不能满足客户的胃口。

2. 上下一致,公司不断提倡服务好客户

如果在同一家公司,有的人十分热情,有的人十分冷漠,这样一来给客户的印象很不好,也就不能使客户满意。可以考虑换人,将热情的员工充实到服务一线。

3. 对客户提供一定的售后服务

给客户一种受到重视的感觉,以后他有什么问题都会与你进行商讨,这就提高了客户的满意度。

(五)超越客户满意度

让客户的投入与效用实现最大化。客户满意度对一个企业是十分重要的,当你发现客户不满意时往往已经造成客户的流失。所以,要想有效提升客户满意度,首先要了解客户想要什么?我们要做什么?通过努力可以实现什么?最后可以更多地提供什么?新提供的服务是否可以让客户更便利、更满足,发现客户的潜在问题或潜在需求,让客户的投入与效用实现最大化。总之,最重要是客户的需求信息以及服务人员是否可以挖掘到这些信息,只有这样我们才能知道我们的客户满意度是否有所提升。服务质量是没有满分的,只有不断地优化,不断地良性循环。

尽量提供符合顾客需求的、性价比最高的服务。客户花了一定的代价,需要达到一定的目的,如果我们提供给客户的产品、服务等有很大一部分不是他所要的,哪怕你的价格比别人低,也不能提高客户的满意度。而分析客户的需求后,搞清楚哪些是他不需要的,哪些是他想要又因为想省钱而放弃的,哪些是他一定要的,我们可以将后两种需求和价格权衡后,提供给客户性价比高的产品和服务,这样,客户一定会满意。你也可以节省成本和费用。

(六)处理好客户的投诉

还有一个重要的方面是对出现不满和抱怨的客户的妥善处理,一则是因为处理不好抱怨,对应的客户会毫不留情地为我们做负面广告;二则是因为处理好了抱怨,对应的客户得到的是满足,收获的是"美丽的感受",很容易会对企业更加忠实,包括做企业的义务广告员。可以说,处理抱怨时要把小事做大,要把小事做精,要舍得付出。据相关统计,客户不满有69%是因为态度问题而非质量问题,所以,处理好客户的情绪问题是解决投诉、让客户满意的关键之一。

三、会展客户满意度评价

客户满意度的概念于1989年提出,其目的是量化地评价客户重购率和品牌忠诚度等指标,获取相关的信息为企业策划提供支持,使企业优化流程,做出最佳的决策。国际通行的客户满意度评价体系(CSI)是一种新型的经济指标,它对于真实了解和把握顾客的需求和潜在的期望,了解顾客对产品质量和服务质量的客观评价具有特殊的不可替代的作用。在美国,除了服务业、交通、税务等行业,甚至联邦政府都被纳入了测评的范围。

(一)客户满意度指数评价对会展企业的重要意义

1. 调整会展企业经营战略,提高经营绩效

客观评价过去及现在的运营效果,是企业长期重要的度量指标,通过客户满意度指数评价,可以是会展企业尽快适应从"卖方"市场向"买方"市场的转变,意识到客户处于主导地位,确立"以客户为关注焦点"的经营战略。在提高客户满意度、追求客户忠诚的过程中显著提高经营绩效。

2. 塑造新型企业文化,提升员工整体素质

外部客户满意度评价使员工了解客户对产品的需求和期望,了解竞争对手与本企业所处的地位,感受到客户对产品或服务的不满和抱怨,这使员工更能融入企业文化氛围,增强责任感。内部客户满意度评价使员工的需求和期望被企业管理层了解,可以建立更科学完善的激励机制和管理机制,最大限度发挥员工的积极性和创造性。

3. 促进产品创新,利于产品/服务的持续改进

可以客观地提供客户对于服务的评价,是不断提高服务品质的一个不可缺少的组成部分。客户满意度评价使企业明确产品或服务存在的急需解决的问题,并识别客户隐含的、潜在的需求,利于产品创新和持续改进。

4. 增强企业竞争力

建立、培养忠诚可靠的客户群体,可以树立良好的企业形象,显著增强企业的适应能力和应变能力,提高市场经济体制下的竞争能力。

(二)建立客户满意度评价体系的原则

在建立客户满意度评价体系时,必须遵循下列四大原则:

1. 客户满意度评价指标体系,必须是客户认为重要的

"由客户来确定评价指标体系"是设定评价指标体系最基本的要求。要准确把握客户的需求,选择客户认为最关键的评价指标。

2. 评价指标必须能够控制

客户满意度评价会使客户产生新的期望,促使企业采取改进措施。但如果企业在某一领域无条件或无能力采取行动加以改进,则暂不采用这方面的评价指标。

3. 评价指标必须是可测量的

客户满意度评价的结果是一个量化的值,因此设定的评价指标必须是可以进行统计、

计算和分析的。

4. 与竞争者的比较

建立客户满意度评价指标体系还需要考虑到与竞争者的比较,设定评价指标时要考虑到竞争者的特性。

客户满意度指标体系会随着市场及顾客的变化而变化,今天客户不在意的因素,有可能成为客户明天关注的"焦点问题",因此对客户的期望和要求应做连续跟踪研究,从而了解客户期望和要求的变化趋势,并对客户满意度指标体系做出及时地调整和采取相应的应对措施。

(三)建立客户满意度评价体系的步骤

1. 提出问题

进行客户满意度评价指标体系建设的第一步,就是要明确影响客户满意的因素有哪些,同时还必须考虑如何获得这些因素并量化,即包括对下面几个问题的回答。

- 影响购买和使用的客户满意因素有哪些?
- 在这些满意因素中,哪些因素能够成为满意度评价指标?
- 每一个满意度评价指标对购买和使用的影响程度如何?
- 上述数据可以从哪些渠道获得?
- 应该采用何种方式采集数据?
- 采集数据时应注意哪些问题?

2. 采集数据

采集数据的方法有很多种,建立不同的客户满意度评价指标体系所侧重的采集方法不同。在客户满意度评价指标体系建立过程中采用的方法主要包括五种:

(1)二手资料收集

二手资料大都通过公开发行刊物、网络、调查公司获得,故二手资料具有透明性等缺点,但是它毕竟可以作为我们深度调查前的一种重要的参考。

(2)内部访谈

内部访谈是对二手资料的确认和对二手资料的重要补充。通过内部访谈,可以了解企业经营者对所要进行的项目的大致想法,同时内部访谈也是发现企业问题的最佳途径。

(3)问卷调查

它是一种最常用的数据收集方式。问卷中包含了很多问题和陈述,需要被调查者根据预设的表格选择该问题的相应答案,同时也允许被调查者以开放的方式回答问题,从而能够更详细地说明他们的想法。

(4)深度访谈

为了弥补问卷调查存在的不足(如问题比较肤浅,开放性问题回答比较模糊等),有必要实施典型用户的深度访谈。深度访谈是针对某一论点进行一对一的交谈,在交谈过程中提出一系列探究性问题,用以探知被访问者对某事的看法,或解释某种行为的原因。

(5)焦点访谈

为了更周全地设计问卷或者为了配合深度访谈,可以采用焦点访谈的方式获取信息。焦点访谈就是一名主持人引导 8~12 人(顾客)对某一主题或观念进行深入的讨论。焦点访谈通常避免采用直截了当的问题,而是以间接的提问激发与会者自发的讨论,可以激发与会者的灵感,让其在一个"感觉安全"的环境下畅所欲言,从中发现重要的信息。

3. 建立行业客户满意因素体系

通过分析、整理收集到的二手资料和内部(外部)访谈所获得的信息,建立客户满意因素体系表,对各类指标的属性进行充分分解,初步建立起客户满意因素集合,为下一步展开数据收集工作提供调研目标。

4. 建立企业客户满意指标体系

在建立企业客户满意指标体系的过程中,首先,在行业客户满意因素体系中提出与其他因素高度相关的因素,使剩余的因素保持相对独立。比如,有两个客户满意因素,分别是"货品种类是否齐全"和"是否能够购买到需要的货品",这两个指标的相关程度较高,只能选择一个作为满意指标。其次,还要在行业客户满意因素体系中提出对客户满意度指数影响较小的因素,这些因素对客户满意度指数有一定影响,但是影响程度微乎其微,为了避免他们对其他重要因素的干扰,同时也从成本角度考虑,将他们剔除,仅保留与客户满意度指数有较强相关关系的因素作为满意指标。

剔除不需要的因素后,将剩余的因素按照行业客户满意因素体系的框架归纳起来,同一级按照权重的不同排定次序,就初步形成了顾客满意指标体系(CSI)。

5. 确定调查结果

按照调查表的内容,每项分为很满意(100~90);满意(90~70);比较满意(70~60);不太满意(60~40);不满意(40~20)五个等级,重新估算满意度分数。交流中没有反映的项目,按满意估算。将此估算分数和问卷调查分数,按60/40比例加权平均得到该客户的初步满意度数值。如问卷调查该顾客没有分数,将走访估算分数作为其初步满意度数值。

在此基础上,客户每出现一次投诉,根据处理情况和客户对处理结果的满意程度,按如下等级加减客户满意度分数:投诉未处理(-5);投诉处理,客户不满意(-5);投诉处理,客户不太满意(-3);投诉处理,客户基本满意(-1);投诉处理,客户满意(0);投诉处理,客户很满意(+2),从而获取该客户的最终满意度分值。

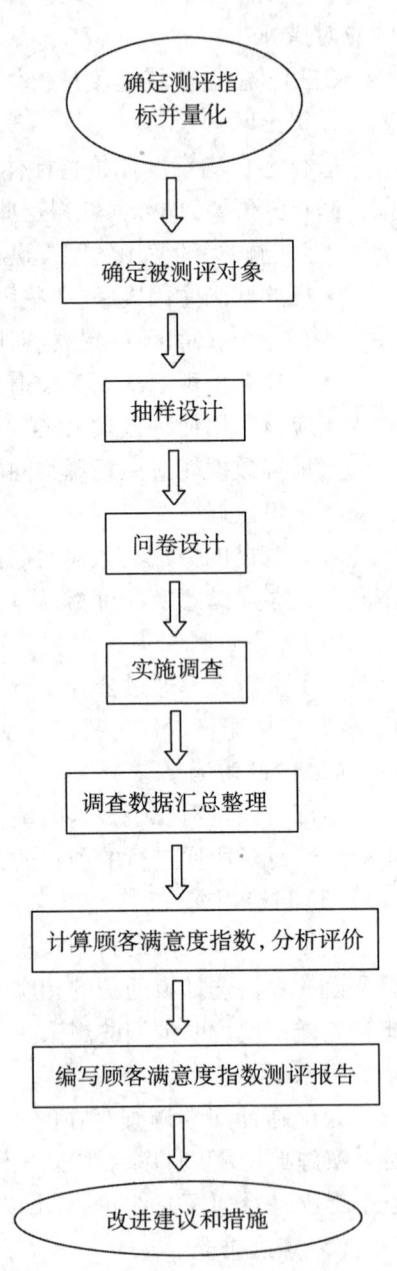

图8-1 客户满意度评价的工作流程图

客户满意度评价的工作流程如图8-1所示,通过这种方式测得的客户满意度比较客观、公正,能更真实地反映质量管理中的问题,为进一步改进和完善各项工作提供了较科学的依据。当然,这种测量方法还有欠缺,比如应增加客户流失等项目在满意度中的体现,也可变通和增加其他测量方法。

会展企业应从实际出发,结合自身特点,不断摸索,勇于创新,一定能做好客户满意度测量工作,实现了解客户真实感受和要求的目的,通过改进增加客户的忠诚度,最终提高企业的长期赢利能力。

 拓展提高

德国参展企业对展会的评价

德国企业判断一个展会是否成功,主要从以下几个方面考虑:本企业是否在展后中树立和保持了良好的形象;是否更新和强化了现有客户的联系;结识了多少新客户;所显示的参与市场程度;推介新产品的情况;对现有市场份额的巩固情况;所搜集的信息质量;签订的合同数量。

 思考练习

一、单项选择题

(　　)指产品的外在表现,如展会带给客户的其他收获等。

A. 产品的核心价值　　　　　　　　B. 产品的附加价值

C. 品牌价值方面　　　　　　　　　D. 服务方面

二、多项选择题

客户满意度分析中需要注意的因素有(　　)。

A. 客户需求　　　B. 员工素质　　　C. 消费行为　　　D. 个性化服务

三、判断题

1. 企业可以在一周内失去100个客户,而同时又得到另外100个客户,销售业绩没有受到任何影响。(　　)
2. 要保持顾客忠诚度必须从员工着手。(　　)

四、简答题

1. 提高会展客户满意度的方法有哪些?
2. 建立会展客户满意度评价体系的原则有哪些?

学习任务2 客户忠诚度的培养

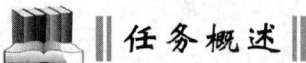**任务概述**

本任务以企业利润来源入手,讲述了客户忠诚度对企业的经营效益的直接影响,详细介绍了会展客户忠诚度巩固的一系列方法,包括老客户维护的方法、有效沟通防范误解的方法以及留住老客户的内外部机制,同时讲述了培养新客户忠诚度的方法,最后结合生动的案例加以说明。

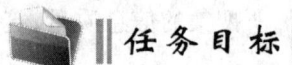**任务目标**

- 了解并熟悉老客户维护的方法、有效沟通防范误解的方法以及留住老客户的内外部机制方法
- 了解并熟悉培养新客户忠诚度的方法

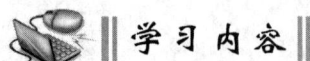**学习内容**

企业的利润来自客户的消费。企业的利润客户来源主要有两部分:一类是所谓的老客户,即原有企业的消费者,已经购买过企业的产品,使用后感到满意,没有抱怨和不满,经企业加以维护愿意连续购买产品的消费者。另一类是新客户,即利用传统的市场营销组合策略,进行大量的广告宣传和促销活动,吸引潜在客户来购买产品。会展企业为了自己的利润,应该做到的就是培养客户忠诚度,并不断开拓新客户。

一、会展客户忠诚度的巩固

根据调研报告,一个非常满意的客户,他的购买意愿将6倍于一个满意的客户;而2/3的客户离开是因为企业对客户的关怀不够。因此,客户的满意度和忠诚度将直接影响企业的销售和成本,特别是在与客户交流频繁、客户支持要求高的行业,如会展业,会展业客户中的某些大型企业是一些展会的基本客户,展会因他们而招揽观众,他们也愿意借展会宣传自己的产品,这样的老客户如果失去了,对会展企业将是毁灭性的打击。一个企业如果每年降低5%的客户流失率,利润每年可增加25%~85%,因此对客户进行成本分析是必要的。

(一)老客户维护的有效途径和方法

1. 注意将客户进行分类管理,特殊顾客特殊对待

根据80/20原则,公司的利润80%是由20%的客户创造的,并不是所有的客户对企业都具有同样的价值,有的客户带来了较高的利润率,有的客户对于企业具有更长期的战

略意义,所以善于经营的企业要根据客户本身的价值和利润率来细分客户,并密切关注高价值的客户,保证他们可以获得应得的特殊服务和待遇,使他们成为企业的忠诚客户。还要经常采取老客户优惠的措施,如数量折扣、赠品、更长期的赊销等,而且要经常和客户沟通交流,保持良好融洽的关系和和睦的气氛。

2. 给客户提供个性化的服务

提供系统化解决方案,不仅仅停留在向客户销售产品的层面上,而且要主动为他们量身定做一套适合的系统化解决方案,在更广范围内关心和支持顾客发展,增强顾客的购买力,扩大其购买规模,或者和顾客共同探讨新的消费途径和消费方式,创造和推动新的需求。应当从加强和促进客户关系上增强服务,从而加深客户之间的印象。

与客户的感情交流是企业用来维系客户关系的重要方式,日常的拜访、节日的真诚问候、婚庆喜事、过生日时的一句真诚祝福、一束鲜花,都会使客户感动。交易的结束并不意味着客户关系的结束,在售后还需与客户保持联系,以确保他们的满意度持续下去。由于客户更愿意和他们类似的人交往,他们希望与企业的关系超过简单的售买关系,因此企业需要快速地和每一个客户建立良好的互动关系,为客户提供个性化的服务,使客户在购买过程中获得产品以外的良好心理体验。

3. 通过提供超值服务留住老客户

提供超值服务有助于留住老客户,作为服务对象的客户,总是在消费过程中凭个人的满意度来评价企业所提供的服务质量,这当然会带有感情色彩。额外的服务是指本与商品无关的行为,但由于这些行为会给客户减轻负担和麻烦,往往能取得客户的信赖,使客户愿意付出更多的价钱购买某种商品。事实上,能否留住客户,在于服务是否周全,交货是否准时,价格是否合理。总之,关键在于是否向客户提供了优质的服务。

提供超值服务时应注意:

(1)提供超值服务要关注客户不同层次的需求;

(2)提供超值服务要主动照顾客户的需求;

(3)提供超值服务要创造一种为客户服务的氛围;

(4)通过提供价值附加服务留住老客户;

(5)通过提供信息附加服务留住老客户;

(6)通过提供效率附加服务留住老客户;

(7)通过提供额外利益附加服务留住老客户;

(8)通过提供便利附加服务留住老客户。

为客户提供最大限度的方便同样是超值服务的方式,比如送货上门服务就是便利附加服务。没有人会怀疑送货上门服务不是一种超值服务。在如今这个繁忙的社会中,为客户提供方便是创造"客户期望超值附加"的一种特别富有成效的方法,企业在这方面应当创造自己独特的方式。

(二)深入与客户进行沟通,防止出现误解

导致企业客户流失的最关键因素是客户的需求不能得到实时有效的满足。一方面,企业应及时将经营战略与策略的变化信息传递给客户,便于客户工作的顺利开展。同时把客户对企业产品、服务及其他方面的意见、建议收集上来,将其融入企业各项工作的改进之中。这样,既可以使老客户知晓企业的经营意图,又可以有效调整企业的营销策略以适应顾客需求的变化。另一方面,应建立相应的投诉和售后服务沟通渠道,鼓励不满意的客户提出意见,及时处理客户不满,并且从尊重和理解客户的角度出发,采用积极、热情和及时的态度,站在客户的立场去思考问题,同时也要跟进了解客户,采取积极有效的补救措施。大量实践表明,2/3客户离开其供应商是因为对客户关怀不够。

(三)制造客户离开的障碍

一个保留和维护客户的有效办法就是制造客户离开的障碍,使客户不能轻易跑去购买竞争者的产品。因此,从企业自身角度上,要不断创新,改进技术手段和管理方式,提高顾客的转移成本和门槛;从心理因素上,企业要努力和客户保持亲密关系,让客户在情感上忠诚于企业,对企业形象、价值观和产品产生依赖和习惯心理,就能够和企业建立长久关系。

(四)建立能留住老客户的内部机制

保留老客户的内部机制包括以下几方面:

(1)建立以服务客户为中心的责任制度。众所周知,为客户提供满意的服务以留住客户是企业内部每一个员工的责任。这是一项系统性工程,需要企业各员工、各部门之间的相互协调和积极配合,而绝对不是喊几句口号把一切都推给某个部门或某些员工去完成,这样是难以取得预期效果的。

(2)建立高效的一线员工服务体系。所谓一线员工,即指与客户直接接触的员工。一线员工处于企业组织的前沿地位,发挥着直接向客户展示企业精神风貌和服务理念以及优质服务的重要作用。客户对企业组织的良好服务的感觉正是由一线员工的服务行动带来的。就这一点来说,一线员工在留住客户方面是以实际行动落实企业组织的决策或目标导向,他们的作用无法替代。

(3)建立为客户提供优质服务的员工激励机制。

(4)建立以服务客户为中心的管理机制。建立客户忠诚,留住客户是一项艰巨、持久的工作,要确保这一工作顺利进行,使企业有效地以服务客户为中心进行管理。企业应当建立一个以服务客户为中心的管理机构,这一机构的任务非常明确,即在以留住客户的目的下,采取各种有效措施,对实现这一目的提供有力的支持或参与行动。

(5)培养忠实的员工,不断培训服务人员。忠实的员工才能够带来忠实的顾客。一位推销专家深刻地指出,失败的推销员常常是从找到新顾客来取代老顾客的角度考虑问题,成功的推销员则是从保持现有顾客并且扩充新顾客,使销售额越来越多,销售业绩越来越好的角度考虑问题的。对于新顾客的销售只是锦上添花,没有老顾客做稳固的基础,对新顾客的销售也只能是对所失去的老顾客的抵补,总的销售量不会增加。

要保持顾客忠诚必须从员工着手。具体可采取以下手段:第一,注重员工培训、教育,为企业员工提供发展、晋升的机会;第二,为员工尽可能创造良好的工作条件,以利于他们高效地完成工作;第三,切实了解员工的各种需求,并有针对性地加以满足;第四,提倡内部协作的企业文化,倡导团队合作和协作精神。

二、会展客户的开拓

客户开拓是会展企业永续经营的基石,是永远也不能停止的日常工作。即使企业现在拥有的客户再多、状况再良好,也不可忽视客户开拓。因为无论企业的服务多么良好,现有客户总会流失,他们的投资有可能会失败,他们的资金会另有他用……如果经纪人不把注意力集中于新增客户的量和质,永续经营就将难以为继。客户开拓就是一个不断发现、筛选和培育客户的过程。

(一)寻找新客户

销售团队的销售费用、时间和精力等资源有限,可是客户却无限,因此销售团队必须全面完整地收集客户资料并进行分析,才可以找到真正目标客户并制订销售计划。

1. 寻找新客户的方式

①经常观察旺销区域的零售市场和目标消费人群的变化;
②从报纸、无线电广播和电视收集信息;
③查阅电话号码簿;
④从集体讨论和现有客户中收集信息;
⑤到零售点去咨询,挖掘供货商。

2. 客户资料的内容

客户信息包括客户资料和客户需求两个部分。销售人员应该在接触客户前先收集资料,才可以应对无误。资料是已经发生的结果,因此基本固定不变,而需求会在采购中不断变化。

(1)背景资料

客户的联系电话、通信地址、网址和邮件地址以及业务范围、经营和财务现状,同类产品和服务(包括竞争对手)的使用情况,客户最近的采购计划以及要解决的问题。

(2)组织机构资料

与采购相关的部门的职能,以及领导者部门之间的回报和制约关系。

(3)个人资料

客户的基本情况:客户的家庭情况、家乡、毕业的大学专业和专业等。
客户的兴趣和爱好:喜欢的运动、餐厅和食物、书和杂志等。
客户的行程:度假计划和行程。
客户的关系:在单位内的朋友和对手。

(4)竞争对手资料

竞争对手的产品使用状况以及客户满意度;竞争对手的销售代表的名字、销售的特点;竞争对手销售代表与客户之间的关系。

(二)建立客户关系

客户关系分成认识、约会、信赖和同盟由低到高的四个阶段,当销售人员发现客户在内存在明确销售机会时,采取销售组合迅速推进客户关系。客户关系发展的四阶段:

1. 认识

客户关系的第一阶段,标志是客户能够叫出销售人员的名字。常见的销售方法包括电话和拜访,专业销售形象和携带客户喜欢的小礼品可以增进客户好感。

电话:通过电话与客户保持联系以促进销售。

拜访:在约定的时间和地点与客户会面。

小礼品:向客户提供礼品,礼品的价值在国家法律和公司规定允许的范围内。

2. 约会

销售人员与客户产生互动,通常可以将客户邀请到第三方场所,这是客户关系发展的第二个阶段。例如举行交流和座谈、邀请客户到公司参观、聚餐、运动或者娱乐活动。

商务活动:简单的商务活动主要是指与客户吃饭、喝茶等。

本地参观:邀请客户来公司参观和考察。

技术交流:在特定客户现场举行的销售活动,包括展览、发布会、演示会、介绍会等形式。

测试和样品:向客户提供测试环境进行产品测试,或者向客户提供样品试用。

3. 信赖

获得客户个人的明确和坚定的支持,此时客户愿意与销售人员一起进行比较私密性的活动。

联谊活动:与客户在一起举办的多种多样的商务活动,这些活动通常包括聚餐、宴会、运动、比赛、娱乐等。

家庭活动:与客人的家人互有往来,参与客户私人活动。

异地参观:邀请重要客户进行异地旅游、参观活动。

贵重礼品:在国家法律的范围内,向客户提供足以影响客户采购决定的礼品。

4. 同盟

客户愿意采取行动帮助销售人员进行销售,例如提供客户内部资料、牵线搭桥安排会晤等,并在客户决策的时候旗帜鲜明地表示支持。

穿针引线:客户乐于帮助销售人员引荐同事和领导。

成为向导:向销售人员提供源源不断的情报。

坚定支持:在客户决策的时候能够站出来坚定支持己方方案。

▶▶▶ 案例分析 ◀◀◀

近乎完美的服务

虽然泰国的经济在亚洲算不上最发达,但泰国的东方饭店却堪称亚洲饭店之最,几乎天天客满,且客户要得到入住几乎还需提前预订。那么东方饭店因何具有如此魅力?除了泰国别具风格的旅游风情和人妖表演之外,还有其几近完美的客户服务和客户管理体系。

企业家王先生到泰国出差，下榻于东方饭店，这是他第二次入住该饭店。

次日早上，王先生走出房间准备去餐厅，楼层服务人员恭敬地问道："王先生，您是要用早餐吗？"王先生很奇怪地反问："你怎么知道我姓王？"服务人员回答："我们饭店规定，晚上要背熟所有客人的姓名。"这令王先生大吃一惊，尽管他频繁往返于世界各地，也入住过无数高级饭店，但这种情况还是第一次碰到。

王先生愉快地乘电梯至餐厅所在的楼层，刚出电梯，餐厅服务生忙迎上前："王先生，里面请。"王先生十分疑惑，又问道："你怎么知道我姓王？"服务生微笑回答："我刚接到楼层服务人员的电话，说您已经下楼了。"

当王先生走进餐厅，服务人员殷勤地问道："王先生还要老位子吗？"王先生的惊异再度升级，想起一年前在这里吃过饭的事，在他疑惑时，服务人员主动解释："我刚刚查过记录，您去年6月9日在靠近第二个窗口的位子上用过早餐。"王先生听后有些感动，忙说："老位子！对，老位子！"于是服务人员接着问："老菜单？一个三明治，一杯咖啡，一个鸡蛋？"此时，王先生以及极为感动了："老菜单，就要老菜单！"

上菜时，服务生每次回话都退后两步，以免自己说话时唾沫不小心飞溅到客人的食物上，这点是王先生在其他高端饭店所没有见到的。

一顿早餐给王先生留下了终生难忘的印象。

而后来的三年，由于业务调整，王先生没有再去泰国，在王先生生日的时候，他收到一封东方饭店寄来的生日贺卡：亲爱的王先生，您已经三年没有来我们这里了，我们全体成员都非常想念您，希望再次见到您。今天是您的生日，祝您生日愉快！读到此时，王先生热泪盈眶，激动不已……

通过这个案例我们看出，泰国东方饭店以几近完美的客户服务管理，使得每一个入住客户满意，从而吸引了世界各地的客户入住，取得了很好的效益。客户是企业的核心资源，企业的每一分收入都来自客户。只有深入了解客户，注意收集和利用客户的信息，才能更好地发展和维系客户，制定有效的客户管理机制，获得更多的商机。

（三）判断客户沟通风格并制定相应对策

不同的客户有不同的性格特点，因此推进客户关系的前提是试挥客户沟通风格。客户的沟通风格可以大概分为分析型、进取型、表现型和亲切型四种类型。我们了解客户类型有助于确定客户在特定的某一时刻的行为方式，使我们能够对他人的行为作出恰如其分的回应。虽然各种行为类型之间各有不同，但是它们并无好坏之分。四种类型之间还有相当多的共性和重叠，每个人在不同时期里的所作所为都可能属于四种行为类型中的任何一种。

1. 分析型

这种客户彬彬有礼，藏而不露，讲逻辑重事实，具有很强的责任心。他们注重精确，讲求完美。勤奋、谨慎、有毅力、讲条理等也都是他们的长处。他们的缺点是自我封闭、缺乏情趣、不事张扬、离群索居，有时甚至会显得有点郁郁寡欢。如果他或她表现出犹豫不决的神情，那么就说明他们还需要分析所有的数据。如果他们过于极端，那么完美主义便会成为一种缺陷。这个类型的人肯定不会去冒险，他们以精确无误为乐，出错受责是他们最大的心痛。

针对这种类型的客户的对策是：讲求系统条理、完全彻底、深思熟虑、准确无误、专心致志。准备好回答很多个怎么办，要摆事实，重于分析。认识到并承认讲逻辑求准确的必要性。不要过于亲近，不要操之过急，要有反复说明自己观点的准备；留点思考评估的时间并大量运用各种证据；赞扬他某些工作做得多么准确无误。

2. 亲切型

这种类型客户具有专心致志、持之以恒和重视可靠的特点，是勤奋的工作者，即使他人早已半途而废，他们依然会一直做下去；具有合作精神、易于相处、值得信赖、反应敏捷，而且还是一位很好的听众。他们具有的弱点包括犹豫不决和缺乏冒险精神，常常过于重视他人的意见，循规蹈矩、不大肆声张，往往处于被动的状态。他们通常不会为自己说话或者辩护，过于顺从迎合他人，决策时常常会反复权衡，犹豫不决。亲近型喜欢稳定和合作，变化和混乱则会令他们感到痛苦。

可采取的对策是：做到放松、随和，当一名好听众。尽量保持事物的原有状态，按照书面指导原则去制定具体计划，有预见性，时常明确地表示赞同，用"我们"这个词，赞扬他或她具有的团队精神，不要催促，不要急于求成。

3. 表现型

这种客户具有口齿伶俐的个性特点，魅力十足、乐于助人、口才雄辩、擅长交际。他们看重的不是工作任务，而是人与人之间的关系。缺点是缺乏耐心、以偏概全、言语犀利伤人，有时还会做出一些不理智的举动；也可能比较自私自利、工于心计、放荡不羁、报复心较强、办事无章法，易与他人发生摩擦。主要需求是得到他人的接受和赞许。他们以得到他人的承认和赞同为自己的乐趣，被人孤立疏远是他们最大的痛苦。

采取的对策是：注重发展双方的关系，让他们看到你的建议对改善他们的形象有哪些好处。热情坦诚、有求必应，尽力满足他们希望与人分享信息、趣事和人生经历的愿望；做到友善健谈；随时注意保持热情友善、平易近人的形象。

4. 进取型

这种类型的人有远大的目标，是一个不安分的人，一个不怕冒险的行动者。这种人性格外向、意志坚强，说话办事井井有条、果断务实，从不绕弯子。进取型的人以工作任务为重，办事立竿见影，并不看重各种人际关系。他们可能会固执己见、独断专行、缺乏耐心、感觉迟钝，而且脾气暴躁，常常无暇顾及一些形式和细节。他或她还可能对别人要求较高，不愿采纳他人的意见，控制欲极强，从不妥协，甚至有些傲慢专横，冷酷无情。进取型的人珍爱的是权利、控制和他人的尊敬。失去别人的尊重，没有取得结果，以及感到受了他人的利用则是他们最大的痛苦。

可采取对策：满足此人的控制欲。专心研究工作任务，并探讨预期效果；行为规范，言之有据；表达简洁准确、有条有理；研究回答带有"什么"的问题；说话要有事实根据，不要仅凭感觉;不要浪费时间,不要纠缠细节;提供多种选择方案。

(四)介绍产品,诱发潜在客户兴趣

1. 开场白

赢得客户的兴趣是我们在进行销售时首先碰到的挑战。如果我们认为催逼无济于事,那么就只有一种选择了:我们必须设法减少客户的抵触因素。为引起客户的兴趣,许多成功的销售人员都使用了一种类似于报纸为吸引读者阅读而采用标题的技巧,使你去买他的报纸或阅读那篇文章。这一同样的技巧在销售中已被证明是极其有效的。

对于销售来说,标题就是问一个概括性的问题或是一句说明,其唯一的目的就是激发起客户的兴趣。

2. 发现客户需求

发现需求的过程就是去揭示客户的具体需要,了解客户个人及其企业需求的一种业务。在这方面能否成功,很大程度上依赖于我们能否直接、不断地使我们的客户一同参与到这一过程中。

这一过程的基础是进行有效的问询和倾听。方法是"观察 + 提问 + 倾听 = 发掘客户需要"。

3. 介绍产品特点,提供解决问题的方法

注意:我们并非出售我们的产品或服务,我们是出售由我们的产品或服务所带来的利益,并且这些利益能满足客户的需求。

4. 识别客户"购买信号"

即使对自己的产品和工艺非常的熟悉,也要聆听客户的诉说,而不是只顾及该说些什么。简单地说,购买信号就是用身体与声音表现满意的形式。这也就是说客户所说和所做的一切都在告诉你,他或她已做出了愿意购买的决定。在大多数情况下,购买信号的出现是较为突然的,有的时候,客户甚至可能会用某种购买信号打断你的讲话,因此请保持你的警觉性。

请密切注意客户所说和所做的一切,也许获得订单的最大绊脚石是销售本人的太过健谈,忽视了客户的购买信号。

5. 取得拍板的技巧

专业销售人员应该懂得掌握各种如何拍板的技巧。下面是一些经常使用的拍板技巧。既然你已与客户达成一致,认为你所提供的产品能够满足他/她的需求,并且也注意到了那些你认为是的购买信号,你要不失时机地采用各种办法拍板成交,获取订单。

6. 巩固销售(封板)

祝贺你得到了订单,但千万不要沾沾自喜,更不能有一种"我赢了,客户输了"的观点。

销售人员与客户实际上刚完成了一个完全的协商过程。利用这个机会说上几句利于巩固销售的话。比如:"李先生,你做出了非常好的决定,这将有利于你……"。对此,客户很可能报以这样的回应:"谢谢你!"

碰到过客户在交货前取消订单的,若用"巩固销售的话语"代替"谢谢你"之类的话,就能极大地降低客户取消订单的风险。

(五)处理反对意见的技巧

有经验的销售人员喜欢有反对意见。因为他们知道如果能够满足一个客户真正的需求,他们就又向做成这笔业务迈进了一步。

80%的反对意见来自于下列几种基本的类别:价格,质量,服务,竞争,应用,交货,经验,信誉。

当客户提出反对意见时,不要争论,不要反击,要提供更多令人信服的信息。在处理反对意见时,我们的目标是既消除不同意见,又不让客户失去面子。

1. 把意见转换成一个问题

几乎所有购买者提出的反对意见都可以被转换成问句的形式。如果购买者同意把它看成是一个问题的话,那么他/她就再也不会把它看成是一个反对意见了。这时购买者是在等待对这个问题的答复,在销售人员作出答复后,他便只能作出两种选择了:是或不。如果购买者说:"不",那你就可收集到更多的信息。

购买者:"不,这倒不是个问题。"

销售员:"哦,是吗!那请你告诉我你主要的问题是什么?"

购买者:"恩,我想要的是……"

随着交流的深入客户渐渐说出真正的问题所在了。第一个确实不是什么问题,如果你能满足他第二个问题,双方就可能做成生意了。

2. 自己觉得——人家觉得——发现

这种用"自己的感觉——人家的感觉——最终发现……"的方法来处理客户的反对意见能有效地引导客户接受我们的条件,同时也可避免发生冲突的潜在危险。

下面我们可以来分析一下这种方法,并用我们自己的反对意见穿插到这种方法中去模拟联系一下。

自己去感觉——"我理解你的感觉……"

目的:表示理解和同感。

人家的感觉——"其他人也觉得……"

目的:这样可以帮助客户不失面子。

发现——"……而且他们发现……"

这样做,如果对方有什么分歧,那问题在第三者身上。但如果达成一致,那么你将获利。要有"期盼反对意见"的心态来面对客户的反对意见,这显示客户对我们有兴趣,能使我们能得到圆满的结局。

开拓客户是一种技能,唯有在实践销售过程中不断磨炼,才能熟练掌握。想要成为一名成功的职业销售大师,除了掌握并熟练运用这些专业销售技巧外,还要不断学习各种相关的知识以充实自己,提高自身素质。开拓客户是一个与人交往的工作,唯有客户认可并接受销售人员的个人素质,才有可能购买会展企业的产品,从而实现企业销售目标。

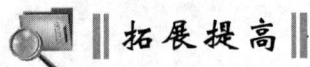 拓展提高

如何在展台上招呼潜在客户？

关于参展的另一个关键点是：最多只有15%的观众在被你的销售团队接近时感到自在，大多数观众更喜欢用他们的方式主动接近你的员工。一项针对参观了展会但却没有达到其预期目标的观众的研究发现：

16%的此类观众不信任展台销售人员，或被接近时感到不自在。这是，安排你的团队员工离开展台休息、放松、振作精神是个非常好的主意，这样他们可以与观众有很好的眼神交流以及露出真诚的微笑。也提醒他们读懂观众的面部表情，不要去招呼那些站在过道的观众。

28%的此类观众表示，当他们来到一个展台时，没人上来帮忙。有时候员工会忙于照顾其他客户，没法照顾到每个人，但如果你的销售团队将宝贵的时间花在彼此聊天或者接打手机电话的话，就有浪费销售时间的问题了。如果需要翻译服务，可能没有人能在那个时候帮忙。当没有和客户谈话时，员工应该站在过道边上，这样可以随时招呼和确认潜在的客户。如果将总的参展费用除以开展期间的小时数，你就能立刻意识到展台上每时每刻的价值所在。

42%的此类观众感觉展台上的销售人员没有真正了解他们的需求。所以，要确信你的员工仔细倾听潜在客户说的话，并给予恰当的回答。

(资料来源:http://blog.sina.com.cn/s/blog_49bf3e3a0100kb9s.html)

 思考练习

一、单项选择题

1. （　　）往往是导致企业客户流失的最关键因素。
   A. 没有提供超值服务
   B. 没有给客户提供个性化的服务
   C. 没有将客户进行分类管理
   D. 客户的需求不能得到切实有效的满足

2. （　　）的客户注重精确，讲求完美。
   A. 表现型　　　B. 分析型　　　C. 亲切型　　　D. 进取型

二、多项选择题

1. 在客户满意度评价指标体系建立过程中采集数据的方法主要包括（　　）。
   A. 二手资料收集　　　　　　　B. 问卷调查
   C. 深度访谈　　　　　　　　　D. 焦点访谈

2. 客户关系分成（　　）由低到高的四个阶段。
   A. 认识　　　　B. 约会　　　　C. 信赖　　　　D. 同盟

三、判断题

1. 如果可感知效果低于期望值,客户就会不满意。（　　）
2. 简陋的展览馆不会降低顾客满意度。（　　）

四、简答题

1. 简述老客户维护的有效途径和方法。
2. 开拓会展客户有哪些方法？

学习任务3　会展客户服务质量管理

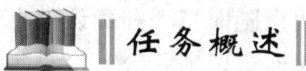

任务概述

本任务以会展服务质量的含义着手,阐述了服务质量对企业的影响,介绍了会展企业服务质量的相关标准,讲述了会展企业应从三个主要过程提高服务质量,即会展客户服务市场研究与开发、会展客户服务组织设计以及会展客户服务提供过程的质量管理,最后提出改进质量管理的途径。

任务目标

- 理解并掌握会展服务质量的含义及意义
- 了解会展企业服务质量的相关标准
- 熟悉会展企业过程质量管理的方法及内容
- 了解会展改进质量管理的途径

学习内容

在许多发达国家,现代会展管理的目的不再局限于降低成本方面,而是通过提供最适宜的客户服务来实现企业效益的最大化。会展客户服务已经成为企业打造核心竞争力,实现经营和发展战略目标的重要手段。而会展客户服务质量管理是以全面质量管理和控制为基础来保证物流服务全过程达到质量标准,以质量保证来维护客户的利益,以客户满意为会展服务质量管理的根本目标。

一、会展服务质量概述

（一）会展客户服务质量的含义

发达国家的服务业对附加值的贡献比任何其他领域都更大,无论是个人还是机构都越来越多地购买服务。质量作为形成服务的差别和竞争优势的成分,注定会越来越重要。

服务质量是客户对服务的期望(即期望的服务)与其实际感知的服务(即体验的服务)的对比。当感知超出期望时,服务被认为具有特别质量,否则服务就被认为是不符合客户的质量要求的。服务的无形性、差异性和不可分离等特性,使服务质量的概念与有形产品的质量在内涵上有很大的不同。

会展客户服务质量是指会展客户服务中客户对服务的期望(即期望的服务)与其实际感知的服务(即体验的服务)的对比。一般包括展前服务质量、展中服务质量以及展后服务质量等。

(二)服务质量对企业的影响

优质的服务质量和劣质的服务质量对企业产生截然不同的影响。

1. 优质服务对企业的影响

对提供优质服务的企业,客户平均会转告 5 个人。通过有效解决客户的问题,提供优质服务的企业会使 95% 的客户成为忠实客户,开发新客户要比维护老客户多花 5 倍的成本,而一个忠实客户相当于 10 次重复购买产品的价值,如此计算的话,维护好老客户能为企业创造的价值相当于新客户价值的 60 倍。图 8-2 显示了优质的服务质量对企业的影响。

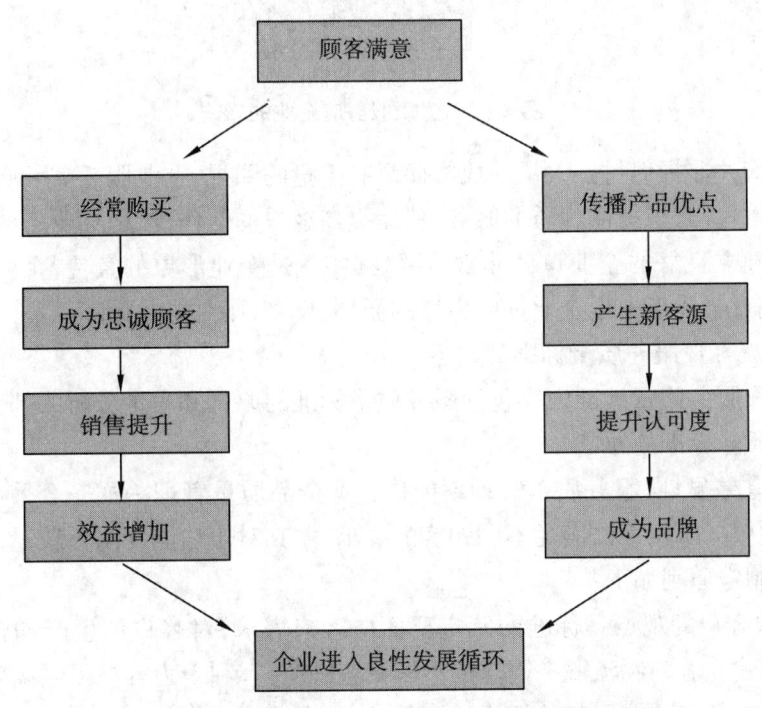

图 8-2 优质的服务质量对企业的影响

2. 劣质服务对企业的影响

如果企业提供不好、劣质的服务,那么平均每个客户会把抱怨告诉 10 个人,其中 20%的客户会把抱怨传播给 20 人,一次不好的服务需要 12 次好的服务来修正,一般来说我们只听到 4% 的抱怨声,81% 的抱怨客户会永远地消失。图 8-3 是劣质服务带给企业的影响。

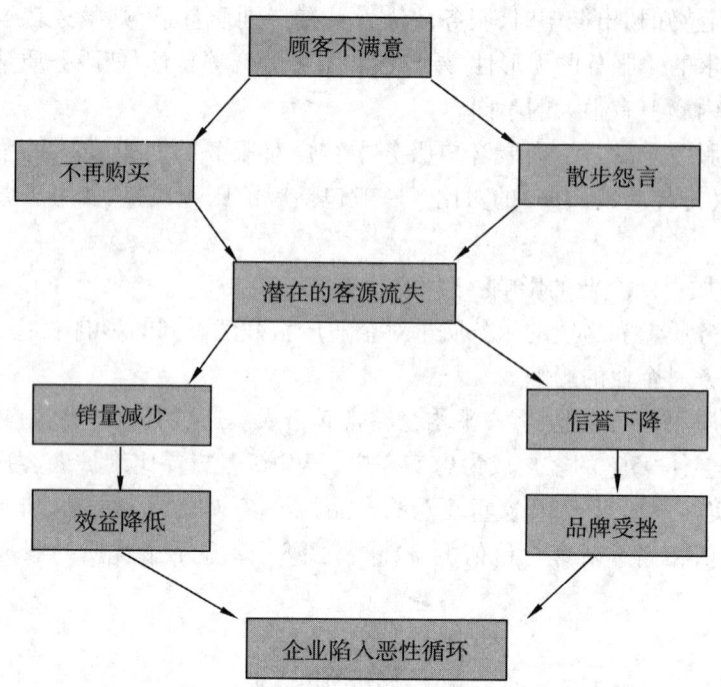

图8-3 劣质服务对企业的影响

在此我们并非提倡付出大量的成本而只有少量的回报,企业服务需要必要成本付出。以必要的成本付出,来提供优质的服务,从而提高客户的信任度,增加业务的信誉,带来更多的客源。建立良好的企业口碑非常重要,其实就是企业形象的宣传,企业实力的体现。总之,客户满意会无形中把企业推向良性的循环,反之,则是恶性循环。

(三)会展客户服务质量标准的内容

会展客户服务质量标准内容包括服务质量标准的原则和质量分析两部分。

1. 服务质量标准的原则

服务具有差异性,服务质量管理不能像工业产品质量管理一样完全采用标准化规章制度,标准化服务常常无法满足不同顾客的要求,尤其对于功能性服务质量的管理。服务质量标准的制定原则如下:

(1)反映客户的观点。标准的制定要面向客户需求,对客户的生产和营销体系有透彻的了解;要建立客户物流服务需求的尽职调查规范,有利于为客户提供高效经济的物流解决方案;要方便客户获得和使用物流服务,为客户共担风险和共享收益。

(2)可评估。标准的制定要面向服务过程,对流程进行细致的分析;要设计与客户互动的机制和程序,建立合适的关键绩效指标控制体系;要明确过程控制的方法,选定物流信息管理系统,同时要考虑客户服务的知识管理。

(3)易于实施。在组织内可自上而下实施,为管理层提供调整业务活动的线索。

(4)标准高低适中。如果企业制定的服务质量标准太高,员工无法达到,就会产生不良反应;反之,则无法促进员工提高服务质量。

2. 质量问题的分析

质量不仅是企业的生命,同时质量也成为了一种管理手段,一种机构按照顾客需求和预期思维的手段,一种引导战略和让顾客满意的管理的工具。作为管理人员,在经营一个组织时,如果不重视质量,不把质量当作组织的生命或经营发展战略的主要因素,质量管理是难以真正推行的,所以管理人员应将物流服务当作是有限的经营资源,调查客户的需求,根据不同客户的期望承诺制定服务质量标准。要使各项服务达到所设定的质量标准,应从以下方面对服务工作的各个部分进行质量分析:

- 人员(提供服务的人)
- 设备(完成服务要使用的机器设备)
- 方法(与服务相配套的程序与方法)
- 材料(服务中使用的原材料)
- 环境(服务行为发生的环境)

二、会展客户服务的质量标准

国内很多展览企业都已经意识到了展览服务流程规范化、标准化的重要意义,如在全国率先获得 ISO9000 国际质量体系认证的深圳高交会展览中心,就已经创立了一套包括展览业务经营、展览工程、展场租赁、会展物业管理等较为完善的会展服务体系。在展览实践中严格按照规范的流程进行运作,为高交会、家具展、中国国际互联网等大型展览会提供了一流、高效的会展服务。此外,上海、大连、厦门等城市的会展中心也都相应地建立了各具特色的服务运作模式。

(一)会展客户服务质量标准的内容

会展客户服务质量一般包括:服务硬件、服务软件和服务人员,三者相辅相成,缺一不可。

1. 服务硬件

服务硬件是指企业开展客户所必需的各种物质条件,它是企业客户服务的外包装,起到向客户传递服务信息的作用;它是企业开展客户服务工作必须具备的基础条件,也是客户对企业形成第一印象的主要因素,一般包括以下几个方面:

(1)服务地点。通过对客户需求的研究,发现客户在购买产品和服务时,希望更方便、更快捷,因此,服务的地点越近,越方便客户的购买,就越能赢得客户。

(2)服务设施。服务设施主要是指企业为客户提供产品或服务所必需的基本工具、装备等,包括数量和质量两个方面,数量决定着企业提供服务的能力,质量决定着服务的好坏。

(3)服务环境。服务环境主要指企业为客户提供服务的空间环境的各种因素,包括服务场所的内外装修、环境的色彩、空间的大小、光线明亮程度、空气清新度、环境卫生清洁度、家具的风格、座位的安排等。

2. 服务软件

服务软件涵盖了客户服务工作开展的所有程序和系统,提供了满足客户需要的各种

机制和途径。程序就是我们说的客户服务的流程,这里包括:

(1)时限——时间标准。

(2)流程——顺畅的业务流程,不能有不科学不合理的地方。

(3)适应性——程序灵活适应客户。适应性就是程序是不是很灵活,如果出现特殊投诉的话,是不是需要提前,可以有所变通。

(4)预见性——领先客户一步着想。比如说,高峰时间没有出现时,客户服务的标准就按照现在来执行。但是要考虑到有些行业也许在节假日的时候会出现高峰,如铁路行业,要考虑出现高峰时如何分流客户。像"家乐福"规定,春节期间所有收银台全开,所有员工不得休息,必须加班。平常可以倒休,但是春节假日不准倒休。这是预见性,要领先一步为客户着想。

(5)信息沟通——迅速传递信息。信息沟通是指流程设定以后,是不是有利于信息的迅速传递。

(6)客户反馈——收集、分析客户反馈信息。客户反馈就是客户满意度调查,就是客户对于服务的信息反馈是不是能够有效地收集上来,所以说,这是服务程序。

(7)组织和监管——清晰、高效的组织机构。

3. 服务人员

企业的服务硬件和软件是理性的、规则的,而这些规则要靠服务人员来执行,他们的行为决定着服务质量的好坏。为达到优质服务,对客户服务人员的要求主要有以下几点,如图8-4所示:

仪表、对客户的关注态度、销售技巧、投诉处理标准和极限、服务语言的标准化等,这些都是个人方面需要考虑的。

```
仪表——外在标准态度——身体语言及语调
关注——使客户感到特别优待
得体——服务语言的标准
销售技巧——销售是服务不可分割的一部分
投诉处理标准——处理权限有多大,有哪些相关标准
```

图8-4 客户服务人员的服务要求

三、会展客户服务过程的质量管理

会展客户服务过程的质量管理可划分为三个主要过程:会展客户服务市场研究与开发、会展客户服务组织设计以及会展客户服务提供过程的质量管理。

(一)企业会展服务市场研究与开发

市场研究与开发过程是企业根据客户导向的市场运作要求,通过预测来把握客户期望、要求和行为特点,创造和提供客户个性化服务产品,借以永久地建立客户忠诚,获取和保留最大利润客户,最终获取企业利益的过程。企业通过市场研究和分析,一旦决定提供一项服务,就应把市场研究和分析的结果以及服务企业对客户的义务都纳入服务中。

对会展客户服务市场研究与开发进行质量控制,首先要求做到识别市场研究与开发

过程中对服务质量和客户满意有重要影响的关键活动,然后对这些确定的关键活动进行分析,明确其质量特征,对所选出的特性规定评价的方法,建立影响和控制特征的必要手段,通过其测量和控制来保证服务质量。

(二)会展客户服务组织设计的质量管理

服务组织设计的过程是把市场研究与开发的结果,即服务提要的内容转化为服务规范、报告提供规范和服务质量控制规范,同时反映出服务企业对目标、政策和成本等方面的选择方案。事实上,并不存在一种适合于所有企业的会展客户服务组织机构,企业的性质、传统、决策者的个人喜好及会展活动本身在企业当中的重要程度都会对企业的会展客户服务组织机构产生影响。

(三)会展客户服务提供过程质量管理

会展客户服务提供过程是将服务从供方提供到消费者的过程,是顾客参与的主要过程。

1. 会展客户提供供方的评定

企业作为会展客户服务的供方,要保证服务提供过程的质量,就是要对是否遵守已规定的服务提供规范,是否符合服务规范进行监督,出现差距时对服务提供过程进行调查。

2. 会展客户评定

客户评定是对会展客户服务质量的基本测量,客户的反映可能是及时的,也可能是滞后的或回顾性的。很少有客户愿意主动提供自己对服务质量的评定,不满的客户总是在不预先给出允许采取纠正措施的信息前就停止使用或消费服务。对客户满意方面的评定和测量,应集中在服务提要、服务规范、服务提供过程满足客户需要的范围内。服务企业经常会发生以为提供的是优质服务,但客户可能并不满意的事,这可能表明了规范、过程或测量中的缺陷。

3. 不合格物流服务的补救

没有任何物流服务质量体系能绝对保证所有的物流服务都是可靠的、无缺陷的,不合格物流服务在企业仍是不可避免的。物流服务质量体系中应规定对不合格服务的纠正措施的职责和权限,尽早识别潜在的不合格服务。

四、改进会展客户服务质量的途径

会展客户服务质量管理的一项重要内容就是对服务质量进行持续的改进,不断追求更高品质的服务,以提高客户的满意度,增强企业的市场竞争力。持续地进行会展客户服务质量的改进,应当做到以下几点:

(一)营造持续改进服务质量的良好环境

实现服务质量持续改进的首要前提是在企业内部营造良好的环境。要让员工通过学习和培训明确会展客户服务质量改进的目的和目标,要让他们理解现代质量与质量管理的真正内涵,使他们知道服务质量是可以测量和评价的,是可以通过不断的学习、改进和创新而达到让客户满意标准的。同时,企业应当建立良好的企业文化,对员工的需求给予充分的重视。领导要关心员工,与员工沟通,形成相互尊重、相互合作、融洽的工作氛围,要使追求更高品质的服务质量成为所有员工的"共同愿景"。"共同愿景"是企业经营理念中的组成部分,是组织中人们所共同持有的意象或景象,它创造出众人一体的感觉,并渗入组织的所有活动中。

(二)设定服务质量标杆

竞争是促进企业不断提高服务质量的最有效动力,任何企业都不能忽略竞争对手的影响。企业要把与行业中最有竞争力的佼佼者的横向对比作为明确服务质量改进战略、制定改进措施的重要依据,要分析它们的战略、经营管理、业务动作以及技术等方面的优势,并结合企业的实际情况设定质量改进的标杆,通过不断地比较和学习提高自身的质量管理水平。

(三)改善服务流程

业务流程是会展客户服务提供过程中各环节顺序和相互关系的真实写照,它涵盖了影响服务质量的绝大部分因素。改进服务质量应当实施有效的流程管理,不断对业务流程进行审查,对其进行反复地、系统地改善。

(四)改进服务方法

要实现让客户满意的目标,不但要对会展客户服务的开发、设计、作业等全过程进行质量控制和改进,还应当寻找好的服务方法。要通过倾听客户、员工、竞争对手以及社会公众的声音,了解客户喜欢或习惯的服务方式或方法,并努力使之成为现实。

总之,会展客户服务的质量改进是一个循序渐进、没有终点的过程。在快速多变、竞争激烈的市场中,所有忽视质量改进的企业都只会随着竞争对手的进步而失去更多的客户,等待它们的只有失败。

 拓展提高

医药会展上卖烧饼

"举办方当初承诺有几百家参展企业,事实上参展企业不足百家,我们参加该次展会遭到欺骗!"参展商在某次医药展会上如此抱怨。

一场医药展会,名称却有好几个。"没有任何指示牌指示 6 号馆有医疗展",20 多家参展商对本报记者表示,他们"对本次参展感到非常失望,遇到了骗局"。不同参展商收到的文书不同,本次展览会的名称各不相同。

医药展会上卖烧饼和箱包。在展馆现场看到,参展企业多为医药企业及其相关行业,但也有卖烧饼和箱包的展位。众多参展商对此嬉笑不已,认为这是举办方在开玩笑,搞出如此的笑话。

主办方是谁不明确。该次展会的会刊上承办单位为某某公司。某会展中心网站公布的展览计划中称本次主办单位是"某行业协会"。协会领导称与某某没有任何利益上的往来,协会也未帮他们招展;由于某某公司宣传不到位,导致展会不成功,协会本身也是受害者,他们已于前一天中午退展了——以表示不支持这次展会。

不同参展商参展费用悬殊。不少参展商对于参展费用的差别很有意见;另有参展商反映举办方未给其开具发票,也有人认为对方出具的发票为假发票。不同参展商所交费

用的确大不相同,少的1 000元,多的7 800元。

根据以上资料回答:

1. 上述医药展会客户不满意的原因是什么?
2. 该展会的客户服务理念应如何改进?

思考练习

实训题

在班级中举办一个产品推介会,假设你作为某家企业展台的展示人员,请根据产品特性进行规范的产品展示和说明。

单元要点归纳

【本项目知识框架图】

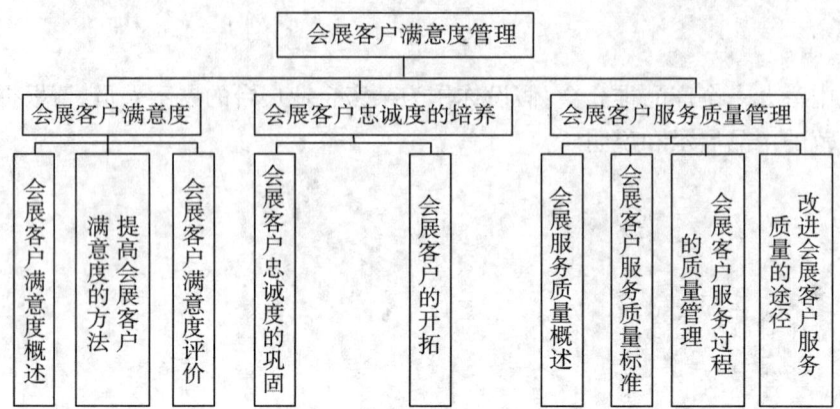

【关键概念】

客户满意度、客户沟通、客户开拓、质量管理

项目九　会展客户服务礼仪实务

单元概述

据调查显示,参观者85%的第一印象是来自会展的工作人员,同时其决定是否进一步建立合作意向也与相关工作人员的服务礼仪直接相关。由此可见会展服务人员礼仪的重要性。因此,会展服务礼仪会展企业在整个客户服务的过程中,要以高超的服务技巧和恰当的服务语言使客户感受到优质的客户服务,使客户的满意。本项目单元介绍了会展客户沟通的基本方法,包括整合形象的方法、语言表达的方法和电话沟通技巧,并介绍了会议活动和展览活动中服务礼仪规范。

单元目标

- 熟悉会展服务人员形象礼仪的内容
- 掌握和运用会展服务人员礼仪
- 熟悉各会展活动中的服务礼仪

学习任务 1　会展客户服务的基本礼仪

任务概述

本任务介绍了会展服务人员的基本礼仪是通过内部素质和外部形象服务表现的,阐明了会展服务人员内部素质的三个方面,即心理素质、品格素质和技能素质,讲述了会展服务人员的外部形象包括着装、仪表、形体语言和职业微笑技巧等方面。

任务目标

- 了解为会展旅游者选择适宜饭店和酒店的方法
- 熟悉会展旅游中的餐饮服务特点
- 初步掌握会展旅游过程中的会议安全服务和卫生安全防疫等服务内容
- 了解会展旅游产品的评价标准和提高客户服务质量的方法

学习内容

会展企业特别注重形象、注重品牌,服务人员是企业的代言人,直接体现了企业的形象,服务人员的形象是由服务人员基本礼仪展现的,具体表现在两方面,一是内部素质,另一方面是外部形象。

一、服务人员的内部素质

（一）心理素质

服务人员应该有较好的心理素质,心理承受力应该较强,应具备以下能力:

1. 自我情绪管理的能力

作为一名会展服务人员,在工作生活中难免会遇到不开心的事情,进入工作状态后,要迅速地加以调整。例如,大清早刚开始工作,就被自己的第一个客户臭骂了一顿,心情会变得很差,这时需要调整好情绪来面对下一个客户。因为对于客户,会展客服人员永远是他那一天的第一个。特别是会展客户咨询中心的在线服务人员,一天要受理400个投诉或咨询,需要保持对每一个客户同样的热情度。因此,客户服务人员优秀的心理素质是非常重要的。

2. 良好的挫折承受能力

会展销售人员经常会遇到一些挫折打击。例如,外部因素令客户很不满意,客户可能会迁怒于客户服务人员,因为他遭受了太大的打击,所以需要有一个发泄的渠道。对于客户的误解、辱骂和投诉,作为客户服务人员要有承受挫折打击的能力。

3. 沉稳的应变能力

所谓应变能力是指对一些突发事件的有效处理。对于客房人员来说沉稳的应变能力是非常重要的。客户服务人员每天都要面对不同的客户,很多时候客户会带来一些具有挑战性的事件。特别是处理一些恶性投诉的时候,要能稳妥处理。

4. 积极进取、永不言败的良好心态

客户服务人员在自己的工作岗位上,需要不断地调整自己的心态。遇到困难、挫折,都不能轻易放弃。有的客户服务人员在遇到挫折时,就打退堂鼓了,觉得干不下去了。因此,客户服务人员需要一个积极进取、永不言败的良好心态。当然,这与公司的文化相关,还与积极向上的服务团队有关,员工在团队中得到伙伴的支持和理解,内心的不快能得到很好的化解。

(二)品格素质

无论是什么样的工作,都要求工作人员具备良好的品格,服务人员也是这样。

1. 忍耐与宽容是优秀客户服务人员的一种美德

服务人员需要有包容心,要包容和理解客户,真正的客户服务是根据客户本人的喜好来使他满意。某个客户也许在生活中不可能成为朋友,但在工作中他是客户,服务人员就应该比对待朋友还要好地对待他。要有很强的包容心,包容别人的一些无理,包容别人的一些小家子气。因为有些客户会斤斤计较、蛮不讲理、胡搅蛮缠,任何情况都会出现。

2. 不要轻易承诺,说了就要做到

对于客户服务人员,通常很多企业都有这样的要求。客户服务人员不要轻易地承诺,随便答应客户做什么,这样会给造成工作的被动。但是,客户服务人员必须要注重自己的诺言,一旦答应客户,就要尽心尽力去做到。

3. 勇于承担责任

客户服务人员需要经常承担各种各样的责任和失误。出现问题的时候,同事之间往往会互相推卸责任。客户服务是一个企业的服务窗口,应该去包容整个企业给客户带来的所有损失,因此,在客户服务部门,不能说这是哪个部门的责任,一切的责任都需要通过你去承担,这就叫作勇于承担责任。

4. 拥有博爱之心,真诚对待每一个人

这个博爱之心是指"人人为我,我为人人"的思想境界。做到这一点的人不是很多。日本在应聘客户服务人员的时候,就专门聘用有博爱之心的人。

5. 谦虚是做好客户服务工作的要素之一

拥有一颗谦虚之心是人类的美德。谦虚这一点很重要,一个客服需要有很强的专业知识,什么都要懂,什么都要会,但仍要保持谦虚。客户可能说出很多外行的话,但客服不能在客户面前炫耀自己的专业知识,揭客户的短,这是客服很忌讳的一点。

6. 强烈的集体荣誉感

客户服务强调的是一个团队精神,企业的客户服务人员需要互相帮助,必须要有团队精神。人们常说一支球队特别有团结精神,特别有凝聚力,是指什么?是指每一个球员在赛场上不是为自己进球,他所做的一切都是为了全队获胜。而客户服务人员也是一样,你所做的一切,不是为表现自己,而是为了能把整个企业客户服务工作做好。这里谈到的就是团队集体荣誉感,这也是品格方面的要求。

(三)技能素质要求

专业的服务技能包括很多方面,比如专业知识、沟通的技巧、服务的技巧、投诉的处理技巧等,技能素质体现服务人员的专业知识和能力,要靠服务人员加强学习来提高自己的水平。

1. 良好的语言表达能力

良好的语言表达能力是实现客户沟通的必要技巧和必要技能。礼貌、亲切的表达能拉近服务人员与客户的距离,与客户交流应经常使用"请""您好""谢谢"等礼貌用语,不可使用粗鲁、强硬的语言;语言表达应简练,重点突出;语调应明快、清晰,语速不可太快或太慢。

2. 丰富的行业知识及经验

丰富的行业知识及经验是解决客户问题的必备武器。就会展业来讲,它涉及的知识非常广泛,这就要求客户服务人员不管做哪个行业的展会,都应该提前了解该行业的知识,只有这样,才能理解客户提出的问题,与客户进行有效沟通。作为客户,最希望得到的就是服务人员的帮助。因此,客户服务人员要有很丰富的行业知识和经验。

3. 熟练的专业技能

熟练的专业技能是客户服务人员的必修课。每个企业的客户部门和客户服务人员都需要学习多方面的专业技能。在实事求是的前提下,要注意对其扬长避短,强调"人无我有"之处。在必要时,还可邀请观众亲自动手操作,或由工作人员为其现场示范。

4. 优雅的形体语言表达技巧

掌握优雅的形体语言表达技巧,能体现出客户服务人员的专业素质。优雅的形体语言表达技巧是指气质。内在的气质会通过外在的形象表达出来。举手投足、说话方式、笑容,都能表现出你是不是一个专业的客户服务人员。一个企业的形象很大程度上来自客户服务人员的外在形象,如果客户服务人员外表看起来很职业化,客户通常就会觉得这家企业很规范;反之,客户就会对这家企业产生偏见。

5. 思维敏捷,具备对客户心理活动的洞察力

对客户心理活动的洞察力是做好客户服务工作的关键。所以,这方面的技巧客户服务人员都需要具备。思维要敏捷,要具备对客户的洞察力,洞察客户的心理活动,这是对客户服务人员起码的技能素质要求。

6. 具备良好的人际关系沟通能力

客户服务人员具备良好的人际关系沟通能力,跟客户之间的交往会变得更顺畅。例如,专业的客户服务电话接听技巧是客服人员的另一项专业技能,客服人员必须掌握,怎么接客户电话,怎么提问。客户服务人员需要具备良好的倾听能力,这是实现客户沟通的必要保障。

二、会展服务人员的外部形象

会展服务人员的外部形象主要包括客户服务人员恰当的着装、整洁的仪表、正确的形体语言表达及职业的微笑。

(一)客户服务人员的着装

客户服务人员的着装问题,是指一名客户服务人员应该穿什么样的衣服最为合适。在一般情况下,要求展位上工作的人员应统一着装。在大型的展览会上,参展单位若安排专人迎送宾客,最好请其穿色彩艳丽的单色旗袍,并胸披写有参展单位或其主打展品名称的大红色绶带。为了说明各自的身份,全体工作人员皆应在左胸佩戴写明本人单位、职务、姓名的胸卡,唯有礼仪小姐可以例外。按照工作惯例,工作人员不应佩戴首饰,男士应当剃须,女士最好化淡妆。

其他客户服务人员的穿着也要注意,是不是要统一着装?作为公司专业的客户服务人员,代表公司的形象,就要让客户感觉到客户服务人员和企业是很正规的,很专业化的。而专业化体现在什么方面呢?服装是一个很重要的方面,所以说应该穿统一的服装,并应该佩戴企业的标识。服饰也不能过于华丽,否则会与客户之间产生距离。

(二)整洁的仪表

整洁的仪表会增强客户的信赖感。不良的卫生习惯和不拘小节的行为举止,会使客户感到不舒服,整洁的仪表则会增强客户的信赖。很多人都有不良习惯,比如吸烟、头发不干净、指甲过长等,一般在有比较庞大的客户服务团队的企业,都会对员工的整体形象做一个评估。上班的时候,作为主管,对员工的外在形象都有一个很具体的描绘。下面有一个练习是自我形象的评分。

如果是女孩子的话,发型包括头饰需要有一个合适的长度,有一定的清洁度,一般不主张染头发,头发应保持本色,不能让人感觉很时尚,作为客户服务人员应给客户一种可靠的、可信赖的感觉。另外,一些个人的清洁习惯很重要,像有些客户服务人员得手都会被客户看到,那么清洁度就很重要。如果指甲很黑,给客户的感觉就会很差。另外,就是衣服和服饰,比如说皮鞋应该擦得很干净、很亮,衣服应该很干净、很平整。

可按照下表中的项目进行自检:

整体形象	很好	好	较好	一般	差
发型及头饰(合适的长度和清洁度)	5	4	3	2	1
个人的清洁习惯(身体、手部、指甲、牙齿)	5	4	3	2	1
衣服和饰物(合理的穿着打扮)	5	4	3	2	1
整洁程度:皮鞋是否擦亮,衣服是否干净平整	5	4	3	2	1
总体修饰:你的外表在工作上是否职业化	5	4	3	2	1

(三)正确的形体语言表达技巧

形体语言表达技巧也是影响会展服务人员外部形象的一个重要标准。比如走路时是否昂首挺胸;手臂摆动是否自然;面部肌肉是否放松并且能够得到很好的控制;是否认为保持自然微笑很容易,每天面对客户能否保持一种自然微笑;移动身体是否感觉到别扭;和别人谈话的时候,目光保持对视是不是不自在等。这些都是对形体语言的评估。

> **小贴士**
>
> **禁用的手势**
>
> 不卫生的手势:在他人面前搔头皮、抠鼻孔和耳朵等。
>
> 不稳重的手势:在公开场合,双手不合时宜地乱动、乱摸或咬指尖、抬胳膊、手插裤袋。
>
> 失敬于人的手势:掌心向下或用手指指点他人,向对方摆手或双臂抱起等。

(四)客户服务中的职业微笑技巧

笑不露齿所表达出来的是一种什么样的感觉?为什么笑不露齿?

所谓笑不露齿,指的是一种很含蓄的状态,体现出服务人员有素质、有修养、有内涵。但做服务工作的微笑要表达一种热情,微笑是要漏齿的。每个人都有不同的审美观,那么标准是什么?当然应该是自然。实际上,职业微笑的衡量标准是你在笑的时候,露出牙齿的颗数要有八颗。露出上边的虎牙,下面也要露。这种微笑已经变得很职业化,因为他不需要发自内心,甚至说得简单一点,只需要对着镜子把自己的牙数出来,凝固住表情不动就达到了职业微笑的表情。露出的是上排的八颗牙,当你试图露出上排十颗牙时,必然会露出下排的牙齿。客户服务中所规范的微笑叫作八颗牙齿微笑,是一种职业性的微笑。

 拓展提高

筷落风波

在一家宾馆宴会厅宾朋满堂,为祝贺台湾的吴老先生来大陆投资。宾主频频碰杯,服务小姐忙进忙出,热情服务。

不料,过于周到的服务小姐不慎将桌上的一双筷子拂落在地。"对不起!"小姐忙道歉,随手从邻桌拿过一双筷子,褪去纸包,搁在老先生的台上。

吴老先生的脸上顿时多云转阴,很是难看,默默地注视着服务小姐的一连贯动作,刚举起的酒杯一直停留在胸前。众人看到这里,纷纷帮腔,指责服务小姐。

服务小姐很窘,一时不知所措。

吴老先生终于从牙缝里挤出了话:"晦气,"顿了顿,"唉,你怎么这么不担心,你知道吗?这筷子落地意味着什么?"边说边瞪大眼睛:"落地即落第,考试落第,名落孙山,倒霉呀,我第一次在大陆投资,就讨了这么个不吉利。"

服务小姐一听更慌了,"对不起,对不起!"她手足无措,又将桌上的小碗打碎在地。

服务小姐尴尬万分,虚汗浸背,不知如何是好,一桌人有的目瞪口呆,有的吵吵嚷嚷,有的……

就在这时,一位女领班来到客人面前,拿起桌上的筷子,双手递上去,嘴里发出一阵阵欢快的笑声:"啊,吴老先生。筷子落地哪有倒霉之理,筷子落地,筷落,就是快乐,就是快快乐乐。"

"这碗么",领班一边思考,同时瞥了一眼服务小姐,示意打扫碎碗。服务员顿时领悟,连忙收拾碎碗片。"碗碎了,这是好事成双,我们中国不是有一句老话吗——岁岁平安,这是吉祥碎的兆头,应该恭喜您才是呢。您老这次回大陆投资,一定快乐,一定平安。"

刚才还阴郁满面的吴老先生听到这话,顿时转怒为喜,马上向服务小姐要了一瓶葡萄酒,亲自为女领班和自己各斟了满满一杯,站起来笑着说:"小姐,说得真好!借你吉言和口彩,我们大家快乐平安,为我的投资成功,来干一杯!"

想一想:在整个过程中,女领班与服务小姐在服务客人方面有哪些不同?服务人员的语言有哪些重要的作用?

 思考练习

一、单项选择题

1. 实际上,职业微笑的衡量是在你笑的时候,漏出牙齿的颗数要有( )颗。
   A. 四　　　　　B. 六　　　　　C. 八　　　　　D. 十

2. 在服务中,当你不能及时为顾客服务时,应说( )。
   A. "失礼了"　　B. "请稍后"　　C. "劳驾您"

二、多项选择题

服务人员的形象可以分为哪两方面的表现?( )
A. 内部素质　　　　　　　　　　B. 品格素质
C. 外部形象　　　　　　　　　　D. 综合素质

三、判断题

"客户至上"的服务观念要始终贯穿于客户服务工作中。( )

四、简答题

会展客户服务技能素质有哪些?

学习任务 2　会展服务电话沟通礼仪

　任务概述

本任务以电话沟通的重要性着手,介绍了会展客服人员进行电话沟通前的准备工作,讲述了接听和拨打电话的技巧,以及电话沟通中特殊事件的应对方法。

　任务目标

- 了解并熟悉会展客服人员进行电话沟通前准备工作
- 初步掌握会展客服中接听和拨打电话的技巧
- 初步掌握会展客服中电话沟通中特殊事件的应对技巧

　学习内容

随着电子商务的发展,电话已不仅仅是通信的工具,更成为市场营销、商务拓展的重要工具。电话已成为当前商界中必不可少的沟通工具,相隔千里谈生意,靠的就是电话营销。打电话找生意经是一个潮流,一种不能抗拒的方法。事实上,我们在日常的沟通活动中,借用最多的工具就是电话。特别是当今会展企业一般都会有本公司的前沿之窗——呼叫中心,他是电话与电信相结合的产物,以这两个技术工具来支持开拓者自身的业务。

人都有一种习惯,就是通过一个人的声音去描绘对方的外在形象。这种习惯对于客户服务人员来讲是至关重要的。你必须要用声音来塑造自己的形象,让客户通过声音能感觉到你确实能够帮助他,因此,你需要全身心投入地去说话,而不管是否直面客户。做到这一点很难,实际上很多时候你需要把肢体语言在听筒这边表现出来,然后运用声音通过听筒传过去,如果服务人员在电话应对上表现不当,就会导致外部人员做出对企业不利的判断。所以,在许多大型企业中,电话的礼仪和技巧往往是新进员工上岗培训的一个必备内容。

一、电话沟通准备

(一)有明确的目的

打电话找生意,好像战场上一样,越有准备,越有结果。你必须明确此次电话访谈的目的,要知道你想通过此次电话访谈得到什么。在拨打电话之前,应该对达到预期目标的过程进行设计,把所有准备拨出电话要说的资料准备妥当。打完电话之后,将谈话的资料记下,如果你能够巧妙地引经据典提及客户的往事,他一定会把你视为知己。

(二)准备好文具

将所有打电话时要用的文具准备妥当,方便随时使用,在电话机旁边放置好记录本、铅笔,当他人打来电话时,就可立即记录主要事项。如不预先备妥纸笔,到时候措手不及,不仅耽误时间,而且会搞得自己狼狈不堪。

(三)整理好要讲的话

给别人打电话时,如果想到什么就讲什么,往往会丢三落四,忘却了主要事项还毫无察觉,等对方挂断了电话才恍然大悟。因此,应事先把想讲的事物逐项地整理记录下来,然后再拨电话,边讲边看记录,随时检查是否有漏洞。另外,还要尽可能在三分钟之内结束。实际上,三分钟可讲 1 000 个字,相当于两页半稿纸上的内容,按理是完全能行的。如果一次电话用了 5 分钟甚至 10 分钟,那么一定措辞不当,未抓住纲领、未突出重点。

(四)把握打电话的时间

打电话要掌握一定的时机,一般来讲,打电话找人最好的时间是上午 9 点到 10 点,或者下午 2 点到 4 点。针对不同的客户有不同的沟通时间,比如说:

会计师最忙的时间是月头和月尾,不宜接触;

主妇最闲的时间是上午 10 点到 11 点;

销售人员最闲的日子是热天、雨天或冷天;

行政人员 10 点半到下午 3 点最忙;

教师最闲的时间是放学的时候。

要避免在吃饭的时间与顾客联系,如果把电话打过去了,也要礼貌地征询顾客是否有时间或方便接听。如"你好,王经理,我是×××公司的×××。这个时候打电话给你没有打搅吧?"如果对方约会,恰巧要外出,或刚好有客人在的时候,应该很有礼貌地与其说清再次通话的时间,然后再挂上电话。如果老板或要找之人不在的话,需向接电话人索要联系方法:"请问×××先生/小姐的手机号是多少?他/她上次打电话/来公司时只留了这个电话,谢谢你的帮助。"

二、接听电话的技巧

如图所示,要注意以下几点:

1. 不要让铃声响太久,应尽快接电话,若周围吵嚷,应安静后再接电话,接电话时,嘴里不含东西,与话筒保持适当距离,说话声大小适度。因为有急事或正在接另一个电话而耽搁时,应表示歉意。

2. 热情问候并报出公司或部门名称,如果对方打错电话,不要责备对方,知情时还应告诉对方正确的号码。

3. 确认对方单位与姓名,询问来电事项,做好记录。

4. 听对方讲话时不能沉默,否则对方会以为你没听或没兴趣。

5. 最后,扼要地汇总和确认来电事项,谢谢对方,并表示会尽快处理,说声再见,等对方挂电话后再挂电话。

6. 上班时在电话里不谈私事,不闲聊。

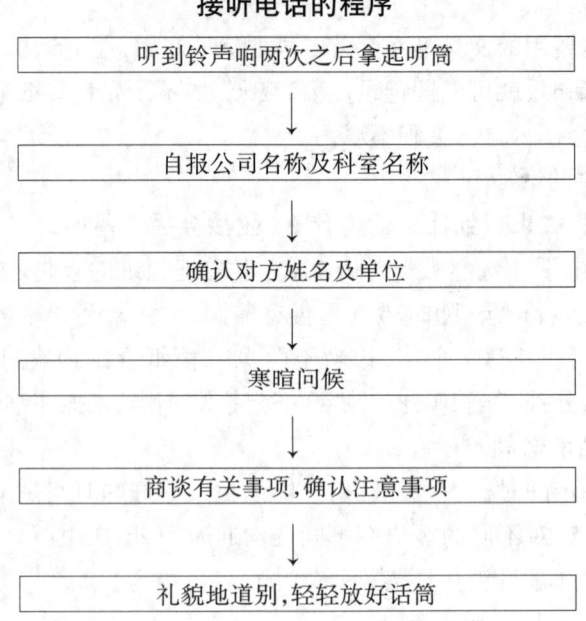

图9-1 接听电话的技巧

三、拨打电话的技巧

如图所示,要注意以下几点:

1. 电话铃响两次之后取下听筒

电话铃声响1秒,停2秒。如果过了10秒钟,仍无人接听电话,一般情况下人们就会感到焦躁:"糟糕,人不在。"因此,铃响3秒之内,应接听电话。那么,是否铃声一响,就应立刻接听,而且越快越好?也不是,那样反而会让对方感到惊慌。较理想的情况是,电话铃响完第二次时,取下听筒。

2. 自报姓名的技巧

如果第一声优美动听,会令打或者接电话的对方感觉到身心愉快,从而放心地讲话,所以电话中的第一声印象十分重要,切莫忽视。接电话时,第一声应说:"您好,这是××公司。"打电话时则要首先说:"我是××公司××处的×××",双方都应将第一句话的声调、措辞调整到最佳状态。

3. 轻轻挂电话

通常是打电话一方先挂电话,但对于职员来讲,如果对方是领导或客户,就应让对方先挂电话,待对方说再见后,等待2~3秒再轻轻挂断电话。

无论通话多么完美得体,如果最后毛毛躁躁"咔嚓"一声挂断电话,则会功亏一篑,令对方很不愉快。因此,通话结束时,应慢慢地、轻轻地挂断电话。

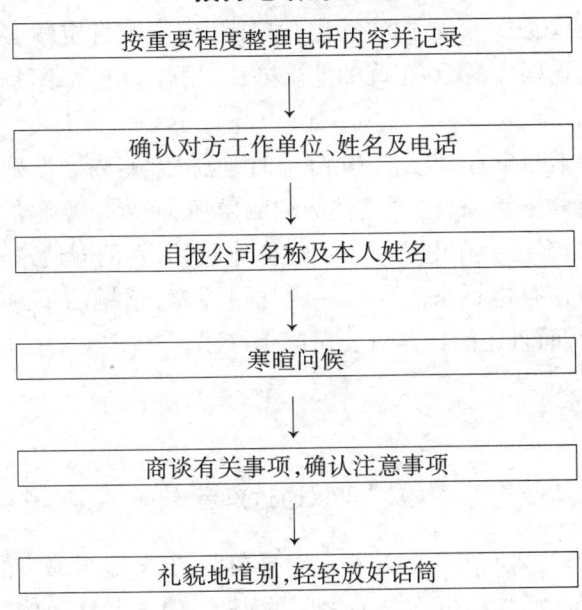

图 9-2 拨打电话的技巧

四、应对特殊事件的技巧

1. 听不清对方的话语

当对方讲话听不清楚时,进行反问并不失礼,但必须方法得当。如果惊奇地反问"咦?"或怀疑地回答:"哦?"对方会觉得无端地招人怀疑、不被信任,从而非常愤怒,对你产生不佳印象。但如果客客气气地反问:"对不起,刚才没听清楚,请再说一遍好吗?"对方定会耐心地重复一遍,丝毫不会责怪。

2. 接到打错了的电话

有些职员接到打错了的电话时,常常冷冰冰地说:"打错了。"最好能这样告诉对方:"这是××公司,你找哪里?"如果自己知道对方所找单位的电话号码,不妨告诉他,也许对方正是自己的潜在客户。即使不是,你热情友好地处理打错的电话,也可使对方对公司抱有初步好感,说不定就会成为本公司的客户,甚至成为公司的忠诚支持者。

3. 遇到自己不知道的事情

有时候,对方在电话中一个劲地谈自己不知道的事情,而且没完没了。职员碰到这种情况,常常会感到很恐慌,虽然一心企盼有人能来接电话,将自己救出困境,但往往迷失在喋喋不休的陈述中,好长时间都不知道对方到底找谁,待电话讲到最后才醒悟过来:"关于×××事情啊!很抱歉,我不清楚,负责人才知道,请稍等,我请他来接电话。"碰到这种情况,应尽快理清头绪,了解对方真实意图,避免被动。

4. 接到顾客的索赔电话

索赔的客户也许会牢骚满腹,甚至暴跳如雷,如果作为被索赔方的你缺少理智,像对方一样感情用事,以唇枪舌剑回击及客户,不但于事无补,反而会使矛盾升级。正确的做法是:

你处之泰然,洗耳恭听,让客户诉说不满,并耐心等待客户心静气消。期间切勿说:"但是"、"话虽如此,不过……"之类的话进行申辩,应一边肯定顾客话中的合理成分,一边琢磨对方发火的真正根由,找到正确的解决办法,用肺腑之言感动顾客,从而,化干戈为玉帛,取得顾客谅解。

面对顾客提出的索赔事宜,自己不能解决时,应将索赔内容准确及时地告诉负责人,请他出面处理。闻听索赔事项,绝不是件愉快的事情,而要求索赔的一方,心情同样不舒畅,也许要求索赔的顾客还会在电话中说出过激难听的话,但即使这样,到最后道别时,你仍应加上一句:"谢谢你打电话来。今后一定加倍注意,这样的事绝不会再发生。"这样,不仅能稳定对方情绪,而且还能让其对公司产生好感。

拓展提高

"微笑"可以通过声音传递

微笑,是上帝赠予人类最高贵的礼物。它是免费的,却是最昂贵的赠与。一个自然流露的微笑,胜过千言万语,能拉近人与人之间的距离,使彼此之间倍感温暖。服务是有标准的,而笑容是没有标准的。

一个销售服务人员说过这样一句话:"声音是有表情的",这是一句很有哲理的话。每当服务人员接听客户来电时,微笑是能通过其的声音传递到客户那里,客户也是愉悦的。松下幸之助说:以笑脸相迎,这就是服务。而作为客服人员,微笑是通过声音传递的。微笑在工作中除了能更好地与客户沟通,还能展现自我信心和企业形象。

思考练习

一、单项选择题

拨打电话的技巧中,应该电话铃响(　　)后,取下听筒。
A. 一次　　　　B. 两次　　　　C. 三次　　　　D. 四次

二、多项选择题

打电话时应注意的说话的态度有(　　)。
A. 态度有友好　　　　　　　　B. 注意语速和语调
C. 使用简略语　　　　　　　　D. 不要当场复述

三、判断题

1. 在与客户沟通的要素里,语言是最重要的。(　　)
2. 如果对方打错电话,不要责备对方,知情时还应告诉对方正确的号码。(　　)

学习任务 3 会议礼仪

任务概述

本任务介绍了会议的类型,阐述了会前礼仪及会前的准备工作,图文并茂地讲述了针对不同会议会场布置的具体要求,以及会议的引导礼仪和会间礼仪。

任务目标

- 了解会议的类型
- 熟悉会前礼仪及会前的准备工作
- 理解不同会议的会场布置具体要求
- 熟悉并初步掌握会议的引导礼仪和会间礼仪

学习内容

会议是人们为了解决某个共同的问题或出于不同的目的聚集在一起进行讨论、交流的活动,它往往伴随着一定规模的人员流动和消费。会议是为实现一定的目的,由主办或主持单位组织的,由不同层次和不同数量的人们参加的一种事务性活动。会议成为商务活动的有机组成部分之一。

一、会议类型

根据会议活动特征的不同,会议可以分为商务型会议、政治性会议、展销会议文化交流会议、度假型会议、专业学术会议和培训会议。

商务型会议是指公司、企业因业务、管理、发展等需要而展开的会议。出席这类会议的人员素质比较高,一般是企业的管理人员和专业技术人员。

政治性会议是指国际政治组织、国家和地方政府为某一政治议题召开的会议。

展销会议是参加商品交易会、展销会、展览会的各类展商及一些与会者除参加展览外,还会在饭店、会议中心等场所举办一些招待会、报告会、谈判会、签字仪式、娱乐活动等,这些会议可以统称为展销会议。

文化交流会议是各种民间和政府组织组成的跨区域性的文化学习交流活动,常以考察、交流等形式出现。

度假型会议是一些公司或社团协会等机构利用节假日、周末等时间组织人员边度假休闲,边参加会议。度假型会议一般选择在风景、名胜地区的饭店或度假区举行。会议通常会安排足够的时间让员工观光、休闲和娱乐。

专业学术会议是指某一领域具有一定专业技术的专家学者参加的会议,如专题研究会、学术报告会、专家评审会等。

培训会议是指在一个会期内对某类专业人员进行的有关业务知识方面的技能训练或新观念、新知识方面的理论培训,培训会议形式可采用讲座、讨论、演示等形式进行。

二、会前礼仪

(一)会前礼仪

(1)在会议召开的前一天,接待员对外联系预定处下发的会议接待通知单中的信息,如发现问题或疑问,应及时联系预定处核实相关内容。

(2)核对无误后,按照每个团队资料要求的房间数及房型,从空房表中找出并做预分房。预分房是要确定相对集中的会议预分房号并为会务组安排靠近电梯的房间。

(3)将预分房号码写在会议团队预分房报表上并分送礼宾处、客房部。

(4)在房态表上注明预分房。

(5)按每个团队的房间和每间房的人数为每个客户准备房卡,注明姓名、房间号、离店日期和团队编号。

(6)把房卡装入会议团队欢迎袋中,信封上注明团队编号和房号,并通知客房部做好准备工作。

(7)准备好会务组要求提供的会议资料。

(二)会前人员准备

(1)会务组人员到店后,接待员问清其团号、人数、房数并找出会议团队的相关资料。

(2)再次与会务组人员核实房间数、人数等信息后,将事先准备好的会议资料交给会务组人员。

(3)请会务组人员填写会议住宿登记表并检查其有效证件。

(4)因会议房间由会务组统一安排,所以接待员应根据会务组需要的房间数量,及时将房卡交与会务组并请其在会议用房统计表上签字。

(5)对于会务组划走的房间,应立即将房间状态改为入住状态,并通知楼层有客户入住及房号。

(6)根据会务组的要求对房间电话进行开闭,及时通知总机,并将会务组的要求以书面形式确认,请会务组负责人签字认可。

(7)会议接待过程中,临时更改和增加的项目较多时,应随时保持同会务组与展览部的联系,保证更改和增加的接待项目顺利进行。

(8)信息储存。每班次接待员下班前,要对会议用房表进行统计,统计内容有时间、日期、房号、房间总数、人数等;及时将用房信息输入电脑并注明会务组房号和会务组负责人的联系电话,以便解决迟到参会客户的问询。

(三)会场布置

会场布置的原则是协调、恰当、有异。会场布置要涉及以下要素:会标、会徽、标语、花卉、灯光。

提示:安排会议场所可以使用要素平衡法,即要综合考虑成本、方便、设施、安全、影响等多种要素要力求在各种要素之间求得一种平衡。

(四)各种会议场所布置的具体要求

1. 会见厅的布置

会见,国际上一般称接见或拜会,凡身份较高的人士会见身份较低者,或是主人会见客人,一般都称为会见。凡身份较低的人士会见身份较高者,或是客人会见主人,一般称为拜会或拜见。拜见君主,又称谒见、觐见。我国不作上述区分,一律统称会见,接见和拜见后的回访称回拜。

会见分为礼节性、事务性和政治性三种。企业常用的会见主要是社交上的礼节性会见和涉及业务商谈、经贸洽谈等内容的事务性会见。政治性会见一般涉及双边关系及重大国际事务等。

会见通常安排在会客室,宾主各坐一方,会见前有时会安排合影。一般礼节性会见时间约为半小时。会见时座位安排一般是主宾席、主人席安排在面对正门位置,宾主双方分别而坐,客人一般坐在主人的右边,其他客人按礼宾次序在主宾一侧就座,主方陪见人在主人一侧按身份高低就座。译员、记录员坐在主人和主宾的后面。如图9-3所示。

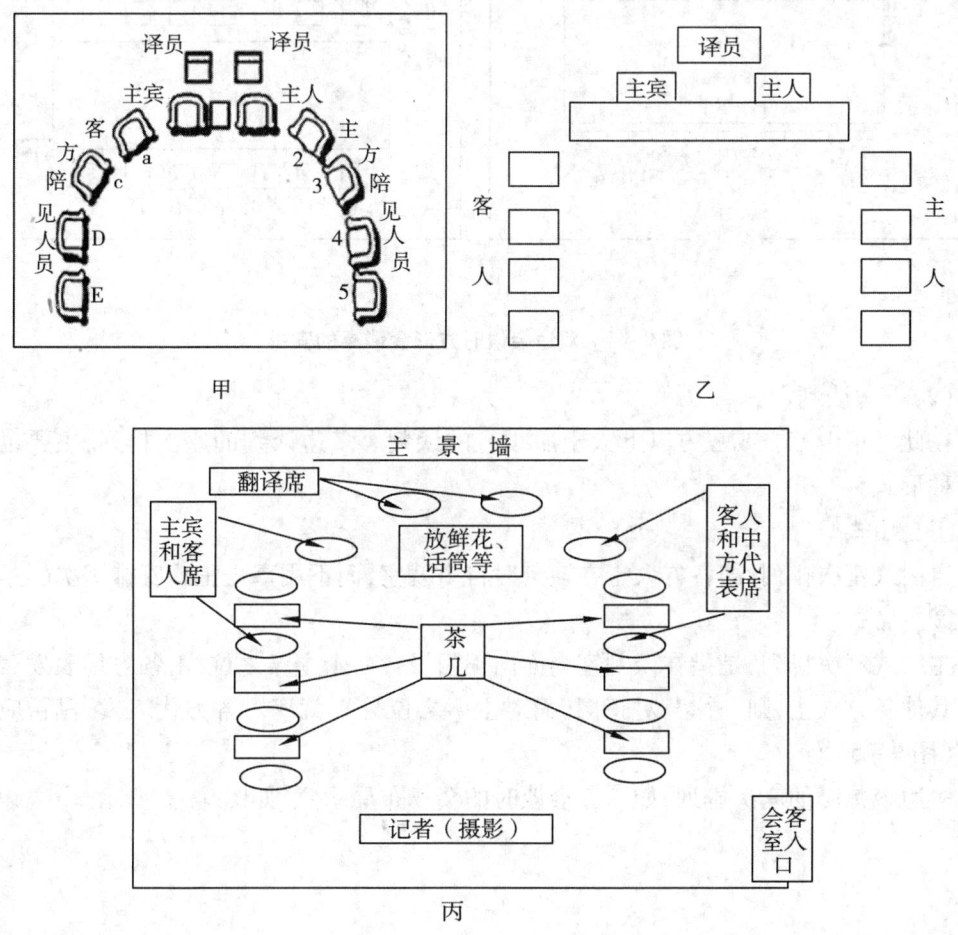

图9-3 会见室布置图

2. 会谈厅的布置

会谈,指双方共同商谈,是双方或多方就某些重大问题,如贸易项目,政治、经济、文化等领域的重大问题的磋商或谈判。会谈一般均为实质性的,双方或多方都是以实现自身的一定利益为目的,希图与对方达成某种共识,因而会谈往往时间较长,可能出现波折,有时同一问题的会谈会分多次进行。秘书人员安排领导的会谈工作,与安排领导的会见工作基本相同,所以此处主要介绍会谈桌的选择座次的安排。会谈一般都选择专设的会谈桌上进行。常见的会谈桌及座次安排有以下几种情况。

(1) 双边会谈

通常采用长方形、椭圆形或圆形桌子,宾主相对而坐,主谈人居中。主人背门而坐,客人面向正门。我国习惯将翻译安排在主谈人右侧。其他人则依序左右排列(如图9-4所示)。如果会谈的长桌一端朝向正门,则以入门的方向为准,右为客方,左为主方。记录员可安排在后面,如果参加会谈的人数不多,也可在会谈桌就座。

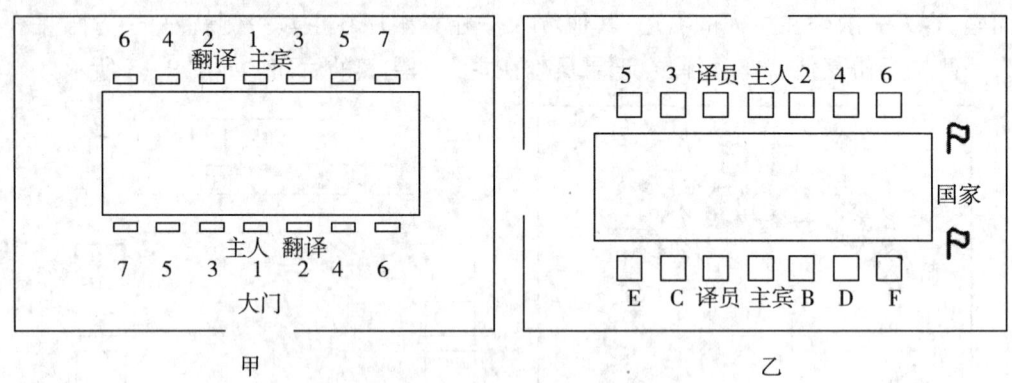

图9-4 双边会谈时方形会谈桌的安排

(2) 多边谈判

在此是指由三方或三方以上人士所举行的谈判。多边谈判的座次排列,主要也可分为两种形式。

① 自由式

自由式座次排列,即各方人士在谈判时自由就座,而不用事先正式安排座次。

② 主席式

主席式座次排列,是指在谈判室内面向正门设置一个主席之位,由各方代表发言时使用。其他各方人士,则一律背对正门、面对主席之位分别就座。各方代表发言后,应下台就座(图9-5)。

多边谈判时的座次排列,如六方会谈时的会场布局示意,如图9-6所示。

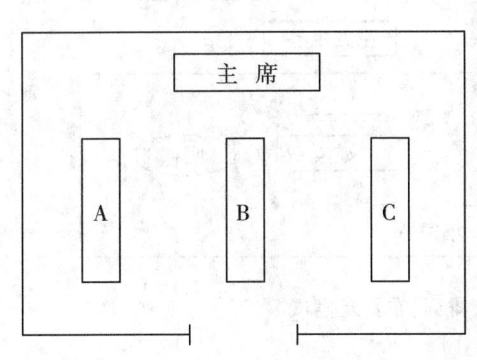
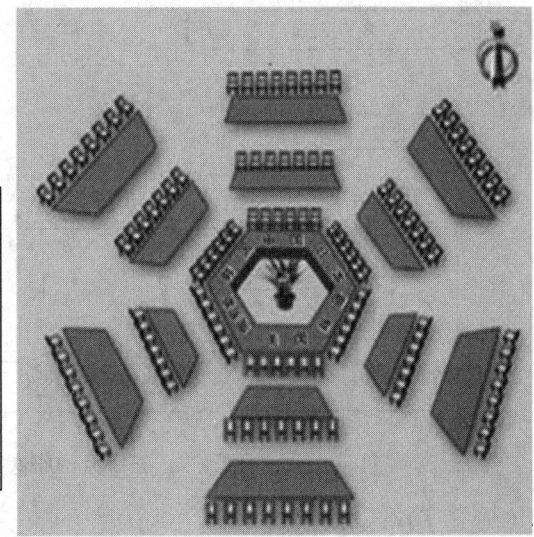

图 9-5　主席式谈判排位　　　图 9-6　六方会谈的会场布局示意图

3. 签字厅的布置

通常,国家与国家之间、组织与组织之间在会谈和谈判取得成果,达成协议,缔结条约、协定或公约时,一般都要举行签字仪式。一国领导人访问他国,经双方商定发表联合公报(或联合声明),有时也举行签字仪式。商务贸易组织之间在重要的合作和贸易活动取得进展时,也需要举行必要的签字仪式。

(1) 签字仪式的程序

双方参加签字仪式的人员步入签字厅——主签人入座——双方观礼人员按身份站在己方主签人后——签字仪式开始。

(2) 签字仪式的场景布置要求

• 签字厅,一般安排在较有影响的、适于签字的、宽敞明亮的大厅内,亦可安排在谈判室内。

• 签字桌的选择,签字桌可选择设在签字厅内的大方桌,桌上覆盖深颜色的台呢。

• 颜色,要视双方喜好并且不犯任何一方的忌讳。

• 摆设,在选定的长方形谈判桌的后面摆放两把椅子,作为双方主签人员的座位,主左客右。谈判桌上摆放着各方保存的文本、签字用的文具。文具的前端中央摆一旗架,悬挂签字双方的旗帜(图 9-7)。所有这些摆设的摆放都遵循主左客右的原则。

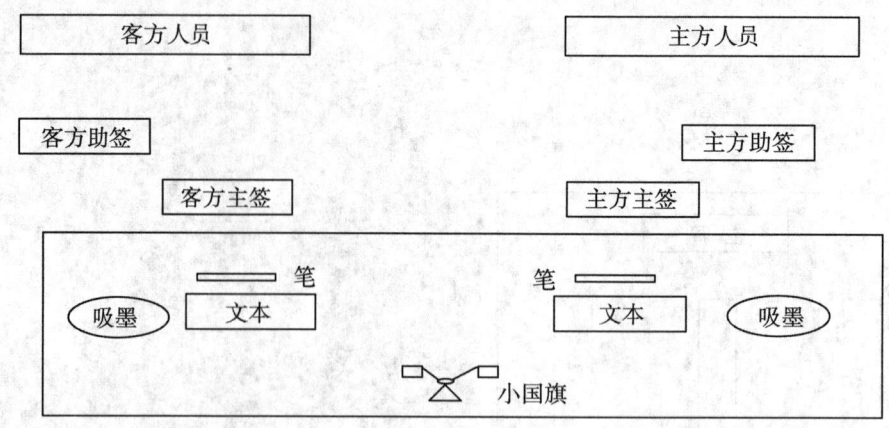

图9-7 签字桌的座次排列、布置及摆设

(3) 签字仪式的座次排列

一般而言,举行签字仪式时,座次排列共有3种基本形式,它们分别适用于不同的情况。

①并列式。并列式排座,是举行双边签字仪式时最常见的形式。基本做法是:签字桌在室内居中面门横放。双方出席仪式的全体人员在签字桌之后并排排列,双方签字人员居中面门而坐,客方居右,主方居左(图9-8)。

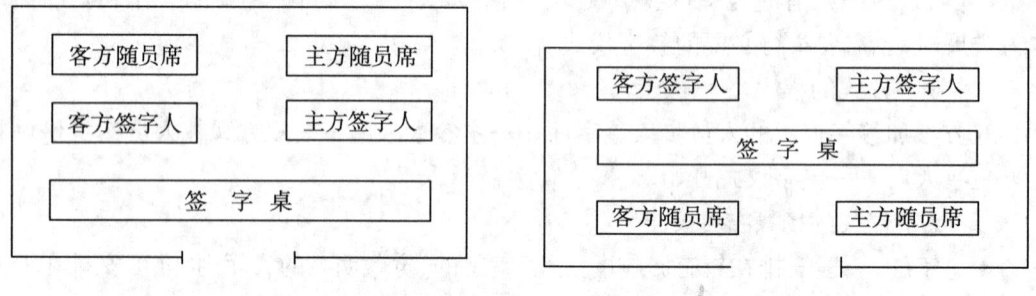

图9-8 并列式签字排位　　　　图9-9 相对式签字排位

②相对式。相对式签字仪式的排座,与并列式签字仪式的排座基本相同。两者之间的主要差别,只是相对式排座将双方的随员席移至签字人的对面,即签字桌在室内居中面门横放,双方签字人员居内面门而坐,客方居右,主方居左,双方出席仪式的全体人员则在签字桌之前并排排列(图9-9)。

③主席式。主席式排座,主要适用于多边签字仪式。操作特点是:签字桌仍须在室内横放,签字席仍须设在桌后面对正门的位置,但只设一个,并且不固定其就座者。举行仪式时,所有各方人员,包括签字人在内,皆应背对正门、面向签字席就座。签字时,各方签字人应以规定的先后顺序依次走上签字席就座签字,然后退回原处就

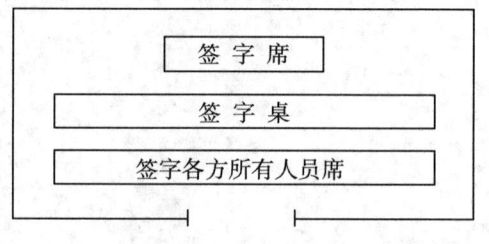

图9-10 主席式签字排位

座(图9-10)。

4. 国际会议会场布置

国际会议,主要是指数国以上的代表为解决互相关心的国际问题、协调彼此利益,在共同讨论的基础上寻求或采取共同行动(如通过决议、达成协议、签订条约等)而举行的多边集会。

5. 小型会议会场布置

小型会议,一般指参加者较少、规模不大的会议。它的主要特征是全体与会者均应排座,不设立专用的主席台(图9-11)。

会场布置以椭圆形、回字形、凹字形、长方形为主。

小型会议的排座,目前主要有如下3种具体形式:

(1)自由择座

它的基本做法是不排定固定的具体座次,而由全体与会者完全自由地选择座位就座。

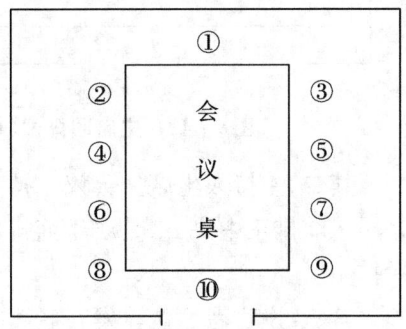

图9-11 小型会议的排座

(2)面门设座

它一般以面对会议室正门之位为主席之座。其他的与会者可在其两侧自左而右地依次就座。

(3)依景设座

所谓依景设座,是指主席的具体位置,不必面对正门,而是应当背依会议室之内的主要景致,如字画、讲台等。其他与会者的排座,则略同于前者。

6. 大中型会议会场布置

大中型会议,一般是指与会者众多、规模较大的会议。它的最大特点,是会场上应设主席台与群众席。前者必须认真排座,后者的座次则可排可不排。

(1)主席台排座

大型会场的主席台,一般应面对会场主入口。在主席台上就座之人,通常应当与在群众席上就座之人呈面对面之势。在其每一名成员面前的桌上,均应放置双向的桌签。主席台排座具体又可分作主席团排座、主持人坐席、发言者席位。

其一,主席团排座。主席团,在此是指在主席台上正式就座的全体人员。国内目前排定主席团位次的基本规则有三:一是前排高于后排,二是中央高于两侧,三是左侧高于右侧。具体来讲,主席团的排座又有单数(图9-12)与双数(图9-13)的区分。

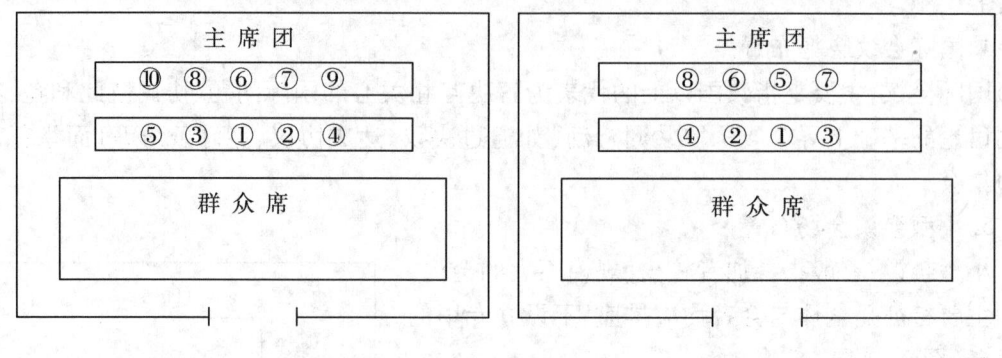

图 9-12　主席团排位(单数)　　　　图 9-13　主席团排位(双数)

其二,主持人坐席。会议主持人,又称大会主席。具体位置有3种方式可供选择:一是居于前排正中央;二是居于前排的两侧;三是按其具体身份排座,但又不宜令其就座于后排。

其三,发言者席位。发言者席位,又叫作发言席。在正式会议上,发言者发言时不宜于就座原处发言。发言席的常规位置有两种:一是主席团的正前方(见图9-14);二是主席台的右前方(图9-15)。

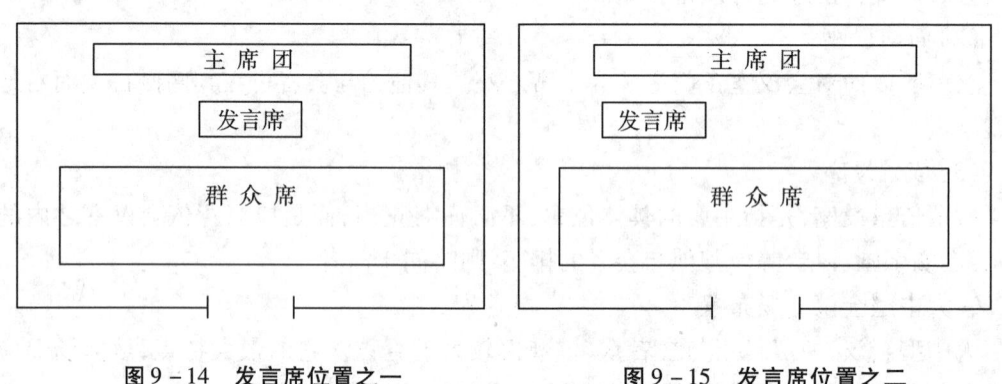

图 9-14　发言席位置之一　　　　图 9-15　发言席位置之二

(2)群众席排座

在大型会议上,主席台之下的一切坐席均称为群众席。群众席的具体排座方式有两种:

其一,自由式择座。即不进行统一安排,而由大家自由择位而坐。

其二,按单位就座。它是指与会者在群众席上按单位、部门或者地区、行业就座。它的具体依据,既可以是与会单位、部门的汉字笔画的多少、汉语拼音字母的前后顺序,也可以是其平时约定俗成的序列。按单位就座时,若分为前排后排,一般以前排为高,以后排为低;若分为不同楼层,则楼层越高,排序便越低。

在同一楼层排座时,又有两种普遍通行的方式:一是以面对主席台为基准,自前往后进行横排(图9-16);二是以面对主席台为基准,自左而右进行竖排(图9-17)。

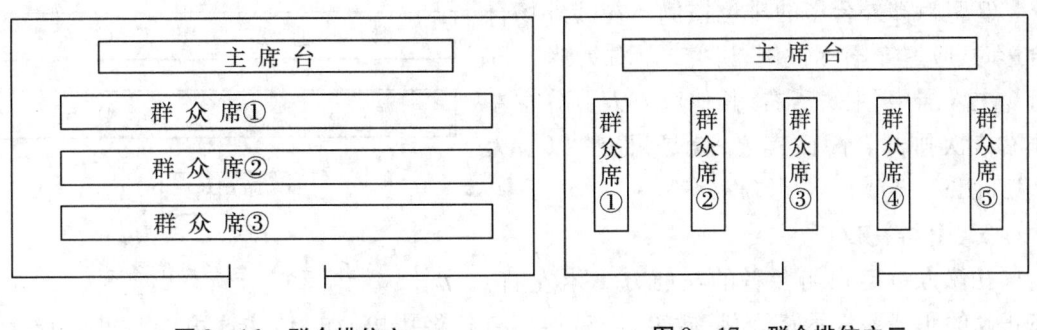

图 9-16　群众排位之一　　　　图 9-17　群众排位之二

7. 合影厅的布置

在拍照活动中,合影场所的选择和布置是一个十分重要的环节。它能够反映出主办方对此次活动的重视程度。如果合影场所十分随便或是简陋,则会相应地降低会晤或会议的档次。应该说,越是正式的合影,就越应该先期选择好场地,并进行认真的布置。临时凑合,往往欠妥。

(1)选择好合适的场所

在场所选择方面,又分为室内和室外两种情况。在室内照相时,要注意场地的大小和光线的明暗等问题。在室外照相时,则要重点考虑天气和位次等问题。特别要注意的是,若是大风天、阴天或是十分寒冷、炎热的天气,不宜在室外进行拍照。如果因为拿不准天气的情况而事先不好做决定时,最佳方法是提前做好两手准备,到时再根据现场情况临时决定,以防手忙脚乱。

(2)考虑到背景的布置

比如是否要挂横幅、横幅上如何书写、横幅讲究与否都是事先就应该安排好的问题。同时,如果合影人数较多,还要考虑来宾在拍照时所用座椅的摆放问题。在必要的时候,也可以去租借专门用于合影的背景站架。

(3)合影排位

在安排合影的具体排位问题时,关键是要知道内外有别,注意以下几点:

①了解国内合影的排位习惯。国内合影时的排位,一般讲究"居前为上""居中为上"和"以左为上"。具体来看,它又有"人数为单"(图 9-18)与"人数为双"(图 9-19)的分别。在合影时,国内的习惯做法通常是主方人员居右,客方人员居左,即"以左为尊"。

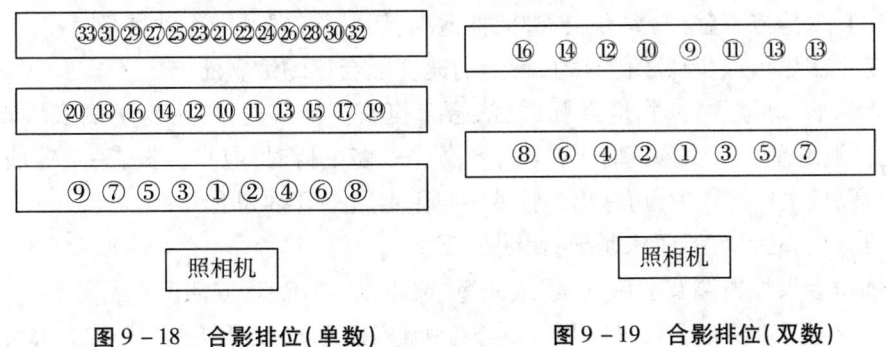

图 9-18　合影排位(单数)　　　　图 9-19　合影排位(双数)

②坚持涉外合影的排位惯例。在涉外场合合影时,应遵守国际惯例,讲究"以右为尊",即宜令主人居中,主宾居右,其他双方人员分主左宾右依次排开。简而言之,就是讲究"以右为上"(图9-20)。

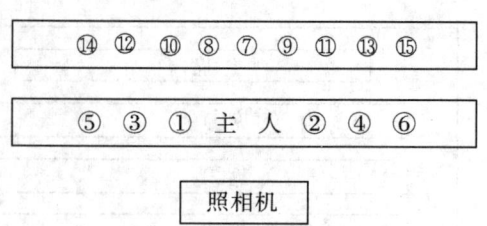

图9-20 合影排位之三

三、引导礼仪

礼仪人员走在与会者的左前方1米左右,按正确的手势要求示路,面带微笑,同时伴随有礼貌用语,如"请往这边走""小心路滑""您请进""您请坐"等。

四、会间服务

会间服务项目包括为与会者添水、更换烟灰缸、发放会议资料、传递材料等方面。

(一)会议发言人的礼仪

会议发言有正式发言和自由发言两种,前者一般是领导报告,后者一般是讨论发言。正式发言者,应衣冠整齐,走上主席台应步态自然,刚劲有力,体现一种成竹在胸、自信自强的风度与气质。发言时应口齿清晰,讲究逻辑,简明扼要。如果是书面发言,要时常抬头扫视一下会场,不能低头读稿。旁若无人。发言完毕,应对听众的倾听表示谢意。

自由发言则较随意,应要注意,发言应讲究顺序和秩序,不能争抢发言;发言应简短,观点应明确;与他人有分歧,应以理服人,态度平和,听从主持人的指挥,不能只顾自己。如果有会议参加者对发言人提问,应礼貌作答,对不能回答的问题,应机智而礼貌地说明理由,对提问人的批评和意见应认真听取,即使提问者的批评是错误的,也不应失态。

(二)会议参加者礼仪

会议参加者应衣着整洁,仪表大方,准时入场,进出有序,依会议安排落座,开会时应认真听讲,不要私下小声说话或交头接耳,发言人发言结束时,应鼓掌致意,中途退场应轻手轻脚,不影响他人。

座位:应勇于坐前排,入场时应该进出有序,根据会议安排落座。

失礼:私下小声说话或交头接耳、擅自离席、吹口哨、鼓倒掌、喧哗起哄、带食物进入会场、打断正在发言的人讲话、公文包、手提包放在桌上

(三)各种会议的主持人礼仪

(1)主持人应衣着整洁,大方庄重,精神饱满,切忌不修边幅,邋里邋遢。

(2)走上主席台应步伐稳健有力,行走的速度因会议的性质而定。

(3)入席后,站立主持时,应双腿并拢,腰背挺直。持稿时,右手持稿的底中部,左手五指并拢自然下垂。双手持稿时,应与胸齐高。坐姿主持时,应身体挺直,双臂前伸。两手轻按于桌沿,主持过程中,切忌出现搔头、揉眼、拦腿等不雅动作。

(4)言谈应口齿清楚,思维敏捷,简明扼要。

(5)根据会议性质调节会议气氛,或庄重,或幽默,或沉稳,或活泼。

(6)对会场上的熟人不能打招呼,更不能寒暄闲谈,会议开始前,或会议休息时间可

点头、微笑致意。

拓展提高

禁用的手势

不卫生的手势：在他人面前搔头皮、抠鼻孔和耳朵等。

不稳重的手势：在公共场合，双手不合时宜地乱动、乱摸或咬指尖、抬胳膊、手插裤兜。

失敬于人的手势：掌心向下或用手指点他人，向对方摆手或双臂抱起等。

思考练习

实训活动

1. 假定举行一次以"节能"为主题的班会，将请相关专家来演讲，应如何筹备本次会议？
2. 在班级中举办一个产品推介会，假设你是某家企业的展台展示人员，请你根据展示产品的礼仪要求进行产品的展示和说明。

学习任务 4　展览礼仪

任务概述

本任务以展览定义和类型着手，介绍了展前礼仪的策划、展中礼仪的实施。

任务目标

- 理解展览的定义并了解展览的类型
- 熟悉展前礼仪策划方法
- 熟悉展中礼仪的实施方式

学习内容

展览是会展活动中最重要的形式之一，随着我国经济运行的市场化及国际化程度不断提高，展览业在社会经济活动中的影响也越来越引起人们的关注。展览活动已成为企业营销、品牌培育的重要工具。

一、展览的定义和分类

展览的定义是在特定的地点和期限内，通过物品的展示，以达到商品、服务和信息交流目的的一种有组织的社会活动。

（一）按展览内容来划分

展览分为综合展览和专业展览两类。综合展览指包括全行业或数个行业的展览会，也被称作横向型展览会，如工业展、轻工业展。专业展览指展示某一行业甚至某一项产品的展览会，如钟表展。专业展览会的突出特征之一是常常同时举办讨论会、报告会，用以介绍新产品、新技术。

（二）按展览性质来划分

展览会分为营利性展览和非营利性展览。

营利性展览也称商业展览，是参展商以实现商品交换获得经济效益为主要目的的展览。贸易性质的展览会是为产业即制造业、商业等行业举办的展览。展览的主要目的是交流信息、洽谈贸易。消费性质的展览是为公众举办的展览，消费性质的展览基本上都展出消费品，目的是直接销售。

非营利性展览是主要以宣传、教育为目的的展览会，不进行商品交易。

（三）按展览规模来划分

展览会分为国际展、国家展、地区展、地方展，以及单个公司的独家展。规模是指展出者和参观者的所代表的区域规模而不是展览场地规模。不同规模的展览有不同的特色和优势，应根据企业自身条件和需要来选择。

（四）按展览举办地来划分

可分为境内展、出国展（如2010年印度尼西亚中国机械与电子产品贸易展览会）。

（五）按展览时间来划分

按展览时间可分为定期和不定期两种。定期的有一年四次、一年两次、一年一次、两年一次等。不定期展会则是视需要和条件举办，分长期和短期。长期展可以是三个月、半年、甚至常设，短期展一般不超过一个月。在发达国家，专业贸易展览会一般是三天。

（六）按展览地点来划分

大部分展览会是在专用展览场馆举办的。展览场馆是按室内场馆和室外场馆划分。室内场馆多用于展示常规展品的展览会，比如纺织展、电子展。室外场馆多用于展示超大超重展品，比如航空展、矿山设备展。

（七）按展览方式来划分

从形式上展览可分为虚拟展览和传统展览。

虚拟展览，是人们将参展单位的各种信息以多媒体电子文件的形式存放在国际互联网的某个服务器里，供各国客商从世界的各个角落查阅。从中选择自己所需的各种信息和可合作的项目，并与提供产品或项目的单位取得联系，进行协商谈判，甚至项目的促成。

传统展览是人们将展品在一定的时间、空间条件下通过直观展示来传递和交流信息的群众性社会活动。

二、展前的礼仪策划

（1）要了解展览会的类型、企业品牌、产品特点、展台风格、展位的周遍环境及竞争对手的情况；

(2)通过所掌握的资料进行整个礼仪活动的创意策划;

(3)根据展示风格,选择礼仪模特;

(4)根据选择的模特进行服装的设计制作;

(5)根据创意将模特进行分工;

(6)展览期间礼仪企划公司的管理及礼仪小姐的发挥也对展览的成功有着很大影响。

三、展中的礼仪实施

展中,若根据参展商的要求配备展台接待人员的,承办单位应规范展台接待人员的行为。因展位展台是企业接待目标购买商的地方,展台服务人员的礼仪和工作态度直接影响着参展观众的情绪和认知,所以展台服务人员在接待目标客户时应遵守以下几个方面的要求:

1. 维护整体形象,展览开始,全体人员站立迎宾,以饱满的精神状态接待各方观众。

2. 时时礼貌待人,以合理的称呼招待不同的参展观众,不可怠慢观众。

3. 要善于运用解说技巧,耐心介绍产品的功能、特点,强调展品的"人无我有"之处,并妥当回答观众提出的问题。

4. 学会倾听,深入谈话内容。

5. 提供给客户有用的信息,礼貌发送企业表格资料,杜绝不礼貌硬塞资料。

6. 指导客户填写表格资料,以便留下客户资料。

7. 宾客离开时,对宾客的光临表示感谢,并表达企业乐于与之合作的意向。

  拓展提高

展台接待人员的礼仪戒律和语言技巧

1. 不要迟到和早退,提前15分钟到展位,把名卡戴在右侧。

2. 不要冷若冰霜,随时面带微笑。

3. 不要和同事闲聊,坐在展位上吃东西、喝水或喝饮料也是被禁止的行为。

4. 不要在展台附近走来走去,阻碍交通。

5. 不要把手叉在衣兜里,应以合乎礼仪的站立姿势做好为宾客服务的准备。

6. 应主动向宾客问好,并简单介绍自己。

7. 应该在第一时间判断宾客的类型,引导宾客,并认真倾听他们的谈话。

8. 应该多使用短句,口齿清晰,语速适中,层次分明,专业术语通俗化。

  思考练习

简答题

在举办展览活动时,展台服务人员在接待目标客户时应遵守哪几个方面?

单元要点归纳

【本项目知识框架图】

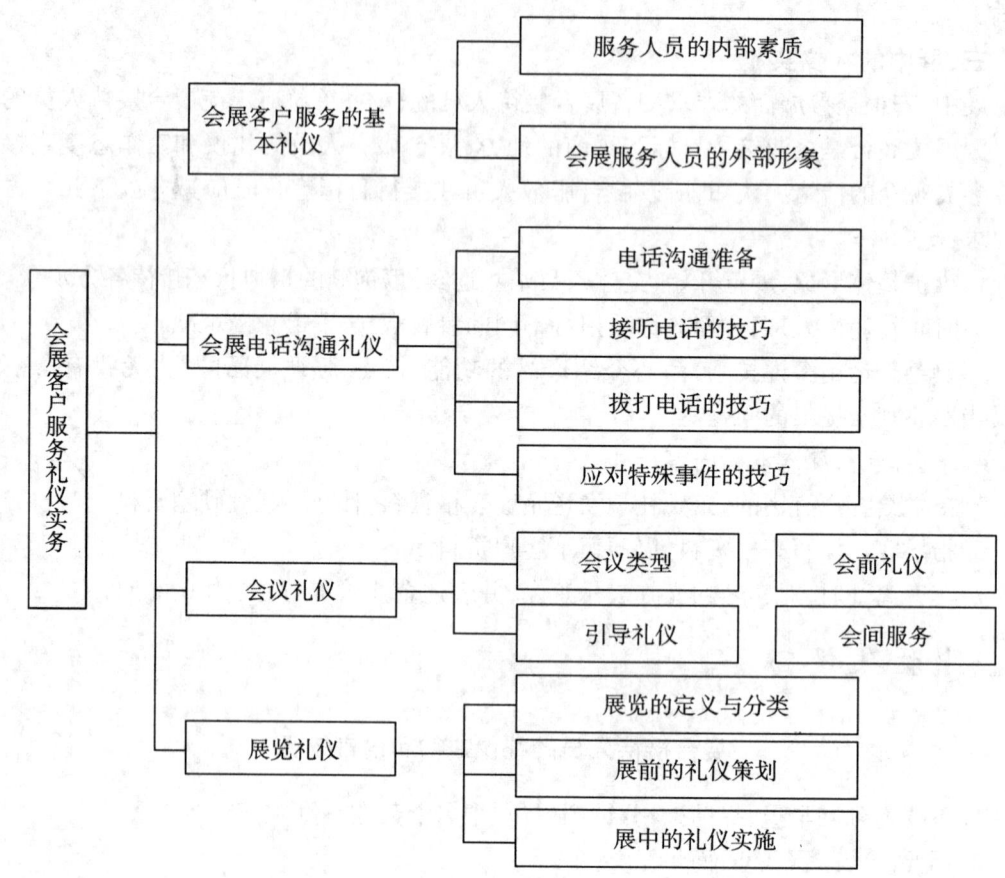

【关键概念】

会展服务礼仪、应变力

参考文献

1　闫永渊,潘耀中.中国展览学[M].北京:中国美术学院出版社,1995.
2　胡俊.博物馆纵横[M].北京:中国青年出版社,1989.
3　金辉.会展概论[M].上海:上海人民出版社,2004。
4　郑彬.会展概论[M].北京:电子工业出版社,2007.
5　桑德拉.展会管理实务[M].武邦涛,等,译.上海:上海远东出版社,2005.
6　龚维刚.会展实务[M].上海:华东师范大学出版社,2006.
7　刘大可.中国会展业:理论现状与政策[M].北京:中国商务出版社,2004.
8　金正昆.服务礼仪[M].北京:北京大学出版社,2005.
9　杨林,张跃西.会展服务项目教程[M].重庆:重庆大学出版社,2012.
7　张扬莉.会展服务[M].北京:中国人民大学出版社,2007.
8　孙明贵.会展经济学[M].北京:机械工业出版社,2006.
9　魏中龙.我为会展狂[M].北京:机械工业出版社,2002.
10　唐少清.会展运营管理[M].北京:机械工业出版社,2007.
11　李荣建.现代服务礼仪[M].武汉:武汉大学出版社,2007.
12　薛晨皓.会展企业客户服务[M].北京:格致出版社,2013.
13　陈雅蓓.会展客户服务[M].北京:电子工业出版社,2007.
14　胡平.会展案例[M].上海:华东师范大学出版社,2010.
15　韩小芸,梁培当,杨莹.会展客户关系管理[M].北京:中国商务出版社,2004.
16　刘智勇.会议组织与管理[M].成都:西南交通大学出版社,2008.
17　张涛.会展服务满意度测评研究——以澳门国际贸易技术投资展览会为例[J].旅游论坛,2011(1).
18　石志明.如何提高会展服务质量[J].中国会展,2003(18).
19　视觉中国网,http://www.ChainVisual.com
20　中国设计网,http://www.cndesnign.com
21　中国会展,http://expo-China.com
22　中国展网,http://expo365.cn

图书在版编目（CIP）数据

会展客户服务/王瑞君主编.—济南：山东科学技术出版社，2016.12
ISBN 978-7-5331-8221-2

Ⅰ.①会… Ⅱ.①王… Ⅲ.①展览会—商业服务—中等专业学校—教材 Ⅳ.①G245

中国版本图书馆 CIP 数据核字(2016)第091933号

会展客户服务

主编　王瑞君

主管单位：北京出版集团有限公司
　　　　　山东出版传媒股份有限公司
出 版 者：北京出版社
　　　　　山东科学技术出版社
　　　　　地址：济南市玉函路16号
　　　　　邮编：250002　电话：(0531)82098088
　　　　　网址：www.lkj.com.cn
　　　　　电子邮件：sdkj@sdpress.com.cn
发 行 者：山东科学技术出版社
　　　　　地址：济南市玉函路16号
　　　　　邮编：250002　电话：(0531)82098071
印 刷 者：山东金坐标印务有限公司
　　　　　地址：莱芜市嬴牟西大街28号
　　　　　邮编：271100　电话：(0634)6276023

开本：787mm×1092mm　1/16
印张：12.25
字数：283千
印数：1—2000
版次：2016年12月第1版　2016年12月第1次印刷

ISBN 978-7-5331-8221-2
定价：26.80元